# R활용
# 통계모델링
# 입문

쿠보 타쿠야 저 / 이종찬 역

박영사

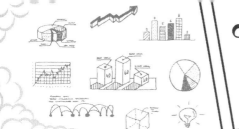

# 저자 서문

Statistical Modeling Introduction

이 책은 통계모델링 즉, **모형을 작성하고 관측 데이터에 적합하여 현상을 이해하는 일련의 분석 방법**에 대해서 설명합니다. 내용은 입문자를 위한 내용이지만, 초보자를 위한 일반적인 교과서와는 상당히 다른 방향으로 구성되어 있습니다.

### 이 책의 목적과 예상 독자

이 책은 문과·이과 등의 계열에 관계없이, **수리모형으로 현상을 표현·설명**하기 위한 기초가 없는 독자를 대상으로 합니다. 최근 통계 수리모형, 프로그래밍 등을 수강한 경험이 전혀 없지만,[1] 복잡한 데이터분석 처리를 해야만 하는 난감한 입장에 처지에 있는 연구자가 많이 있습니다. 이 책의 목적은 이와 같은 괴리를 어느 정도라도 좁혀 보려고 기획되었습니다.

---

1 예를 들어 나의 전문 분야인 환경과학과 생물학은 이과계열로 분류되지만 수리모형을 자신의 연구문제에 적절히 사용할 수 있는 연구자는 그리 많지 않습니다. 나 또한 체계적인 훈련을 거의 받지 못했습니다.

이 책을 이해하기 위해 요구되는 수학적 지식은 확률·통계를 포함하는 고등학교 수학의 범위를 넘지 않습니다. 이 수준을 넘어가는 내용에 대해서는 참고문헌을 참고하기 바랍니다.

큰틀에서의 목적은 통계모형의 기본이 되는 사고 방식을 설명합니다. 구체적으로는 각 장의 도입부에 예제 데이터를 제시하고 예제 데이터를 이용해 가면서 문제를 해결해가는 방식입니다. 내용은 응용범위가 넓은 통계모형의 하나인 일반화선형모형(generalized linear model, GLM)의 기초와 그것의 확장으로 한정했습니다. 이 책의 전반부는 GLM의 입문적인 내용을, 후반부는 복잡한 현실 데이터에 보다 유연하게 적용할 수 있도록 베이즈 통계모형으로 확장해서 설명합니다.

각 장의 예제 데이터로 식물의 속성을 측정한 가상 데이터를 사용한 특별한 의미는 없습니다. 단지 나의 전공이 생태학[2]인 관계로 그쪽 분야의 연구자를 대상으로 연구방법론 강의를 할 기회가 많았다는 이유 정도입니다.

또한 모든 예제 데이터는 통계분석법을 설명하기 위해 단순하게 만들어낸 가상 데이터[3]이기 때문에, 이 책을 읽기 위해서 생태학의 전문 지식은 전혀 필요 없습니다.


### 통계 소프트웨어와 자료실 인터넷 주소

복잡한 구조의 데이터 분석을 하기 위해서는 필수불가결하게 통계 소프트웨어에 의존해야만 합니다. 이 책의 설명도 예제 데이터를

---

2 주로 개체 이상의 현상를 다루는 생물학. 동식물의 개체수 변동, 공간분포, 환경의 의한 개체의 변화 등을 연구합니다.
3 생물관련 실제 데이터를 예제로 사용하면, 아무래도 통계모형의 설명 이외에 데이터의 내용을 상세히 설명해야 하는 번거로움이 있어서 피했습니다.

통계 소프트웨어 R을 사용해서 그래프·요약·통계모형의 적합하는 과
정을 제시해 나가고 있습니다.

　이 책의 후반부에 등장하는 계층베이즈모형에서 모수를 추정하기
위해서는 WinBUGS를 사용합니다. 통계 분석에 R을 사용하는 빈도가
여러 학술 분야에서 급속히 증가하고 있습니다. R의 장점은 누구나 무
료로 손쉽게 구할 수가 있을 뿐만 아니라, free software이기도 하며,
소스 코드가 완전히 공개되어 있는 점입니다. 즉, 다양한 통계분석 처
리의 과정이 어떤 계산을 하고 있는지 확인하는 것이 가능하기 때문
에, 연구자에게는 좋은 통계 소프트웨어라고도 할 수 있습니다.

　반면, WinBUGS 은 free software가 아닙니다. 단, 누구나 무료로
구할 수 있는 소프트웨어(freeware)이고, 성능 또한 꽤 좋기 때문에 이
책의 분석에 사용했습니다. 보다 자세한 내용은 본문에 WinBUGS가
등장할 때 자세히 설명하겠습니다.

　이 책은 수리적 이론에 익숙하지 않은 독자를 대상으로 하고 있
기 때문에, 가급적 R과 WinBUGS의 코드의 내용을 상세히 제시해 가
면서 설명했습니다. 그러나, 수리모형에 대한 이해가 깊은 독자라면
모형의 개요와 수식을 이해한 다음, 자신의 손에 익은 소프트웨어를
사용하여 실행해도 상관 없습니다.

　본서에서 사용한 예제 데이터와 그래프 작성, 통계 분석에 사용
한 R 코드, WinBUGS 코드는 인테넷(http://goo.gl/Ufq2)에서 다운로드
할 수 있습니다. 내용의 오탈자 등은 물론, 미처 설명하지 못했던 보
충내용도 위의 사이트에 수시로 갱신하여 게재할 예정입니다(한국어
판은 박영사 홈페이지 www.pybook.co.kr).

삿포로시 홋카이도 대학교에서

Takuya KUBO

# 역자 서문

Statistical Modeling Introduction

이 책은 통계 모델링 특히 범주형 자료분석에 대한 모델링을 다루는 11개의 장으로 구성되어 있습니다. 주어진 자료를 통계패키지에 입력하고 그 결과를 단순히 해석하는 분석을 지양하고, 연구자 스스로 모델링의 개념을 이해하고 자신의 연구문제에 적절한 분석을 선택하여 최선의 결과를 얻을 수 있도록 하는 데 많은 도움이 될 것입니다.

본서는 기존의 범주형 자료의 모형을 충실히 따르면서, 요즘 통계학에서 필수적으로 요구되고 있는 무료 통계소프트웨어 R로 예제를 구현해 나가면서 통계전공자는 물론이고 비전공자가 읽어도 쉽게 이해할 수 있도록 해설되어 있습니다. 어느 정도 모델링의 배경 지식을 갖추고 있는 독자라면, 관심 있는 장만을 참고할 수도 있겠습니다.

최근 몇 년간 연구논문, 석·박사 학위 논문작성을 위해서 요구되는 통계분석의 수준이 과거와 비교하면 상당히 높아졌습니다. 예를 들어, 컴퓨터의 계산 능력의 향상으로 인해 베이지안 통계분석 방법의 구현이 수월하게 되었으며, 데이터의 모형화에도 선형회귀분석 이상의 분석이 요구되는 경우가 많습니다. 그러나 선형회귀분석 이상의 고급 이론을 전부 이해하고 데이터 분석을 하기에는 통계 전공자와 비전공자 모두에게 상당한 시간이 걸리고, 특히, 시간에 쫓기는 비전공자는 자신의 현재 데이터를 구체적으로 어떻게 통계분석해야 하는지에 더 관심이 있을 수도 있습니다.

이와 같은 요구에 맞추어 최신 통계모델링에 있어서 관련이론과 데이터분석의 실용적인 면의 균형을 잘 맞추어서 집필된 점이 책의 장점입니다. 따라서 전공자와 비전공자 모두 각자의 통계적 지식에 근거해서 내용을 해석하고 이해할 수 있습니다.

제2장부터 제6장까지는 범주형 자료분석에 있어서 기본이 되는 로지스틱회귀모형, 포아송회귀모형을 중점적으로 다루고 있습니다. 제7장부터는 요즘 관심이 높아지고 있는 고급통계 기법인 MCMC, 깁스샘플링, 베이지안을 적용한 모델링으로 확장하여 고급 분석까지 가능하게 구성되어 있습니다. 이론적인 내용은 가급적 쉬운 용어를 사용해 비전공자 이해를 도왔으며, 혼자서도 충분히 실습이 가능할 정도로 상세하고 실용적으로 기술되어 있습니다.

사용한 계산도구는 R이며, 베이지안의 모델링에는 WinBUGS를 사용하였습니다. 두 소프트웨어 모두 무료입니다. 관련 실행파일은 및 데이터는 박영사 출판사 자료실(http://www.pybook.co.kr/bbs/bbsList.asp?Code=freepds)에서 내려받을 수 있으며, 본서에 실려 있는 분석결과와 그림을 그대로 재현할 수 있습니다. 조금씩 수정하여 자신의 데이터 적용하면 유용하게 사용할 수 있을 것입니다. 출판사의 자료실에는 필요 소프트웨어의 설치매뉴얼 등도 업로드 할 예정입니다. 그 밖에 본서에 대한 문의 사항, 질문 등은 박영사 또는 역자(j-lee@biwako.shiga-u.ac.jp)에게 문의하기 바랍니다.

본서를 번역하게 된 계기는 고려대학교 의학통계학교실의 연구교수로 있던 2013년 2학기에 석박사과정생을 대상으로 "범주형 자료분석" 과목을 담당하면서였습니다. 그때까지 범주형 자료분석수업은 5

학기 이상을 Alan Agresti의 "Categorical Data Analysis"교재를 사용해서 수업을 해왔지만, 한 학기 분량으로 좀 더 적절한 교재를 찾고 있던 때였습니다. 우연히 본서를 접하게 되어서 최신 이론과 실습의 균형을 갖춘 적절한 교재라는 생각이 들었습니다. 때마침 2014년 겨울 방학 때 고려대학교 통계학과 어수행 박사의 권유로 북해도로 여행을 가게 된 김에 저자와 만나서 출판 허락을 받았습니다.

처음 계획에서 출간까지는 예상보다 많은 시간이 걸렸습니다. 긴 시간 동안 가장 많은 도움을 주신 박영사의 이영조 차장님, 전채린 과장님께 감사의 뜻을 전합니다.

초고의 검토에는 고려대학교 의학통계학교실 이예경, 이혜영 석사로부터 많은 도움을 받았습니다. 고려대학교 의학통계학교실 안형진 교수님, 성신여대 통계학과 박만식 교수님으로부터는 많은 통계적 조언을 받았습니다. 이 모든 분들께 감사드립니다.

시가현 시가국립대학교<br>
이종찬

# 제2장 이후의 내용 흐름도

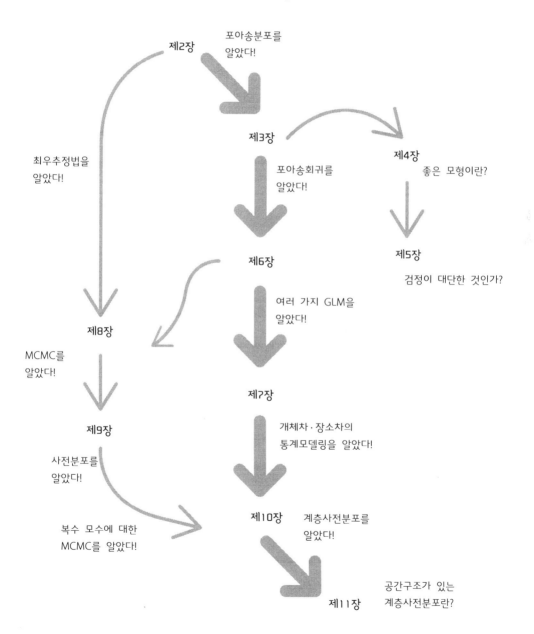

제2장

제3장    포아송분포를 알았다!

최우추정법을 알았다!

제4장    좋은 모형이란?

포아송회귀를 알았다!

제6장

제5장

검정이 대단한 것인가?

제8장    여러 가지 GLM을 알았다!

MCMC를 알았다!

제7장

제9장    개체차·장소차의 통계모델링을 알았다!

사전분포를 알았다!

복수 모수에 대한 MCMC를 알았다!

제10장    계층사전분포를 알았다!

공간구조가 있는 계층사전분포란?

제11장

# 차 례

Statistical Modeling Introduction

제3장
## 일반화선형모형(GLM): 포아송회귀

제8장
## 마코프연쇄 몬테칼로(MCMC)법과 베이즈 통계모형

제11장
**공간구조가 있는 계층베이즈모형**

# 제1장

# 데이터를 이해하기 위한
# 통계모형의 작성

통계모형이란 관측된 데이터를 잘 표현할 수 있을 것 같은 수리모형입니다. 관측 자료에 통계모형을 적합하면 관측 패턴이 잘 설명되거나, 관측된 현상의 배후에 있는 법칙성을 찾아내 예측을 가능하게 합니다.

## 1.1 통계모형: 왜 「통계」적인 「모형」인가?

가장 먼저, 데이터 분석에 있어서 왜 통계모형(statistical model)이라는 개념이 필요한 것인지 생각해 보겠습니다. 통계모형은,

▶ 관찰에 의해 데이터로 표현된 현상을 설명하기 위해 만들어진다.

▶ 데이터에 보이는 오차를 표현하는 수단으로써 **확률분포**를 기본 도구로 이용한다.

▶ 데이터와 모형을 대응시키는 절차가 마련되어 있고, 모형이 데이터에 얼마나 잘 적합되었는지를 정량적으로 평가할 수 있다.

라고 하는 특징을 갖는 수리모형입니다.[1]

데이터 분석에 있어서는, 「어떠한 근거로 무엇을 주장하면 좋을까?」를 한정하기 위해서, 데이터와의 대응이 명시되어 있는 통계모형이 필요합니다. 또한 분석자의 의도를 명확하게 표현하는 통계모형을 작성하면, 다른 연구자와의 아이디어 공유도 수월해집니다.

데이터와 통계모형의 관계에 대해서 조금만 검토해 보겠습니다. 예를 들어, 자연과학에서는 어떤 현상을 관측하거나 실험으로 수집된 데이터에 인간의 해석을 부여하여 그 데이터의 배후에 있는 「자연의 규칙 또는 구조」를 이해하려고 합니다. 이때, 그림 1.1과 같이 두 단계의 정보 소실이 발생한다고 생각할 수 있습니다.

제1단계에서는, 관측·실험이라는 수단을 통해 대상으로부터 정보 — 즉, 기호의 집합으로 변환되어 표현된 「관측 데이터」를 추출합니다. 이때 많은 정보를 잃게 됩니다. 관측대상인 자연이 가지고 있는 정보

---

1 통계모형은 데이터와의 대응관계를 고려해 가면서 설계된 수리모형이지만, 과학에서 사용되는 모든 수리모형이 이와 같은 특징을 가지고 있는 것은 아닙니다.

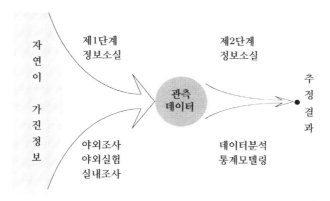

그림 1.1    자연 과학에 있어서 두 단계의 정보 소실. 이 책에서는 오로지 제2단계만을 다룹니다.

가 너무나도 많기 때문에 그 모든 것을 인간이 관측·측정하는 것이 거의 불가능하기 때문입니다.

제1단계의 소실도 매우 중요하게 다루어야 하지만, 이 책에서는 구체적으로 다루지 않겠습니다.[2] 이것을 상세하게 논의하기 위해서는 연구마다 다른 목적과 관측 방법까지도 파고들지 않으면 안 되기 때문입니다.

반면, 그림 1.1의 제2단계는 제1단계에 비해서 쉽게 다룰 수 있기 때문에 이 책에서는 제2단계에 집중하겠습니다. 현상을 수치와 기호의 나열로 표현된 데이터로 변환함으로써, 여러 학문분야에 공통적인 틀에 해당되는 통계학적 방법을 적용할 수 있기 때문입니다.

제2단계의 과정에서는, 통계모형을 사용한 데이터 분석에 의해서 또다시 정보를 잃게 됩니다. 이와 같은 정보의 손실을 감수하면서 제

---

2  단, 이 책의 후반에서는 관측 방법이 데이터 구조에 반영되는 경우, 그 효과를 통계모형에 포함시키는 방법을 검토하고 있습니다.

2단계 정보 조작을 하는 이유를 단적으로 말하면, 「데이터화된 자연」 조차도 인간의 머리로는 다루기 어려울 정도로 복잡하기 때문에 몇 개의 형태로 요약·정리가 필요하다 ─ 라는 것이겠죠.

조금 더 긍정적으로 생각해보면, 통계모형을 적합하면 정보가 정리되어, 복잡하게만 보이던 현상을 「어떤 원인으로 인해 어떤 변화가 생긴다」는 식으로 인간이 이해하기 쉬운 부분과 「노이즈」에 해당하는 부분으로 분리할 수 있다고 생각할 수도 있겠습니다.

그러면, 이와 같은 제2단계 정보 조작에 있어서 통계모형이 효과적인 이유는 무엇일까요? 이유를 하나만 들어 보면 ─ 통계모형의 기본 도구인 **확률분포**를 사용하면 여러 가지 「오차」, 「결측」 등을 잘 표현할 수 있다는 이점이 있기 때문입니다.

「데이터화」라는 조작에 있어서 필연적으로 발생하는 여러 종류의 「오차」[3]조차도 모형화하여 나타내려면 확률분포를 사용하여 현상을 표현할 수밖에 없습니다. 또 동시에 모형의 신뢰성 여부, 예측 정도(精度)의 한계 등도 정량적으로 나타낼 수 있습니다.


## 1.2 '블랙박스 같은 통계분석'의 악몽

대부분의 데이터 분석에서 통계모형이 사용되고 있지만, 연구자 자신도 데이터 분석에 사용하고 있는 통계모형을 잘 이해하지 못하거

---

3 실험 환경을 잘 정비하여 정밀하게 측정을 하면 「오차」 등도 사라질 것이다 ─ 라고 생각하는 사람이 있을지도 모르겠습니다만, 관측 데이터에 보이는 「오차」라는 것은 인위적인 측정 실수만으로 생기는 것이 아닙니다. 이 책에서는 인간의 힘으로는 제어할 수 없는 오차를 가지고 있는 현상을 통계모형으로 다룬다고 생각해 주세요.

나 혹은 통계모형이 있다는 것조차도 눈치 채지 못하는 경우를 종종 보게 됩니다. 어쩌면, 통계 소프트웨어에 데이터를 (아무렇게나) 넣어주기만 하면 그 나름대로의 출력 결과를 얻을 수 있기 때문에, 아무런 문제가 없다고 생각하는 것은 아닐까요?

이와 같이 「이해하지 않은 채 소프트웨어를 사용」하는 사용법을 잠정적으로 블랙박스 통계학이라고 부르기로 합시다. 이것은 의사과학 (疑似科學)의 사용법입니다. 저자가 지금까지 경험했던 블랙박스적인 사람들의 오용 혹은 이상한 사용법은 다음과 같은 것들이 있습니다:

- ▶ 「유의차」가 나올 때까지 검정 방법을 계속해서 바꾼다.
- ▶ 데이터 중에 관측치들끼리 나눗셈을 하여 새로운 「지표」를 입맛에 맞게 만들어서 「유의차」가 나올 때까지 신발명(新發明)을 반복한다.
- ▶ $R^2$ 값은 「설명력」이므로 무조건 1에 가까우면 된다.
- ▶ 「등분산 가정 위반」이라고 지적당하면, 데이터를 변수 변환하여 회귀·ANOVA하면 된다.
- ▶ 변수변환이 귀찮다면 관측치끼리 나눈 값을 만들어 「비모수검정」을 하면 된다.
- ▶ 「여러 번의 검정을 시행하므로 다중비교이다」라고 지적받으면, 무조건 다중검정법에 의해 보정을 하면 된다.
- ▶ 논문에 데이터의 검정 결과인 $P$값에 근거하여, $P$값이 작을수록 자신의 주장이 무조건 옳다고 주장한다.

우리들은 매우 주의를 기울여도 아주 쉽게 이와 같은 블랙박스 통계학,4 즉 일종의 자기기만에 빠져 버립니다.5 즉, 이치에 맞지 않는 방

---

4  소수점 이하의 계산을 할 때 그 누구도 정수의 공리로부터 검토하지 않는 것과 같이, 우리들은 어떤 블랙박스에 의존해서 아무런 의심없이 수리모형을 사용하고 있습니다. 여기서 문제가 되는 것은, 자기 자신만 또는 좁은 범위의 동료들 사이에서

법이 계속해서 발명되고 있는 셈입니다. 특히, 소수의 연구자들로 구성된 연구 집단의 경우에서는 공동 환상을 만들어내고 유지하는 기능이 있으므로, 예를 들어, 특정 학문 분야의 좀 더 세분화된 영역의 「내론」만으로 사용되는 데이터 분석의 「비밀」이 계승되기도 합니다.

이 책의 목적 중 하나는, 이처럼 데이터의 분석의 방향이 이상한 쪽으로 흘러가 버릴 수 있는 블랙박스 통계학을 피하고, 데이터를 잘 살펴보는 능력, 분석 목적에 따라서 데이터의 구조에 부합하는 통계모형을 구축하는 능력을 연구자 스스로 가졌으면 하는 점입니다. 물론, 데이터 구조와 분석 목적 또한 각 연구마다 매우 다양하기 때문에, 여기서 소개하는 모형화의 방법만으로 만전을 기할 수 있다고는 할 수 없습니다. 그렇지만, 이 책에서 다루는 정도의 내용을 일단 이해하고 통계모델링의 출발점으로 삼으면 좋을 것입니다.

## 1.3   이 책의 내용: 일반화선형모형의 도입과
## 그 베이즈적인 확장

「머리말」에도 쓴 것처럼 이 책에서는, 일반화선형모형(generalized linear model, GLM)의 범주에 해당하는 통계모형, 좀 더 나아가 베이즈화에 의한 모형의 확장을 중점적으로 설명하고 있습니다(그림 1.2). 이 책에서 다루는 통계모형은, 통계모형 전체 중에 매우 작은 부분에 지나지 않습니다. 그러나, 이것들은 응용 범위가 넓고 더욱이 이제 막 데

---

밖에 통용되지 않는 블랙박스라는 사실을 깨닫지 못하고 남용하고 있는 것입니다.
5   저도 이 책을 쓰는 과정에서 수많은 자기기만을 깨달았고, 또다시 새로운 기만에 빠지기도 했습니다.

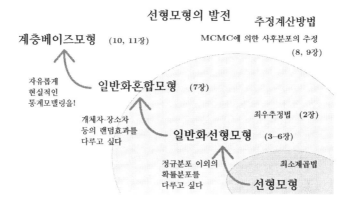

그림 1.2　선형모형을 발전 시켜나가는 설명의 플랜. 우선 포이송분포와 이항분포를 사용
하는 일반화선형모형(GLM)을 소개하고, 그것을 현실의 데이터에 사용할 수 있
도록 계층베이즈모형화한다.

이터 분석을 배우기 시작한 사람들이라면 반드시 이해해야 하는 통계
모델링의 사고방식을 포함하고 있습니다.

　　직선회귀와 분산분석을 사용해 본 적이 있는 독자를 위해, 여기서
일단 이들 수법과 GLM의 관계를 정리해 보겠습니다.[6] 단, 직선회귀와
분산분석이라는 것을 몰라도 이 책을 읽는 데는 아무런 지장이 없습니
다. 거의 모든 통계 소프트웨어에 탑재되어 있는 이들 분석 방법은 데
이터의 오차가 등분산(等分散) 정규분포를 따른다는 것을 가정하고 있
습니다.[7] 이와 같은 통계모형을 선형모형[8](linear model, LM)이라고 합니
다. 「정규분포를 전제하는」 LM에 대하여 「무엇이든지 정규분포라는

---

6　제3장의 3.7절에서도, 간단한 예제를 사용해 비교하고 있습니다.

7　최소제곱법을 적용할 수 있는 통계모형은 등분산 정규분포를 가정하는 통계모형까
　　지라는 의견도 있습니다.

8　최근에는 별로 사용하지 않지만, LM을 일반선형모형(general linear model)으로 기
　　술한 교과서도 있습니다.

것은 뭔가 이상한데?」라는 방향으로의 확장한 모형을 GLM이라고 생각해도 되겠습니다.[9] 정규분포를 가정하기에 부적절한 데이터의 예로서 다음 장 이하부터는 카운트 데이터(count data)[10]의 통계모델링에 집중하겠습니다.

### 1.3.1 각 장의 내용 — 전체의 설명의 흐름

이 책의 각 장의 내용을 간단하게 소개하면서, 선형모형을 발전시켜 나가는 설명의 플랜(그림 1.2)의 전체상을 조망해 보겠습니다.

서문 끝에 제시한 제2장 이하의 설명의 흐름을 나타낸 그림도 같이 참조하기 바랍니다.

모든 장은 가상(假想) 식물의 종자수와 개체수로 구성 되어 있는 예제 자료인 가상 데이터의 설명으로부터 시작되고, 그 데이터를 분석하는 과정의 중간에 GLM 등의 장마다 다른 통계모델링의 개념을 설명하고 있습니다.

우선 제2장에서, 통계모형의 중요한 도구인 **확률분포**(probability distribution)에 대해 설명합니다. 이 장에서는 **포아송분포**(Poisson distribution) — 카운트 데이터를 잘 표현할 수 있는 확률분포 중 하나 — 로 설명할 수 있는 데이터를 예제로서 다룹니다. 또 통계모형을 데이터에 적합하여 **모수**(parameter)의 추정치를 구하는 방법인 **최우추정**(maximum likelihood estimation)의 개념도 설명합니다.

제3장부터 일반화선형모형을 다룹니다. 이 장에서는, **포아송회귀**(Poisson regression)에서 사용하는 GLM의 세부적인 내용을 설명합니다. **포아송분포·링크함수·선형예측식**이라는 도구를 조합하여 통계모형을

---

9  역으로 말하면 LM은 GLM의 일부입니다. 즉, 확률분포를 등분산 정규분포로 지정한 GLM이 LM입니다.

10  이산형 데이터라고 불리기도 합니다.

구축하게 될 것입니다.

　　제4장과 제5장에서는, 제3장의 예제를 사용하여, 다수의 모형 사이에 우열을 비교하는 방법을 설명합니다. 제4장에서는, AIC라는 통계량을 사용하는 모형선택(model selection) 방법이 등장합니다. 지금 손에 쥐고 있는 데이터로의 적합이 아닌, 다음에 얻어질 데이터를 잘 예측할 수 있는가 없는가로 모형의 우수성을 평가하는 것이 AIC의 특징입니다.

　　제5장에서는, 관측된 데이터로의 적합 우수성을 나타내는 **최대로그우도**(maximum log likelihood)와 모형 간의 최대로그우도를 비교하는 **우도비검정**(likelihood ratio test)을 소개합니다. 몇몇의 일부 학문분야에서 보이는 「데이터 분석이란 무엇이든지 유의차만 만들면 된다」라는 식의 안이한 「사용법」에 대해 비판적인 입장에 서서, 이 장에서는 「검정이란 것이 그렇게 대단한 것인가?」라는 문맥으로 검정의 비대칭성 등을 지적하고 있습니다.

　　이 책의 서문 끝에 나타난 것처럼, 모형 간의 비교를 다루는 제4장과 제5장은 통계모형을 발전시켜 나가는 흐름에서 벗어나 있습니다. 따라서 제4장의 전반부에서 설명하는 모형선택 절차와 「관측 데이터로의 적합이 아닌, 예측이 좋은 모형을 선택하는 것이 AIC에 의한 모형선택」이라는 요점만을 숙지하고 다음 제6장으로 넘어가도 상관없습니다.

　　제6장에서는, 이항분포·정규분포·감마분포를 사용한 GLM을 소개합니다. 처음에는 이항분포를 도구로 하는 통계모형인 **로지스틱회귀**(logistic regression)를 설명합니다. 이것은 $N$개의 관찰대상 중에서 주목하고 있는 사건이 $k$개 발생하였을 때 발생확률을 추정하는 문제를 다루는 것입니다. 또, GLM의 **오프셋** 항을 사용하는 모델링에 대해서도 설명하고, 통계모형의 반응변수에 「관측치끼리 나눈 값」을 **사용하지**

않는 방침을 강조합니다. 정규분포와 감마분포의 성질에 대해서도 간단하게 소개합니다.

　제7장 이하에서는, 「개체차」, 「장소차」 등을 표현하는 랜덤효과를 통계모형에 포함하는 방법을 생각합니다. 우선 제7장에서는, GLM을 일반화선형혼합모형(generalized linear mixed model, GLMM)으로 확장하고 고정효과와 동시에 랜덤효과도 포함시킵니다. 이로 인해 GLM보다 현실적인 통계모델링이 가능하게 됩니다.

　그렇지만 보다 복잡한, 예를 들어 개체차뿐만 아니라 장소차도 동시에 고려해야만 하는 통계모형에서는, 모수의 최우추정이 기술적으로 어려워집니다. 그래서 제8장에서는, 보다 강력한 모수 추정 방법인 마코프연쇄 몬테칼로법(Markov chain Monte Carlo method, MCMC method)을 도입합니다. 다음으로, 이 MCMC를 사용하기 위해서는 베이즈 통계모형(Bayesian statistical model)이라는 틀로 생각하면 편할 것 같습니다 —라는 흐름으로 이야기를 진행해 가겠습니다.

　제9장에서는, 바로 앞 장에서 등장했던 MCMC 샘플링과 베이즈 통계모형에 대해서 이해를 더하기 위해, 간단한 GLM을 베이즈 모형화 해보겠습니다. 또 범용성이 있는 MCMC 샘플링 소프트웨어를 사용해 복잡한 모수를 추정하는 방법을 설명합니다.

　제10장에서는, GLMM을 베이즈 모형화한 계층베이즈모형(hierarchical Bayesian model)에 대해서 설명하고 개체차와 장소차라고 하는 「국소적」인 모수의 취급방법을 검토합니다.

　마지막 제11장에서는, 계층베이즈모형의 응용 예로 공간구조를 고려한 통계모형을 소개합니다.

## 1.4 이 책에 등장하는 역어·기호·표기법에 대해서

이 책에 등장하는 통계학 용어의 역어(譯語) 중, 아직 정해진 역어가 없는 것을 열거해 둡니다:

▶ 일탈도(deviance),[11] 잔차일탈도(residual deviance), 최대일탈도(null deviance)

▶ 고정효과(fixed effects), 랜덤효과(random effects)[12]

▶ 링크함수(link function)[13] ─ 이것은 GLM의 반응변수의 평균과 선형 예측식의 관계를 나타내는 함수입니다.

제3장 이하에서는, GLM과 그 발전판 모형에 대한 설명을 하게 되는데, 이때 어떤 현상의 결과로서 관찰된 데이터를 반응변수(response variable), 현상의 원인으로서 역할을 하는 데이터를 설명변수(explanatory variable)라고 하겠습니다. 최근에는 이와 같은 용어도 자주 사용되고 있지만, 얼마 전까지만 해도 주로 종속변수·독립변수로 사용하는 교과서가 대부분이었습니다.

또, 이 책의 GLM의 설명에서는 반응변수 $y_i$와 설명변수 $\{x_i, f_i\}$ 등을 다음과 같이 관련시킨 식이 자주 등장합니다.

$$f(y_i) = \beta_1 + \beta_2 x_i + \beta_3 f_i + \cdots$$

---

11  적합의 나쁨. 제3장 이하에 등장. 괴리도라고 번역한 사례도 있습니다.

12  요인이 반응변수의 평균에 영향을 주는 두 종류의 효과. 제7장 이하에 등장. 각각 모수효과와 변량효과로 번역되지만, 그 의미하는 바를 상상하기 어려우므로 이 책에서는 사용하지 않겠습니다.

13  제3장 이하에서 상세히 설명합니다. 연결함수로 번역되는 경우도 있습니다.

좌변은 반응변수의 링크함수, 우변은 **선형예측식**(linear predictor)입니다. 선형예측식의 구성 요소 중 설명변수를 동반하지 않는 계수 $\beta_1$을 **절편**(intercept), 그 밖에 계수 $\beta_2$와 $\beta_3$를 기울기(slope)로 구분하겠습니다.[14]

　기호와 수식의 기법 등에 대해서는, 대략 다음과 같은 식으로 단순화·생략을 하겠습니다.[15]

▶ 오해의 소지가 없는 경우에는, 곱의 기호와 괄호는 생략한다.

$$\text{예}\ \ \beta_2 \times x_i \rightarrow \beta_2 x_i,\ \log(x) \rightarrow \log x\ \ \text{등}$$

▶ 지수함수·로그함수: $\exp(x) = e^x$에서 $e$는 자연로그의 밑($e = 2.7182 \cdots$), $\log x$는 $e$를 밑으로 하는 로그함수

▶ 이 책의 거의 모든 예제에는 「가상 식물의 개체」 등을 나타내는 첨자 $i$가 등장하는데, $i \in \{1, 2, \cdots, 50\}$라고 표기하면 「$i$는 개체번호 1부터 50까지를 취한다」라는 의미이다.

▶ 예제 데이터의 각 개체를 나타내기 위해서 $y_i$와 같이 아래 첨자를 사용하지만, 개체를 특정하지 않고 예측 값 등을 나타낼 때는 $y$로 표기하는 경우도 있다.

▶ 「어떤 $y_i$라도 관계없다」는 것을 나타내기 위해서 $y_{\cdot}$로 표기하는 경우가 있다.

▶ 합·곱의 기호 아래에 $i$가 있으면 그 예제에서 다루고 있는 모든 개체에 대한 합·곱을 의미한다.

$$\text{예}\ \ \sum_{i \in \{1,2,\cdots,50\}} \log L_i^* \rightarrow \sum_i \log L_i^*$$

$$\prod_{i \in \{1,2,\cdots,100\}} L_i^* \rightarrow \prod_i L_i^*$$

---

14  직선회귀의 추론에서와 유사하게 이와 같이 부르겠습니다. 또 $\beta_1$을 「절편」이라고 하는 이유는 통계 소프트웨어 R에서 그렇게 부르고 있기 때문입니다.

15  경우에 따라서 엄격하게 지키지 않고, 그 자리에서 설명과 정의가 등장하기도 합니다.

▶ 반올림 수치를 사용하는 수식 표기에서 근사라는 것을 나타내지 않고(즉, $\approx$ 의 기호를 사용하지 않고, 대부분의 경우) 등호로 표기한다.

예  $\widehat{\beta_1} = 3.5126\cdots$ 인 경우,  $\hat{\lambda} = \exp(\widehat{\beta_1}) = \exp(3.51)$

▶ 비례 관계를 나타내는 이항연산자 $\propto$ 를 사용하는 경우가 있다.

예  $p = q \times (상수)$ 인 경우,  $p \propto q$

▶ 확률변수[16]가 특정 확률분포를 따르는 경우에는 $\sim$ 기호로 그 관계를 표현하는 경우가 있다.

예  $y_i \sim (평균 \lambda_i 인 포아송분포)$

▶ 사건 $A$와 $B$가 동시에 발생할 결합확률(joint probability)을 $p(A,B)$, $B$가 발생했다는 조건에서 $A$가 발생할 조건부확률(conditional probability)을 $p(A|B)$로 쓴다.[17]

▶ $x_i$ 전체 집합 $\{x_1, x_2, \cdots, x_N\}$ ($N$은 예제에 따라서 다름)을 $\{x_i\}$로 쓰는 경우가 있다.

▶ 집합·벡터·행렬 등에 볼드체 표기를 하지 않는다 ─ 단, 반응변수 $y_i$ 또는 설명변수 $x_i$의 집합에 대해서는 표기를 간단히 하기 위해 $Y$ 또는 $X$로 쓴다.

예  $Y = \{y_i\} = \{y_1, y_2, \cdots, y_{20}\}$

---

16  확률변수를 알파벳 대문자로 나타내는 교과서가 대부분이지만, 이 책에서는 굳이 그와 같이 구분하지 않았습니다.

17  $C$가 발생했다는 조건 하에서 $A$와 $B$가 발생할 조건부 확률은 $p(A,B|C)$입니다. 조건부확률과 결합확률의 관계에 대해서는 제8장의 8.5.2항을 참조해주세요.

## 1.5  이 장의 정리

이번 장에서는, 데이터 분석을 함에 있어서 「통계모형을 이해하고 사용」해야 한다는 중요성을 지적했고, 이 책에서 통계모형을 발전시켜 나가게 될 플랜을 설명했습니다.

▶ 관측 데이터는 많은 자연현상 중 일부를 취한 것이고, 그 일부에 보이는 패턴을 요약하거나, 미 관측된 움직임을 예측하기 위해서 통계모형이 필요하다(1.1 통계모형: 왜 '통계'적인 '모형'인가?).

▶ 연구자는 통계모형을 이해하지 않고 진행하는 '블랙박스'와 같은 데이터 분석에 빠져들기 쉽고, 다른 사람은 이해 불가능한 「우리집에서만 통용되는 분석」이 만연하기 쉽다(1.2 '블랙박스 같은 통계분석'의 악몽).

▶ 이 책에서는 가장 간단한 통계모형의 하나인 일반화선형모형을 개량·개선해가는 과정으로 여러 가지 사고방식을 소개해간다(1.3 이 책의 내용: 일반화선형모형의 도입과 그 베이즈적인 확장).

추가로 1.4절에서는 이 책에서 사용하는 용어·기호의 사용에 대해서도 언급하였습니다.

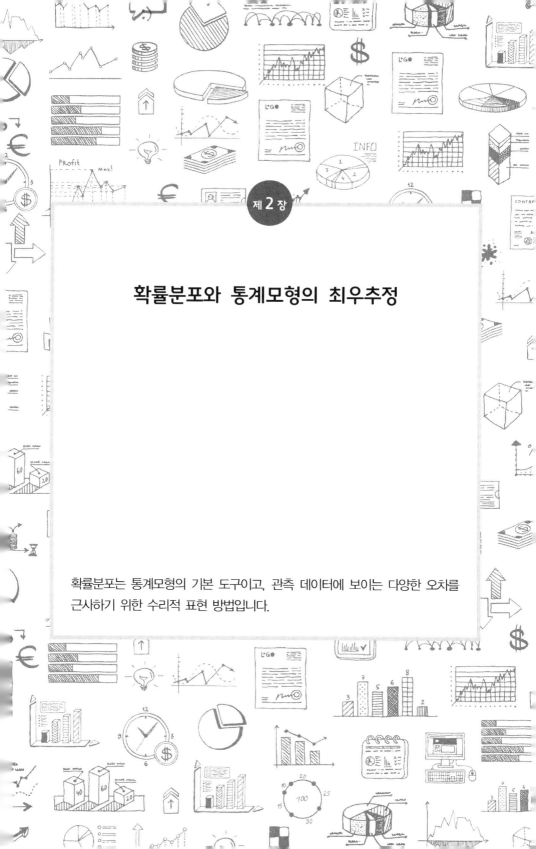

제 2 장

# 확률분포와 통계모형의 최우추정

확률분포는 통계모형의 기본 도구이고, 관측 데이터에 보이는 다양한 오차를
근사하기 위한 수리적 표현 방법입니다.

확률분포(probability distribution)는 통계모형의 본질적인 도구이고, 데이터에 보이는 다양한 「오차(흐트러짐)」를 표현합니다. 이 장에서는 이와 같은 데이터의 불규칙한 발현을 「표현하기 위한 도구로서 확률분포」라는 사고방식을 설명하기 위해, 간단한 예제 데이터와 확률분포의 대응관계를 생각해 보겠습니다.

## 2.1  예제: 종자수의 통계모델링

그림 2.1과 같은 가상(假想)의 식물 개체들이 존재한다고 가정합시다. 이와 같은 식물 50개체로 구성된 집단에 대해서, 각 개체마다 종자(씨앗) 수를 정리한 수치를 데이터라고 하겠습니다. 이 데이터를 분석해 가면서 확률분포와 통계모형에 대해서 설명하겠습니다.

이 종자수 데이터를 통계모형으로 표현하기 위해 가장 어울리는 확률분포는 무엇일까요? 우선, 이 데이터는 0개, 1개, 2개 … 와 같이 셀 수 있는 카운트 데이터(count data)입니다. 카운트 데이터는 음이 아닌 정수라고 생각해 주세요. 이와 같이 데이터의 특징을 파악하는 것은 나중에 확률분포를 선택할 때 중요한 단서가 됩니다. 다른 특징을 조사하기 위해서, 이 데이터를 통계 소프트웨어 R로 조사해 봅시다.

이 예제 데이터가 이미 R에 저장되어 있고,[1] 가상 식물 50개체분의 종자수 데이터는 data라는 이름으로 되어 있다 ― 라는 식으로 설명해도 잘 알 수 없으므로, 실제로 R을 조작해 보기로 하겠습니다.

---

1  R로 이 장의 예제를 다루는 경우에는, 이 책의 웹사이트에서 data.RData파일을 다운로드 해 주세요. R을 기동하고, load(data.RData)로 다운로드한 데이터 파일을 읽어 들이면 data라는 이름의 오브젝트를 다룰 수 있게 됩니다. 그 전에 미리 R을 조작하여 data.RData파일이 놓여 있는 디렉토리로 이동할 필요가 있습니다.

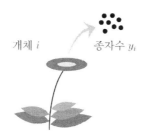

개체 $i$　　　종자수 $y_i$

그림 2.1　이 장의 예제인 가상 식물 데이터. 가상 식물의 $i$번째 개체. 이 식물의 종자수 $y_i$. 식물의 잎의 수와 사이즈 등 다른 특성치에 대한 자료는 없다고 가정한다. 「식물 개체의 종자수를 어떻게 표현하면 좋을까?」라는 단순한 문제만을 검토한다.

우선 이와 같은 상황에서, R명령창에 data라고 입력해 봅시다.2

```
> data
 [1] 2 2 4 6 4 5 2 3 1 2 0 4 3 3 3 3 4 2 7 2 4 3 3 3 4
[26] 3 7 5 3 1 7 6 4 6 5 2 4 7 2 2 6 2 4 5 4 5 1 3 2 3
```

이와 같이 data의 내용이 표시됩니다.3 역시, 종자수 데이터는 50개의 정수로 되어 있는 것을 알 수 있습니다. length( ) 함수4를 사용하면, 이 data에 포함되어 있는 데이터 수가 50개라는 것도 확인할 수 있습니다.5

---

2　이것은 print(data)과 동일합니다.

3　출력 결과의 좌측에 있는 [1], [26]은 각각 「바로 옆 우측에 있는 데이터는 첫 번째의 데이터」, 「바로 옆 우측에 있는 데이터는 26번째 데이터」라는 것을 나타내고 있습니다.

4　R의 함수란 length( )와 같이 이름의 뒤에 ( )가 붙어 있는 오브젝트를 가리킵니다. 이 ( ) 안에 하나 또는 여러 개의 인수(argument)를 지정합니다. 지금과 같은 경우, 인수는 data이며 length(data)라고 R에 지시하여 length( )에 일을 시키는 것을 「length( ) 함수를 호출한다」라고 합니다.

5　R에서는 # 기호부터 행의 마지막까지는 코드의 실행과 관계없는 메모입니다.

또, summary( ) 함수에 의해서 표본평균과 최소값·최대값·사분위수 등을 알 수 있습니다.

```
> length(data)  # data에는 몇 개의 데이터가 포함되어 있는가?
[1] 50
```

```
> summary(data)  # data를 요약하자!
   Min.   1st Qu.   Median   Mean   3rd Qu.   Max.
   0.00    2.00     3.00     3.56    4.75     7.00
```

위의 summary(data)를 읽는 방법에 대해 간략히 설명해 보겠습니다. Min.과 Max.는 각각 data의 최소값·최대값입니다. 또 1st Qu., Median, 3rd Qu.는 각각 data를 오름차순으로 정렬했을 때의 25%, 50%, 75%에 해당되는 값입니다.[6] Median은 표본 중간값(중위수), Mean 은 표본평균(sample mean)으로서 지금의 경우는 3.56입니다.[7]

데이터 분석에서 가장 중요한 것은, 일단은 무조건 데이터를 다양한 방법으로 도시(圖示)해 보는 것입니다. 예를 들어 「종자를 5개 가지고 있는 식물은 50개체 중에서 몇 개인가?」 등을 보여주는 도수분포를 도시해보면, 데이터 분석에 도움이 될 것 같습니다.

R에서 도수분포를 구하는 방법은 여러 가지 있으나, 여기서는 table( )을 사용해 봅시다.

---

6　이 값들이 사분위수입니다. R이 출력하는 이 값들은 관측치 자체의 값이 아니고, 대부분의 경우, 보간(補間) 예측된 값입니다.

7　이와 같이 표본의 가감승제로 얻어진 통계량의 이름에는 「표본〜」라고 명기해야 하는 것이 원칙이지만 이 책에서는 그 정도로 철저히 지키지는 않습니다.

```
> table(data)
0  1  2  3  4  5  6  7
1  3  11 12 10 5  4  4
```

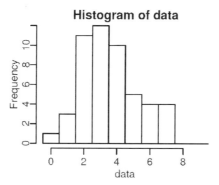

그림 2.2   종자수 데이터의 히스토그램(도수분포표). 가로축은 종자수, 세로축은 가상 식
         물의 개체수. 총 50개체. R의 hist( )함수를 사용해 도시.

이것을 보면, 종자수 5인 것은 5개체, 종자수 6인 것은 4개체라는 것을
알 수 있습니다. 이것을 히스토그램(histogram)으로 도시해 봅시다.[8]
R에 다음과 같이 명령하면, 그림 2.2와 같은 히스토그램을 얻을 수 있
습니다.

```
> hist(data, breaks = seq(-0.5, 9.5, 1))
```

---

8  seq(-0.5, 9.5, 1)은 $\{-0.5, 0.5, 1.5, 2.5, \cdots, 8.5, 9.5\}$라는 수열을 생성합니다. 함수
   hist( )의 breaks인수에 이 열을 부여하면 「$-0.5$ 초과, 0.5 이하」, 「0.5 초과, 1.5 이
   하」 ─ 와 같은 식으로 구간을 나누어 히스토그램을 작도합니다.

데이터의 변동성(variablity)을 나타내는 대표적인 표본통계량으로서, **표본분산**(sample variance)을 들 수 있습니다.

```
> var(data)
[1] 2.9861
```

또, **표본표준편차**(sample standard deviation)는 표본분산의 제곱근입니다. R에서는 다음과 같이 계산할 수 있습니다.

```
> sd(data)
[1] 1.7280
> sqrt(var(data))
[1] 1.7280
```

## 2.2    데이터와 확률분포의 대응 관계를 조망하다

지금까지 식물 개체의 종자수 데이터를 조사해본 결과, 다음과 같은 특징이 있다는 것을 알았습니다.

▶ 1개, 2개,…와 같이 셀 수 있는 카운트 데이터

▶ 종자수의 표본평균은 3.56개

▶ 종자수의 발현은 개체마다 제각각이며(즉, 오차가 있고), 히스토그램을 그리면 단봉우리 분포

그러면, 데이터의 개체마다 동일한 값으로 발현되지 않는 종자수의 오차를 나타내기 위해서, **확률분포**라는 개념을 사용하겠습니다. 이

책에서는 확률분포에 관한 추상적인 검토로부터 시작하지 않고,9 이 예제 데이터를 분석하기에 적절한 확률분포를 우선적으로 소개한 후에 그 성질을 설명해 가겠습니다.

　이 장의 예제인 종자수 데이터를 확률모형으로 표현하기 위해서는, 우선 **포아송분포**(Poisson distribution)라고 불리는 확률분포가 편리하다 — 라고 일단은 받아들이기로 합시다.10

　**확률분포**란 **확률변수**(random variable)가 취할 수 있는 값과 그 값이 출현할 확률을 대응시킨 것입니다. 이 예제로 설명하면, 어떤 식물 개체 $i$의 종자수 $y_i$와 같이, 각 개체마다 변동성이 있는 변수가 확률변수입니다. 예를 들어 $y_i = 2$라는 값을 가졌다고 하면, $y_i = 2$가 될 확률은 어느 정도일까 — 라는 것에 관심이 있습니다.

　부연하면 확률분포는 확률변수가 취할 수 있는 값과 그에 대응되는 확률을 부여하는 것입니다. 예제의 경우 「개체 1의 종자수 $y_1 = 2$가 될 확률은 얼마인가?」를 표현하는 도구입니다. 확률분포는(후술하는 것과 같이) 비교적 간단한 수식으로 정의되며, 모수(parameter)의 값에 의존하여 「분포의 형태」가 변합니다.

　예제 데이터를 이용하면서 좀 더 구체적으로 설명해 보겠습니다. 포아송분포에서 지정해야 하는 모수는 분포의 평균 하나밖에 없습니다. 얻어진 데이터와 포아송분포의 대응관계라는 것은 무엇을 말하는 것일까요? 여전히 잘 알 수 없습니다만 — 일단, 이 예제의 데이터의 표본평균이 3.56이었으므로, 잠시 평균 3.56의 포아송분포라고 하는 것이

---

9　수리통계학적 확률분포의 정의에 대해서는 참고문헌을 참조해 주세요.

10　여기서는 일단 카운트 데이터를 근사적으로 표현하기 위해서, 편리하고 간단한 확률분포로서 포아송분포를 사용하고 있다고 생각해 주세요. 이때, 어떤 생물 현상의 메커니즘으로부터 포아송분포가 도출되었다는 뜻은 아닙니다. 오히려 실제의 데이터에는 포아송분포만을 사용한 모형으로는 데이터의 오차를 잘 설명하지 못하는 경우가 대부분입니다. 이 문제는 제7장 이하에서 다루게 됩니다.

어떤 것인가 조사해 보도록 하겠습니다.

|    | y | prob |
|----|---|------|
| 1  | 0 | 0.02843882 |
| 2  | 1 | 0.10124222 |
| 3  | 2 | 0.18021114 |
| 4  | 3 | 0.21385056 |
| 5  | 4 | 0.19032700 |
| 6  | 5 | 0.13551282 |
| 7  | 6 | 0.08040427 |
| 8  | 7 | 0.04089132 |
| 9  | 8 | 0.01819664 |
| 10 | 9 | 0.00719778 |

그림 2.3　평균 3.56인 포이송분포의 확률분포, $y \in \{0,1,2,\cdots,9\}$. 본문과 같이 R 내부에 종자수 $y$와 각 종자수가 관찰될 확률 $p(y|\lambda)$를 계산해서 prob에 저장해 두고, R의 cbind(y, prob) 함수로 얻어진 출력.

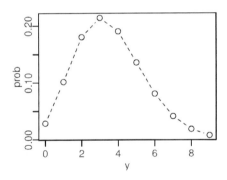

그림 2.4　평균 $\lambda = 3.56$인 포이송분포. 종자수 y와 그 확률 prob의 관계를 나타내고 있다. 그림 2.3의 표를 그림으로 나타낸 것 R의 plot( ) 함수의 인수, type="b" "에 의해서「흰점과 꺾은선」, lty=2에 의해서「꺾은선은 점선」으로 지시하고 있다.

수식을 사용한 포아송분포의 정의 등은 다음 절 이하에서 다루기로 하고, 일단은 「평균 3.56의 포아송분포」라는 것을 R을 사용해 그래프로 도시해 보겠습니다. 평균 3.56의 포아송분포를 따르는 「종자수 $y$가 관찰되는 확률」을 생성시키기 위해서는 R에 다음과 같이 지시합니다.

```
> y <- 0:9
> prob <- dpois(y, lambda = 3.56)
```

　　R에 dpois(y, lambda=3.56)라는 함수를 호출하면, prob 오브젝트에 「식물 개체의 종자수가 $y$개일 확률」이 저장됩니다. 이것을 표로 출력하면 그림 2.3과 같습니다.

　　이것도 여전히 알아보기 쉽지는 않기 때문에 그래프를 그리기 위해서,

```
> plot(y, prob, type = "b", lty = 2)
```

와 같이 plot( ) 함수를 호출하면, 그림 2.4와 같이 종자수 y와 그 확률 prob의 관계를 알 수 있는 산점도가 나타납니다.

　　이들 도표에서 나타내고 있는 평균 3.56의 포아송분포라는 것은 무엇일까요? 여기서는, 개체마다 다르게 발현된 종자수의 오차를 나타내는 근사적인 표현 수단으로서, 포아송분포를 도입하였습니다. 그림 2.3과 그림 2.4에 나타난 것과 같이 「임의의 식물 개체가 0개의 종자를 갖게 될 확률은 0.03 정도이고, 식물 개체가 3개의 종자를 갖게 될 확률이 0.21 정도로 가장 높다」 등을 표현하고 싶으면 평균 3.56의 포아송분포를 이용하면 좋지 않을까 ― 라는 아이디어입니다.

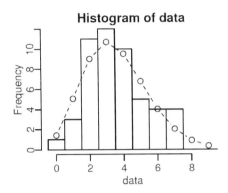

그림 2.5  관측 데이터와 확률분포의 대응관계. 히스토그램은 그림 2.2와 동일. 그 위에
겹쳐진 흰점과 점선은 $y$개의 종자수를 가지게 될 개체수의 예측. 평균 3.56인
포아송분포(그림 2.4)의 확률분포에 전체 표본크기 50을 곱하여 얻어졌다.

통계모델링에 있어서 이와 같이 확률분포를 사용하면, 오차의 어
떤 사건·현상을 기술할 수 있다고 간주합니다. 즉, 관측 데이터의 히
스토그램(그림 2.2)에 평균 3.56인 포아송분포(그림 2.4)를 겹쳐서 그림
2.5와 같은 결과[11]가 얻어졌다면, 관찰 자료의 오차를 포아송분포로 표
현할 수 있을 것 같다 — 라고 생각할 수 있습니다.

그러면 다음으로, 이「대충 살펴본 본 그림」에 의해서 납득한 기
분을 조금 더 정량적으로 나타내는 방법을 검토하겠습니다. 주로 관심
이 있는 것은「어떤 확률분포 또는 어떤 통계모형을 사용하여 관측 데
이터를 설명할 수 있을까?」,「확률분포의 모수는 어떻게 결정하면 좋
을까?」,「관측 데이터를 설명하기에 좋은 통계모형은 무엇일까?」라는
문제들입니다.

---

11  그림 2.5와 같은 그림을 작도하기 위해서는, 우선 hist( ) 함수로 히스토그램을 작도
하고, 다음에 예측을 그리기 위해서 lines(y, 50 * prob)로 지정할 필요가 있습니다.

## 2.3 포아송분포란 무엇인가?

2.2절에서 예제 데이터와 확률분포의 대응관계를 검토하기 위해서 어떤 배경 설명도 없이 갑자기 포아송분포를 등장시켰습니다. 그러면 포아송분포에 대해서 조금 더 자세히 설명하겠습니다.

포아송분포의 확률분포는 다음과 같이 정의됩니다.

$$p(y|\lambda) = \frac{\lambda^y \exp(-\lambda)}{y!}$$

확률 $p(y|\lambda)$는 평균 $\lambda$인 포아송분포를 따르는 확률변수가 $y$라는 값을 취하게 될 확률입니다.[12] $y!$은 $y$의 계승(factorial)을, 4!은 $1 \times 2 \times 3 \times 4$를 의미합니다.

평균 $\lambda$는 포아송분포의 유일한 모수입니다. 위의 정의를 이용하여 그림 2.3과 그림 2.4의 확률이 계산되었습니다. 이 밖의 포아송분포의 성질을 열거해 보겠습니다.

▶ $y \in \{0,1,2,\cdots,\infty\}$의 값을 취하고, 모든 $y$에 대응되는 확률의 총합은 1이 된다.

$$\sum_{y=0}^{\infty} p(y|\lambda) = 1$$

▶ 확률분포의 평균은 $\lambda$이다($\lambda \geq 0$).

▶ 분산과 평균은 같다: $\lambda = $ 평균 = 분산

---

12　교과서에 따라서는 이 함수 $p(y|\lambda)$를 확률함수 또는 확률질량함수라는 용어를 사용합니다.

포아송분포의 다른 성질 및 확률분포의 일반적인 성질13에 대해서는, 참고문헌을 참조하기 바랍니다. 포아송분포의 모수 $\lambda$를 변화시키면, 확률분포는 그림 2.6에 나타난 것처럼 변화합니다.

이 책에서는 이 종자수 예제와 같은 카운트 데이터 자료는 포아송분포 또는 포아송분포와 다른 분포를 혼합한 확률분포를 이용해 통계모형화하겠습니다. 그렇다면 왜, 포아송분포가 개체마다 다른 값으로 발현되는 종자수 오차의 양상을 기술하기 위한 통계모형의 도구로서 선택된 것일까요? 그와 같은 질문에 대한 답으로서 다음과 같은 이유를 들 수 있겠습니다.

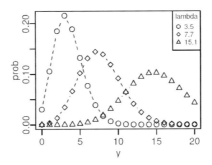

그림 2.6  여러 가지 평균($\lambda$)에 따른 포아송분포. $\lambda \in \{3.5, 7.7, 15.1\}$.

❶ 데이터 $y_i$가 취할 수 있는 값이 $\{0,1,2,\cdots\}$으로 음이 아닌 정수이다(카운트 데이터이다).

❷ $y_i$의 하한(下限)은 0으로 존재하지만 상한(上限)은 잘 모르겠다.

❸ 관측 데이터에는 평균과 분산이 대략 동일하다.14

---

13  연속형 확률분포의 정의는 이산형 확률분포의 정의 보다는 조금 더 복잡하고, 우선 확률밀도함수(probability density function)를 정의할 필요가 있습니다. 이 점에 대해서는, 제6장의 6.7절 등을 참조해 주세요.

여기서 잠시 오차(error)라는 용어에 대해서 정리하고 넘어가겠습니다. 오차라는 것을 측정오차(measurement error)라고만 생각하는 경향이 있지만, 통계학에서 오차는 사실 그보다 더 넓은 의미를 가지는 용어입니다.

　예를 들어, 예제와 같이 전체 50개체의 가상 식물의 종자수가 모두 동일한 포아송분포를 따른다고 합시다. 즉, 개체에 관계없이 모두 공통된 평균 λ인 포아송분포를 따른다는 가정입니다. 이때, 그림 2.2 등에 보이는 것과 50개체의 종자수는 일정한 범위에서 흩어져서 관찰됩니다. 즉, 종자수의 발현은 오차를 포함하고 있습니다. 이런 오차는 왜 생기는 걸까요? 관찰자가 종자수를 잘못 세었기 때문일까요? 만일 이와 같이 생각한다면 관찰자의 측정 오류로 인해 확률변수의 변이가 발생했다고 생각하는 측정오차의 개념입니다. 하지만 이 책에서는 측정오차는 전혀 **생각하지 않겠습니다.**[15] 이 책에서 언급하는 오차는 측정오차는 발생하지 않았다는 것을 전제하고 있습니다. 다시 말하면, 동일한 확률분포를 따르더라도, 무언가의 이유[16]로 개체마다 다른 종자수가 발현되었다고 생각하는 불확정성(不確定性)을 「오차」라고 지칭하고 있습니다. 요컨대, 이 책에서 언급되는 오차는 측정오차는 포함되지 않은 오차라고 생각해 주세요.

---

14　분산은 2.99 정도로 평가되어 있습니다(2.1절). 이와 같은 조건이 만족되는 경우의 통계모델링에 대해서는 제7장 이하에서 검토합니다.

15　물론 인간이 셈을 할 때 실수하는 것까지 포함시키는 통계모형도 구축할 수 있지만, 이 책에서는 다루지 않습니다.

16　이 「무언가의 이유」를 확실히 특정한 위에, 그것에 대응될 것 같은 확률분포를 선택할 수 있을까라고 추궁당하면 — 반드시 그렇지는 않다고 대답할 수밖에 없습니다. 이후 2.6절에서는, 데이터의 외형적인 특징만을 보고 확률분포를 선택하여, 그것으로부터 일탈이 있으면 다수의 확률분포를 혼합하여 통계모델링한다라는 이야기를 하게 됩니다.

이 예제와 같이, 모든 개체의 종자수가 공통 평균 $\lambda$인 포아송분포에 의해서 오차가 생기는 통계모형을 만들기 위해서는, 그 밖에도 몇 가지 전제가 필요합니다. 예를 들어 식물의 사이즈 등 종자수에 영향을 줄 수 있는 다른 요인에 대해서 개체간 차이가 없다는 가정이 필요합니다.

이와 같이 설명해도 이해할 수 없는 독자를 위해서, 조금 더 풀어서 기술해 보겠습니다. 위에서 말하고 있는 것은

▶ 개체 1의 종자수는 평균 $\lambda$인 포아송분포를 따른다고 가정
　→ 관측된 종자수는 2였다.
▶ 개체 2의 종자수는 평균 $\lambda$인 포아송분포를 따른다고 가정
　→ 관측된 종자수는 2였다.
▶ 개체 3의 종자수는 평균 $\lambda$인 포아송분포를 따른다고 가정
　→ 관측된 종자수는 4였다.
　… (이하 동일) …

라는 의미가 되고, 이와 같이 가정하면 총 50개의 데이터로부터 모든 개체에 공통으로 적용되는 $\lambda$는 자료의 평균인 3.56 정도로 생각할 수 있지 않을까라고 하는 억측이 가능하다 ― 는 것입니다.

이 밖에도 식물 개체간 서로 독립이고, 개체간 상관과 상호작용은 없다는 전제도 필요합니다.[17]

---

17　현실의 데이터에 이 같은 조건이 성립될지 의문이지만, 통계모형의 설명을 간단하게 하기 위해서, 이 책의 제6장까지는, 균질성과 독립성이 성립한다고 가정하겠습니다. 제7장 이하에서는, 균질하지도 않고 독립이지도 않은 개체들의 통계모델링에 대해서 검토합니다.

# 2.4 포아송분포 모수의 최우추정

그러면, 이번에는 관측된 데이터에 근거하여 확률분포의 모수를 추정하는 방법에 대해서 생각해 보겠습니다. 여기서는 **최우추정**(maximum likelihood estimation) 또는 최우추정법이라고 하는 모수 추정의 방법을 소개합니다.[18] 이 방법은 포아송분포이든 정규분포이든 상관없이 어떠한 확률분포를 사용한 통계모형에도 적용이 가능합니다.[19]

최우추정에 대해서 설명하기 전에 먼저 표기법에 대해서 정리하겠습니다. 이 장에서는, 제$i$개체의 종자수 관측값을 $y_i$라고 하겠습니다. 즉, $\{y_1, y_2, y_3, \cdots, y_{49}, y_{50}\} = \{2,2,4,\cdots,2,3\}$이 됩니다. 이 50개의 자료를 한꺼번에 표기할 때는 $\{y_i\}$ 또는 $Y = \{y_i\}$로 표기하겠습니다. 또 이미 포아송확률분포의 정의에서도 알 수 있지만, $p(y_i|\lambda)$는 평균 $\lambda$가 주어진 포아송분포에서 $y_i$라는 값이 발생할 확률을 의미합니다. 예를 들어 그림 2.3과 같이, $\lambda = 3.56$의 경우 $p(y_1 = 2|\lambda = 3.56) = 0.180$이 됩니다.

최우추정법이란 「적합의 좋음」을 나타내는 통계량인 우도를 최대화시키는 모수(이 예제에서는 $\lambda$)를 찾고자 하는 모수 추정 방법입니다. 우도의 구체적인 값은 $\lambda$가 특정한 값으로 주어진다면, 모든 개체 $i$에 대한 $p(y_i|\lambda)$의 곱을 의미합니다. 예를 들어, 만일 현재 주어진 자료가 $\{y_1 y_2 y_3\} = \{2,2,4\}$와 같이 3개만 있다고 할 때 그림 2.3을 이용해 우도를 계산해 보면, 대략 $0.180 \times 0.180 \times 0.19 = 0.006156$라는 값이 됩니다.

우도는 모수의 함수이므로 $L(\lambda)$로 씁니다. 이 예제의 우도는 다음과 같이

---

18 우도의 한자는 「尤度」로 「尤」는 「으뜸」, 「한층 더」라는 뜻을 포함하고 있습니다. 따라서 「최우」는 「가장 그럴 듯한」이라는 내용을 의미한다고 생각해 주세요.

19 최우추정법과 최소제곱법의 관계에 대해서는, 제6장의 6.8절에 간단하게 설명하고 있습니다.

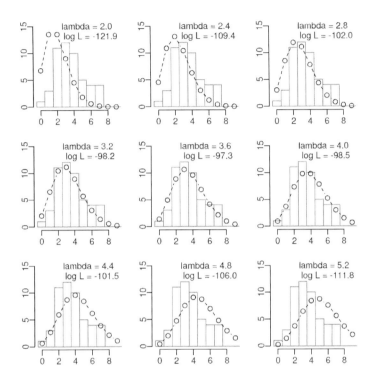

그림 2.7  평균 λ(lambda)를 변화시킨 포아송분포와, 관측 데이터로의 적합의 좋음, 로
그우도(logL). 모든 히스토그램은 그림 2.2와 동일.

$$L(\lambda) = (y_1 \text{ 이 } 2\text{일 확률}) \times (y_2 \text{ 가 } 2\text{일 확률})$$

$$\times \cdots \times (y_{50} \text{ 이 } 3\text{일 확률})$$

$$= p(y_1|\lambda) \times p(y_2|\lambda) \times p(y_3|\lambda) \times \cdots \times p(y_{50}|\lambda)$$

$$= \prod_i p(y_i|\lambda) = \prod_i \frac{\lambda^{y_i} \exp(-\lambda)}{y_i!}$$

가 됩니다.[20] 확률 값을 곱한 이유는, 「$y_1$ 이 2이다」 그리고 「$y_1$ 이 2이
다」 그리고 ─ 와 같이 50개체에 대해서 발생한 사건이 동시에 성립하

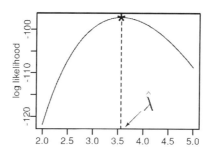

그림 2.8　이 장의 예제인 관측 데이터(식물 50개체의 종자수)에 근거한 λ(가로축)와 로
그우도(세로축)의 관계. λ = 3.56일 때 로그우도가 최대가 되므로, 이 값이 최
우추정치 $\hat{\lambda}$이 된다. 그림 2.7의 λ를 연속적으로 변화시킨 경우에 대응하고
있다.

는 확률을 계산하기 때문입니다.[21]

　　이 우도함수 $L(\lambda)$는 곱의 형태로 되어있어 그 자체로는 다루기
힘들기 때문에, 로그변환한 **로그우도함수**(log likelihood function)를 사용
해서 모수를 추정하게 됩니다.

$$\log L(\lambda) = \sum_i \left( y_i \log \lambda - \lambda - \sum_k^{y_i} \log k \right)$$

　　먼저 평균을 나타내는 모수 λ를 변화시키면 포아송분포의 형태와
로그우도가 어떻게 변화하는지 조사해 봅시다(그림 2.7).

　　그림 2.7을 보면 로그우도가 클수록(0에 가까울수록) 관측 데이터와
포아송분포가 「비슷하게」 보이는 것을 알 수 있습니다.

　　더 자세히 로그우도 $\log L(\lambda)$와 λ의 관계를 조사하기 위해서, 그

---

20　$\prod_i$는 이 경우, $i \in \{1, 2, \cdots, 50\}$에 대한 곱입니다. 1.4절도 참조해주세요.

21　예를 들어, 앞면·뒷면이 동일한 확률로 출현하는 동전 50개를 던질 때,「모두 앞면
」이 될 확률은 $0.5^{50}$이겠지요.

림 2.8과 같은 그림을 작도해 봅시다. 이 작도를 위한 R코드는 다음과
같습니다.

```
> logL <- function(m) sum(dpois(data, m, log = TRUE))
> lambda <- seq(2, 5, 0.1)
> plot(lambda, sapply(lambda, logL), type = "l")
```

이 예제의 경우, 3.5부터 3.6 근처에서 로그우도가 최대가 되는 $\lambda$
를 찾을 수 있을 것 같습니다. 또, 로그우도 $logL$은 우도 $L$의 단조증가
함수이므로, 로그우도 $logL(\lambda)$를 최대화하는 $\lambda$는 우도 $L(\lambda)$ 또한 최
대화시키게 됩니다.

로그우도를 최대화하는 $\lambda$를 $\hat{\lambda}$이라고 표기하겠습니다.[22] 그림 2.8
에 나타난 것처럼, 로그우도함수가 최대값을 갖는 것은 함수의 기울기
가 0이 되는 $\lambda$를 찾으면 되므로, 로그우도함수 $logL(\lambda)$를 모수 $\lambda$에
대해서 편미분하여,

$$\frac{\partial logL(\lambda)}{\partial \lambda} = \sum_i \left\{ \frac{y_i}{\lambda} - 1 \right\} = \frac{1}{\lambda} \sum_i y_i - 50$$

이것을 0으로 놓고 풀면,

$$\hat{\lambda} = \frac{1}{50} \sum_i y_i = \frac{모든\ y_i 의\ 합}{데이터수} = 데이터의\ 표본평균 = 3.56$$

최우추정치 $\hat{\lambda}$은 3.56이 됩니다. 이 예제의 경우 최우추정치는 표본평

---

22  $\hat{\lambda}$는 lambda hat이라고 읽습니다. 이 책에서 hat은 추정치를 의미합니다(단, 이후
에 잠시 추정량을 의미하기도 합니다).

균과 동일하게 됩니다.

이와 같이 로그우도 또는 우도를 최대화하는 $\hat{\lambda}$을 **최우추정량**(maximum likelihood estimator), 그리고 $\{y_1, y_2, y_3, \cdots, y_{49}, y_{50}\} = \{2, 2, 4, \cdots, 2, 3\}$와 같이 구체적인 $y_i$값을 사용해서 구한 $\hat{\lambda} = 3.56$을 **최우추정치**(maximum likelihood estimate)라고 부릅니다.

우도와 최우추정에 대해서 조금 일반화시켜봅시다. 예를 들어, $\theta$를 모수로 하는 확률분포로부터 관측치가 발생되었고, 그 확률이 $p(y|\theta)$라면, 우도는

$$L(\theta|Y) = \prod_i p(y_i|\theta)$$

이고, 로그우도는

$$\log L(\theta|Y) = \sum_i \log p(y_i|\theta),$$

가 됩니다. 최우추정이라는 것은 결국 이 로그우도를 최대화시키는 $\hat{\theta}$을 찾아내는 것입니다. 이와 같은 원리는 확률분포 $p(y|\theta)$가 포아송분포가 아닌 경우라도 동일하게 적용됩니다.[23]

일반적으로 실제의 데이터 분석에 사용되는 통계모형은 더 복잡하기 때문에 이처럼 간단하게 최우추정량이 도출되지는 않습니다. 그래서 컴퓨터를 사용해 최우추정치에 가까운 값을 찾아내게 됩니다. 예를 들어, 다음 장 이후에 소개하는 일반화선형모형의 추정 함수 등에서는 수치적 시행착오를 통하여 로그우도를 최대화하는 모수를 찾아냅니다.

---

23  정규분포와 같은 연속 확률밀도함수에 대한 우도방정식의 예는 제6장의 6.8절을 참조해 주세요.

### 2.4.1 의사난수와 최우추정치의 오차

여기서는, 컴퓨터를 이용하는 난수발생에 대해서 간단하게 설명하고, 이 난수발생을 이용하여 추정치의 **표준오차**(standard error, SE)를 대략적으로 알 수 있는 방법을 소개합니다.

이 장의 예제인 가상 데이터 「식물 50개체분의 종자수 데이터」는 R의 포아송난수 발생함수를 사용해서 만들었습니다. R에는 여러 가지 확률분포에 대해 각각 다른 알고리즘을 사용해 난수를 발생시키도록 마련되어 있습니다. R을 포함하여 일반적으로 이와 같이 컴퓨터로 발생시키는 난수는 엄밀한 의미에서는 난수가 아니므로, 의사난수(pseudo random number)라고 불립니다.

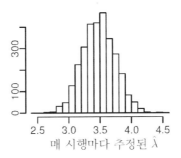

매 시행마다 추정된 $\hat{\lambda}$

그림 2.9   포이송분포의 평균 $\lambda$의 최우추정치 $\hat{\lambda}$의 오차(표준오차). 3,000회의 시행의 결과. 각 시행마다, 포아송난수 50개를 생성하여 $\hat{\lambda}$을 추정했다.

예제 데이터로 말하면, 포아송분포를 따르는 난수(포아송난수)는 R의 rpois( ) 함수로 발생시켰습니다. 이때 생성시킬 포아송난수의 개수(표본 크기)와 분포의 평균(모수) $\lambda$를 지정할 필요가 있고, 이 예제는 평균 3.5인 포아송난수에서 생성한 수치입니다. R에 rpois(50, 3.5)와 같이 지정했습니다.

난수발생함수로 생성되는 난수는 매 시행마다 바뀝니다.[24] 따라서 50개의 포아송난수의 표본평균도 매 시행마다 달라지게 됩니다. 바꿔 말하면, 데이터가 발생되는 근원이 rpois( ) 함수라고 할 때, 이 가상 식물의 종자수의 조사를 반복한다면, 매 조사마다 최우추정치 $\hat{\lambda}$도 달라진다는 의미입니다.

난수의 세트를 발생시킬 때마다, 최우추정치 $\hat{\lambda}$은 어떻게 변하는 것일까요? 이것을 조사하기 위해서 R을 사용해 난수실험을 해봅시다. 예제 데이터를 만들 때와 같은 방식으로 rpois(50, 3.5) 의해 데이터를 생성하고, 각 시행마다 표본평균(최우추정치)을 계산하여 기록하겠습니다. 동일한 과정을 3,000회 반복한 결과가 그림 2.9에 나타나 있습니다. 그런대로 일정 범위 안에서 흩어져 있음을 알 수 있습니다. 즉, 오차가 있습니다. 이것은 데이터가 50개체밖에 없기 때문에 발생한 오차입니다. 만일 표본크기를 50개 이상으로 늘리게 되면 흩어지는 범위는 더 좁아지게 됩니다.

이와 같은 추정치의 오차를 표준오차(standard error)라고 부르고, 그 크기는 조사 개체수에 의존합니다. 조사 개체수가 클수록 추정치의 표준오차는 작아지게 됩니다.

이와 같이 컴퓨터를 이용하면, 추정치의 불확실성인 표준오차를 대략적으로 살펴볼 수가 있습니다. 단, 이 방법은 「참 모형」[25]을 모

---

24  단, 의사난수를 발생할 때, 「난수의 초기값」을 지정해 주면, 그에 따라서 정해진 패턴의 난수가 발생됩니다. R에서는 set.seed( )함수에 의해서 난수의 초기값을 지정할 수 있습니다.

25  여기서는 일단, $\lambda = 3.5$의 포아송분포를 사용해서 예제 데이터 생성했다고 생각해 주세요. 이 책에 등장하는 참 모형이라는 것은, 통계학적 개념을 간단하게 설명하기 위한 용어라고 생각해 주세요. 간단한 참 모형이 존재하고, 데이터는 그로부터 생성되었다고 생각하면, 추정·모형선택·검정의 개념을 이해하기 쉽습니다.

르면 사용할 수 없습니다. 하지만 관찰자는 참 모형에 대해서는 아무것도 모르는 상태이기 때문에 정보를 얻을 수 있는 재료는 제한된 관측 데이터밖에 이용할 수 없는 상황입니다. 따라서, 추정치의 오차를 대략적으로 보기 위해서는, 현재 우연히 손에 주어진 관측 데이터로부터 추정된 값에 지나지 않는 $\hat{\lambda}$을 사용하여, rpois(50, 3.56)와 같이 난수를 발생할 수밖에 없습니다. 이와 관련된 문제는 다음 장에 등장합니다.[26]

## 2.5  통계모형의 요점: 난수발생 · 추정 · 예측

확률분포가 통계모델링 · 데이터 분석에  있어서 어떤 역할을 하는지에 대해서 정리해 봅시다. 예를 들어 이 장의 예제인 종자수 데이터를 예로 설명하면,

```
> data
 [1] 2 2 4 6 4 5 2 3 1 2 0 4 3 3 3 3 4 2 7 2 4 3 3 3 4
[26] 3 7 5 3 1 7 6 4 6 5 2 4 7 2 2 6 2 4 5 4 5 1 3 2 3
```

이와 같은 숫자의 나열을 보고 「이처럼 제각각인 수치로 관찰된 데이터(즉, 오차가 있는)가 동일한 확률분포로부터 발생되었다고 생각하면 취급하기 쉽겠다」라고 생각하는 것이 통계모델링의 첫 걸음입니다.

이때 데이터 분석자의 머릿속은 그림 2.10과 같이 생각하고 있습

---

26  예를 들어, 제3장의 GLM의 계수의 표준오차, 제4장에 등장하는 「우연히 어쩌다 얻어진 데이터」에 너무 잘 들어맞는 문제, 제5장의 최우추정치를 참값으로 간주하는 귀무가설 기각의 검정 등이 있습니다.

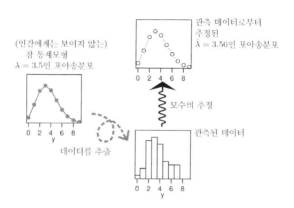

그림 2.10   통계학에서의 추정. 자연(데이터의 발생근원)을 확률분포라고 판단하고, 얻어
진 데이터를 그곳으로부터 발생한 난수의 세트라고 생각한다. 제한된 표본
데이터로부터 원래의 확률분포에 가까운 확률분포를 찾는 것이 「추정」.

니다. 우선 데이터를 발생시킨 통계모형은 「참 통계모형」(참 모형)인
평균 3.5의 포아송분포라고 가정하겠습니다.[27]

통계모형의 확률분포를 사용하여 난수(random number)를 발생시
킬 수 있습니다. 이것을 샘플링(sampling)이라고도 합니다. 이 책에서는,
이와 같이 추출된 난수의 집합(표본)을 관측 데이터라고 생각하고 있습
니다.

이 관측 데이터를 보고, 데이터의 오차는 「포아송분포로 설명하면
될 것 같은데?」라고 가정했다고 합시다. 이때 「포아송분포의 모수 $\lambda$는
어떤 값?」이라는 질문에 답하는 것을 추정(estimation), 또는(데이터에 모
형을) 적합(fitting)한다고 말합니다. 그림 2.10에서는, 최우추정에 의해
$\hat{\lambda}=3.56$이 얻어졌습니다. 즉, 평균 3.56의 포아송분포가 관찰 데이터에

27  이 예제에서는, 관측자에게 보이지 않는 참 모형이 우연히 포아송분포였고, 관측자
는 「데이터가 카운트 데이터였기 때문에」라는 이유로 포아송분포를 도구로 하는
통계모형을 사용하고 있습니다.

가장 잘 적합되었다고 말할 수 있습니다.

　　관측 데이터와 통계모형의 대응에서 또 하나 중요한 것이 예측 (prediction)입니다. 추정된 통계모형을 사용해서 동일한 조사방법으로 얻어질 다음의 데이터의 분포 등을 추측하는 것이 예측입니다.

　　통계모형을 사용하는 예측에는 여러 가지가 있습니다.

▶ 다음에 얻어질 반응변수의 **평균만을 구함**[28]

▶ 평균뿐만 아니라 앞으로 얻어질 데이터가 어느 정도의 범위에 흩어 질 것이라고 예상되는 **예측 구간**(prediction interval)도 구함(예: 그림 2.5)

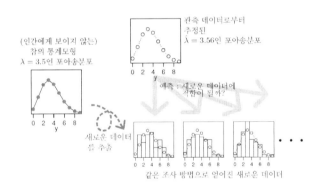

그림 2.11　통계학에서의 예측. 그림 2.10에서 추정된 모형이 다음에 발생될 데이터의 분 포를 예측한다. 예측의 좋음은 새로운 데이터로의 적합 정도에 의해 검증 (validation)할 수 있다.

예를 들어, 시계열 데이터를 취급하는 통계모형의 예측이라면 미래에 대한 예측이 될 것이고, 공간구조가 있는 데이터 등에서 결측데이터

---

28　소위 「회귀직선 선을 긋는」 것도 여기에 해당합니다. 제3장 이하에 등장하는 GLM 등에서는 평균을 변화시키는 설명변수의 효과 등도 고려하여 예측합니다.

(missing data)를 채우는 것도 예측의 일종입니다.29

통계모형의 성능을 평가할 때는 예측의 좋음(goodness of prediction)이라고 하는 사고방식이 중요합니다.30 이것은 추정된 모형이 앞으로 새롭게 얻어질 데이터에 어느 정도 잘 적합되는지를 나타내는 것입니다. 예를 들어, 그림 2.11에서는 참 모형으로부터 추가적으로 새롭게 얻어진 데이터 세트에 그림 2.10에서 추정된 평균 3.56의 포아송분포를 적합하여 적합의 좋음(로그우도)을 평가하는 것입니다.31

### 2.5.1 데이터 분석에 있어서 추정·예측의 역할

추정과 예측을 비교해봅시다. 통계모델링의 초심자 입장에서 보면 추정에 비해서 예측을 더 어렵게 느낄지도 모르겠습니다. 예를 들어 이 책에서 소개하고 있는 예제의 경우, 추정은 R의 추정함수의 사용법만 알고 있으면 간단하게 할 수 있습니다.

한편으로, 모형을 추정한 다음 예측을 하기 위해서는 자신이 사용하고 있는 통계모형을 정확하게 이해하고 있지 않으면 안 됩니다.32 통계모형은 추정하는 것으로 그 분석이 종료되는 것이 아니고, 그 추정 결과를 잘 도시(圖示)하는 것이 중요하며, 가시화된 결과는 다양한 상황에서 추정된 모형을 사용한 예측에 활용됩니다.33

---

29  이와 같은 결측 데이터에 대해서는 제11장에서 다룹니다.

30  제4장에서 예측의 좋음에 근거하는 모형선택으로서 검토합니다.

31  아직까지 예측의 좋음의 결과에 대한 지표는 그림·본문 어디에도 나타나 있지 않습니다.

32  단 제3장의 3.5절에서 소개하고 있듯이, R에는 예측의 경우라도 「특별히 고민하지 않아도 사용할 수 있는」 몇 가지 함수가 준비되어 있습니다.

33  다음 장 이하의 예제에서도 추정 결과를 도시하고 있으므로, 어떤 의미에서 예측이 되는가 생각해 보세요.

과학에서 사용되는 모형의 좋음이라는 것은 그 모형의 「예측의 좋음」에 의해서 결정됩니다. 또한 추정된 모형의 예측력을 평가함으로써 자신이 사용하고 있는 근사적·현상론적인 통계모형의 이해를 깊게 하거나, 경우에 따라서는 그 불충분성을 판명하기도 합니다. 이와 같이 추정된 모형에 의한 예측은 매우 중요하다고 말할 수 있습니다. 추정하는 것만으로, 또는 「검정」하는 것만으로는 충분하다고 할 수 없습니다.

## 2.6 확률분포의 선택방식

관측 데이터를 분석하기 위한 통계모델링에 있어서 우선 생각해야만 하는 점은, 「이 현상이 어떤 확률분포로 설명될 것 같은가?」라고 하는 것입니다. 다양한 확률분포 중에서 현재 자신이 가지고 있는 데이터의 통계모형에 사용할 만한 분포를 선택하는 요령을 생각해 보겠습니다. 우선 데이터를 볼 때는 다음 사항을 유심히 봐주세요.

- ▶ 설명하고 싶은 수치는 **이산**인가 **연속**인가?
- ▶ 설명하고 싶은 수치의 **범위**는?
- ▶ 설명하고 싶은 수치의 표본분산과 표본평균의 관계는?

이 책에서는 카운트 데이터의 통계모형에 있어서 다음과 같은 두 가지 확률분포를 사용하고 있습니다.

- ▶ **포아송분포**(Poisson distribution): 이산형 데이터, 0 이상의 범위, 상한이 특별히 없고, 평균 ≈ 분산
- ▶ **이항분포**(binomial distribution): 이산형 데이터, 0 이상 유한의 범위 $\{0,1,2,\cdots,N\}$, 분산은 평균의 함수

이 두 분포는 이 책에서 소개하는 통계모형에서 매우 중요한 역할을 합니다. 그 밖에 연속형 확률분포인

▶ **정규분포**(normal distribution): 연속형 데이터, 범위가 $[-\infty, +\infty]$, 분산은 평균과는 관계없이 결정

▶ **감마분포**(gamma distribution): 연속형 데이터, 범위가 $[0, +\infty]$, 분산은 평균의 함수

에 대해서도 제6장에서 간단하게 소개합니다. 데이터의 값이 연속 또는 유계(유한구간)인 균일분포(uniform distribution) 등도 이 책에 등장합니다.[34]

## 2.6.1 보다 더 복잡한 확률분포가 필요한 것일까?

현실의 데이터 분석에서는 「데이터의 히스토그램이 복잡해 보이므로(또는 카운트 데이터인데도 포아송분포처럼 보이지 않으므로), 포아송분포와 같은 간단한 확률분포로는 표현하기 힘들다」라고 생각하고 싶은 상황을 자주 접하게 됩니다. 그렇다면 수많은 확률분포 중 가급적 복잡한 것을 선택해서 이용하는 것이 좋은 것일까요? 하지만 이 책에서는 그렇게 많은 종류의 확률분포를 사용하지 않고도, 현실에 보이는 다채로운 오차를 통계모델링의 요령으로 다루고 있습니다.

예를 들어, 이 장의 종자수 예제와 같은 카운트 데이터이지만 히스토그램은 전혀 포아송분포로 보이지 않는 상황이 종종 있습니다. 그 원인은 조사 대상인 식물의 차이, 실험의 차이로 설명할 수 있는 경우가 있습니다. 다음의 제3장에서부터, 이와 같은 실험처리와 식물 개체

---

34 제9장 이하의 베이즈 통계모델링에서는 무정보사전분포로서 연속균일분포를 사용합니다.

마다 제각각인 사이즈라는 설명변수에 의해서 개체마다 종자수의 평균이 변화하도록 하는 통계모형을 취급합니다.

만일 「여러 가지 조건을 잘 컨트롤하여 관측된 카운트 데이터인데도, 도무지 포아송분포로는 보이지 않는다」라는 상황이라면 어떨까요? 이와 같은 문제는, 모든 개체들이 균질하지 않음에도 불구하고(예를 들어, 유전적으로 균질하지 않거나, 생육환경에 다소간의 차이가 있거나), 관측자가 그와 관련된 데이터를 가지고 있지 않은 경우에 발생합니다. 이 경우에는 「데이터화되지 않은 개체차·관찰하지 않았던 개체차」를 포함하는 통계모델링을 할 필요가 있습니다. 이것은 확률분포를 「혼합시켜」해결하는 문제35로서 제7장 이하에서 다루게 됩니다.

## 2.7 이 장의 정리

이 장에서는 관측된 현상에 보이는 오차를 설명하기 위해서, 통계모형의 기본적인 도구인 확률분포라는 사고방식을 도입했습니다.

- ▶ 확률분포는 여러 가지가 있으므로, 데이터의 특징을 고려하여 확률분포를 선택해야 한다(2.2 데이터와 확률분포의 대응 관계를 조망하다).
- ▶ 포아송분포는 카운트 데이터의 오차를 표현할 수 있는 확률분포이고, 관측치가 $y$가 될 확률을 평가할 수 있다(2.3 포아송분포란 무엇인가?).
- ▶ 어떠한 확률분포를 사용하여 통계모형을 적합하더라도 「데이터에 대한 적합의 좋음」을 로그우도로 나타내는 것이 가능하고, 최우추정이라는 것은 로그우도를 최대로 하도록 모수를 찾아내는 것이다(2.4 포아송분포 모수의 최우추정).

---

35 확률분포를 「혼합하는」 예는 그림 7.8, 7.9 등도 봐주세요.

▶ 현재 얻어진 데이터에 잘 적합되는 모수를 찾아내는 것이 추정, 「다음에 얻어질 데이터」로의 적합을 중요시하는 것이 예측이다(2.5 통계모형의 요점: 난수발생·추정·예측).

▶ 간단한 확률분포를 「혼합」시키면 현실에 보이는 복잡한 오차에 대처할 수 있다(2.6 확률분포의 선택방식).

「블랙박스 통계분석」으로부터 벗어나기 위해서는, 우선 「이 통계모델링은 A라는 이유로 B라는 확률분포를 사용합니다」라고 다른 사람에게 확실히 설명할 수 있을 정도로 이해하는 것이 중요합니다.

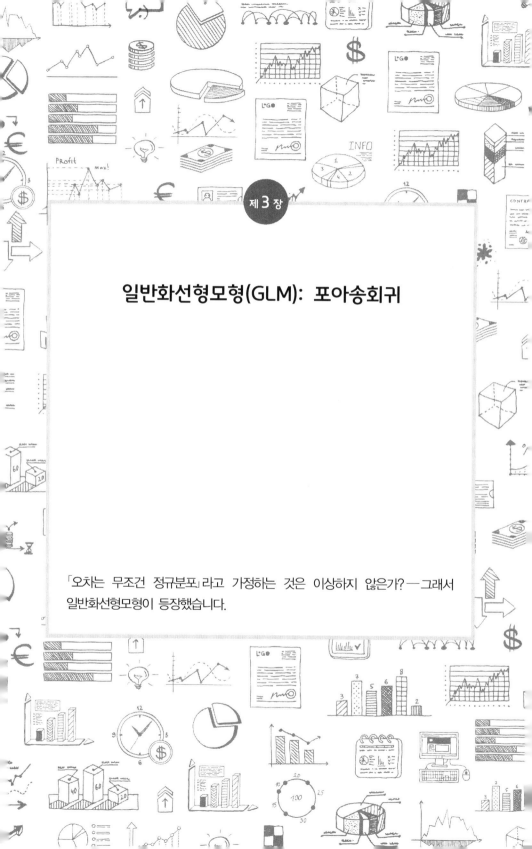

# 제 3 장

# 일반화선형모형(GLM): 포아송회귀

「오차는 무조건 정규분포」라고 가정하는 것은 이상하지 않은가? ─ 그래서
일반화선형모형이 등장했습니다.

이 장에서는, **설명변수**를 포함하는 통계모형에 대해서 설명하겠습니다. 앞의 제2장의 통계모형에서는 각 개체의 종자수가 일관되게 평균 λ인 포아송분포를 따르고, 평균 종자수 λ는 모든 개체에 공통으로 적용되는 값이라고 가정하였습니다. 그러나, 이번 장에서는 개체마다 다른 설명변수(개체의 속성)에 의존해서 평균 종자수가 변화하는 통계모형이 등장합니다. 이와 같은 설정으로 통계모형을 관측 데이터에 적합시키는 것을 **포아송회귀**(Poisson regression)라고 합니다.[1]

또한 이것과 비슷한 구조를 가지는 통계모형을 통칭하여 **일반화선형모형**(generalized linear model, GLM)이라고 합니다.

## 3.1  예제: 개체마다 평균 종자수가 다른 경우

이 장의 예제는 제2장의 예제와 비슷하지만 개체의 크기가 제 각각이고 두 개의 집단으로 나누어 각 집단에 서로 다른 처리를 실시했다는 점이 다릅니다.

그림 3.1에 나타나 있는 것과 같은 가상식물 100개체를 조사하여, 개체마다 종자수 데이터를 얻었다고 합시다. 이것을 「통계모형으로 어떻게 표현하면 좋을까」라는 것이 이 장에서 다룰 문제입니다. 식물 개체 $i$의 종자수는 $y_i$개이고, 개체의 또 다른 속성인 각 개체의 **사이즈**(body size) $x_i$가 관측되어 있습니다.[2] 이 개체 사이즈는 식물의 크기를

---

1 「통계모형의 적합」을 의미하는 용어로서 회귀(regression)라는 생소하고 어려운 말을 사용하는 것이 이상하다고 생각하는 독자가 있을 지도 모르겠습니다. 이것은 19세기경의 습관이 남아있는 것일 뿐, 현대에 와서는 특별한 의미는 없습니다. 흥미가 있는 사람은 통계학의 역사를 조사해 보세요.

2 여기서 말하는 식물의 사이즈는 식물의 속성을 나타내는 다른 어떤 속성이라고 생

개체 $i$

비료처리 $f_i$
C: 비료처리 무
T: 비료처리 유

종자수 $y_i$

사이즈 $x_i$

그림 3.1   이 장의 예제로 등장하는 가상 식물의 제$i$번째의 개체. 이 식물의 사이즈(식물 개체의 높이) $x_i$와 비료처리 여부 $f_i$가 종자수 $y_i$에 어떤 영향을 주는지를 알 수 있다.

나타내는 양의 실수입니다. 개체 사이즈가 종자수에 영향을 줄 가능성이 있기 때문에, 그 효과를 조사하기 위해서 $x_i$도 함께 측정했다고 합시다.

또한, 총 100개 중에서 50개체($i \in \{1,2,\cdots,50\}$)는 대조군 집단으로서 아무런 처리도 하지 않았지만(처리 C, 대조군), 나머지 50개체($i \in \{51,52,\cdots,100\}$)에는 비료를 가미한 처리(처리 T, 실험군)를 시행했습니다. 비료처리는 개체의 사이즈 $x_i$와는 관계없이 실시되었다고 하겠습니다.

각 개체마다 다른 값을 가지는 사이즈와 비료처리 여부는 각각 $x_i$와 $f_i$로 관측 데이터에 주어져 있습니다. 이것들은 관측·설계된 「개체의 차이」라는 점에 주의해 주세요. 제2장의 말미에 「설명변수로는 설명할 수 없는 개체차」도 존재할 수 있다고 설명하였지만, 이번 장에서는 아직 그 문제까지는 다루지 않겠습니다. 관측되지 않은 개체차를 통계모형으로 다루는 방법은 제7장 이하에서 소개하겠습니다.

---

각해도 상관없습니다. 예를 들면, 식물 개체의 높이라고 생각해도 관계없습니다. 실제 식물 데이터 분석에서는 조금 다른 방식으로 식물의 사이즈를 표현하는 경우가 많지만, 이 책에서는 그 부분은 이 정도로 적당히 해두겠습니다.

## 3.2  관측 데이터의 개요를 조사하자

먼저, 이 가상 식물 종자수의 관측 데이터를 R에서 다루는 방법을 간단하게 소개하겠습니다. 물론 이 방법은 다른 장의 예제 데이터에 대해서도 동일하게 적용하여 사용할 수 있습니다. 이 장의 데이터는 CSV 파일3이라는 형식으로 보존되어 있고, 웹사이트로부터 다운로드 할 수 있습니다. 데이터의 파일명은 data3a.csv입니다.

R에서는

```
> d <- read.csv("data3a.csv")
```

라고 명령하기만 하면 파일을 읽어들이고, 그 내용을 d라는 이름의 데이터 프레임에 저장합니다. 이 데이터 프레임이라는 데이터 구조는 「표(table)와 같이 취급할 수 있는 데이터 구조」라고 생각해 주세요. R 의 명령 프롬프트에 d 또는 print(d)라고 입력하면, 총 100개의 데이터 가 화면에 표시됩니다.4

---

3  CSV란 comma separated value의 약자이며, 표의 각 요소가 컴마로 구분되어 있는 포맷입니다. 이것은 범용성이 있는 데이터 포맷으로, 대부분의 스프레드시트 소프 트웨어에서 CSV형식으로 파일을 저장할 수가 있습니다.

4  데이터 프레임을 보여주는 함수는 print( )만이 아닙니다. 예를 들어, head(d)는 첫 6행만을 보여주고, head(d, 10) 은 첫 10행만을 보여줍니다.

```
> d
     y     x f
1    6  8.31 C
2    6  9.44 C
3    6  9.50 C
 …(중략)…
99   7 10.86 T
100  9  9.97 T
```

　이와 같이 d에는, 총 100개의 데이터가 마치 100행 3열의 형식으로 저장되어 있는 것을 알 수 있습니다. 이 데이터의 첫 열 y에는 종자 수, 둘째 열 x에는 개체의 사이즈, 마지막 열 f에는 비료처리의 값이 들어 있습니다. 이 d를 각각의 열 단위로 표시해 보겠습니다. x와 y열은 다음과 같이 표시됩니다.

```
> d$x
 [1]  8.31  9.44  9.50  9.07 10.16  8.32 10.61 10.06
 [9]  9.93 10.43 10.36 10.15 10.92  8.85  9.42 11.11
…(중략)…
[97]  8.52 10.24 10.86  9.97
> d$y
 [1]  6  6  6 12 10  4  9  9  9 11  6 10  6 10 11  8
[17]  3  8  5  5  4 11  5 10  6  6  7  9  3 10  2  9
…(중략)…
[97]  6  8  7  9
```

　그런데 비료처리의 유무를 나타내는 f열은 조금 다른 양상으로 표시되고 있습니다.

```
> d$f
 [1] C C C C C C C C C C C C C C C C C C C C C C C C C
[26] C C C C C C C C C C C C C C C C C C C C C C C C C
[51] T T T T T T T T T T T T T T T T T T T T T T T T T
[76] T T T T T T T T T T T T T T T T T T T T T T T T T
Levels: C T
```

이와 같이 표시된 이유는, f열에는 인자(factor)라는 범주형 데이터가 저장되어 있기 때문입니다. 이 책에서는, 이와 같은 자료의 형태를 인자형이라고 부르겠습니다.

　R의 read.csv( ) 함수는, CSV 형식의 데이터 파일 안에 C, T 등과 같이 문자를 포함하고 있는 열이 발견될 경우 그 열을 factor로 자동 변환합니다. 이처럼 변환된 f열은 C와 T의 2수준(level)의 값으로 구성되어 있고, 위의 R 출력에서 Levels행은 f열 내의 수준을 보여주고 있습니다. 인자형의 수준은 순서가 있는데, 이 경우는 C가 첫 번째, T가 두 번째로 되어 있습니다. 이것은 read.csv( ) 함수가 「수준의 순서를 알파벳순」이라는 규칙에 따라서 변환하기 때문입니다.[5]

　R의 class( ) 함수를 사용하면, 데이터 오브젝트가 어떤 형식(정확하게는 클래스)에 속하는지를 조사할 수 있습니다.

---

5　물론 사용자가 지정하여 이 수준의 순서를 변경할 수도 있습니다.

```
> class(d)        # d는 data.frame 클래스
[1] "data.frame"
> class(d$y)      # y열은 정수만으로 구성된 integer 클래스
[1] "integer"
> class(d$x)      # x열은 실수도 포함하고 있으므로, numeric 클래스
[1] "numeric"
> class(d$f)      # 그리고 f열은 factor 클래스
[1] "factor"
```

다음으로, R의 summary( ) 함수를 사용해서 데이터 프레임 d의 개요를 조사해 봅시다.

```
> summary(d)
       y                    x              f
 Min.   : 2.00   Min.   : 7.190    C:50
 1st Qu. : 6.00   1st Qu. : 9.428    T:50
 Median  : 8.00   Median  :10.155
 Mean    : 7.83   Mean    :10.089
 3rd Qu. :10.00   3rd Qu. :10.685
 Max.    :15.00   Max.    :12.400
```

데이터 프레임의 summary( )는 이처럼 열 단위로 요약된 결과를 표시해 줍니다. 어떻게 'summary' 될지는 열의 형태에 의존합니다. 수치인 y와 x열의 요약에 대해서는 앞의 제2장을 참조해 주세요. 인자형인 f열은 C가 50개, T가 50개로 구성되어 있다고 요약되어 있습니다.

통계모델링 전에 데이터를 도시하자

통계모델링의 작업에 있어서, 그 데이터를 「다양한 형태의 그래프로 시각화」해야 한다는 점은 몇 번을 강조해도 지나치지 않습니다. 앞절에서 summary( )에 의한 통계량의 수치 요약에 추가적으로, 이 절에서 소개하는 작도 함수를 사용하여 데이터의 형태를 시각적으로 파악하도록 하겠습니다.[6]

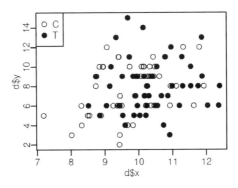

그림 3.2 예제인 가상 데이터의 산점도. 식물의 종자수 $y_i$와, 사이즈 $x_i$와 비료처리 $f_i$의 관계를 나타내고 있다. 흰점은 비료처리 무(처리 C), 검은점은 비료처리 유(처리 T).

관측 데이터에 별도의 조작 없이 데이터 전체를 쉽게 도시하기 위해서는 plot( ) 함수 등을 사용하면 편리합니다.

```
> plot(d$x, d$y, pch = c(21, 19)[d$f])
> legend("topleft", legend = c("C", "T"), pch = c(21, 19))
```

---

6 작도를 할 때에는, 가능한 원 데이터 자체를 사용하도록 합시다. 가령 두 변수 간의 나눗셈 연산에 의해 새롭게 만든 변수 등을 이용해 작도하는 것은, 오류의 원인이 되기도 합니다.

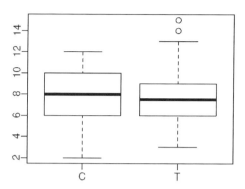

그림 3.3　식물의 종자수 분포를 비료처리 $f_i$의 집단으로 나누어 그린 상자그림 (plot(d$f, d$y)의 출력). 상자의 상중하의 수평선은 각각 75%, 50%, 25%점, 상하 수염의 범위가 근사적인 95% 구간, 두 개의 흰점은 그 근사적인 95% 구간으로부터 벗어난 데이터 점을 나타내고 있다. 이유는 확실하지 않지만, 이와 같이 작도하면 가로축 항목의 라벨이 붙지 않는다. 사용자가 지정하여 라벨을 붙이는 것은 가능.

이 함수에 의해서 그려진 그림 3.2는 가로축 x, 세로축 y인 산점도 (scatter plot)입니다.

R에서는 가로축을 인자형으로 지정하면, plot(d$f, d$y)의 결과와 같이 자동적으로 그림 3.3과 같은 **상자수염그림**(box−whisker plot)을 그릴 수 있습니다.[7]

이 두 그림을 통해서 대략 알 수 있는 정보는,

▶ 그림 3.2를 보면, 사이즈 x가 증가함에 따라서 종자수 y가 증가하는 것처럼 보이지만 그다지 확실하지 않다.

▶ 비료의 효과 f는 전혀 없는 듯이 보인다.

---

7　R에서 그림 3.3과 같이 상자수염그림을 디폴트로 하는 이유는 「분산을 잘 살펴보자」라고 권유하고 있는 것일 지도 모르겠습니다. 상자수염그림으로는 분포의 왜도 등도 확인할 수 있으므로, 「평균±표준편차」만 사용하는 것보다 자료의 형태를 파악하기에 보다 용이합니다.

라는 사실 정도이지 않을까요?

## 3.4  포아송회귀의 통계모형

그러면, 이와 같은 카운트 데이터인 종자수 데이터를 잘 표현할 것 같은 통계모형을 만들어 봅시다. 이번 예제도 포아송분포를 사용하면 데이터의 오차를 표현할 수 있을 듯합니다. 이전 장에서는 평균 종자수 $\lambda$가 모든 개체에서 공통되는 값이라고 가정했습니다. 그러나, 이번 장의 예제는 개체마다의 평균 종자수 $\lambda_i$가 사이즈 x와 비료처리 f에 영향을 받는 모형으로 설계하도록 하겠습니다.

우선 개체 $i$의 사이즈 $x_i$에만 의존하는 통계모형에 대해서 생각해 봅시다.[8] 설명변수는 $x_i$이고, 반응변수는 종자수 $y_i$입니다. 비료효과 $f_i$는 종자수에 별로 영향을 줄 것 같지 않는다고 생각하고 일단은 무시하겠습니다.

임의의 개체 $i$에 있어서 종자수가 $y_i$일 확률 $p(y_i|\lambda_i)$는 포아송분포

$$p(y_i|\lambda_i) = \frac{\lambda_i^{y_i}\exp(-\lambda_i)}{y_i!}$$

를 따른다고 가정하겠습니다. 여기까지는 제2장의 모형과 동일합니다.

---

8  이 통계모형에서는 설명변수인 사이즈 $x_i$의 관측치에는 측정 오차가 전혀 없다고 가정하고 있습니다. 그러나, 이 같은 「설명변수의 오차」를 무시하면 추정 결과에 편향이 생기는 경우도 있습니다. 이와 같은 문제를 다루고 싶은 경우는, 제10장 이하의 베이즈모형을 사용해서 반응변수 $y_i$뿐만 아니라 설명변수 $x_i$에 관한 통계모형화가 필요하게 됩니다. 그렇지만, 이 책에서는 그 방법에 대해서는 설명하고 있지 않습니다.

### 3.4.1 선형예측식과 로그링크함수

다음 작업으로 개체마다 다른 평균 $\lambda_i$를 설명변수의 함수로 정의해야 합니다. 여기서는, 임의의 개체 $i$의 평균 종자수 $\lambda_i$를

$$\lambda_i = \exp(\beta_1 + \beta_2 x_i)$$

라고 해 봅시다. 이 책에서는 $\beta_1$과 $\beta_2$를 모수(parameter)라고 부르고, 제1장의 1.4절에서 언급했던 것과 같이, $\beta_1$을 절편(intercept)과 $\beta_2$를 기울기(slope)로 부르기로 합시다.9 수식으로는 잘 알 수 없기 때문에, 평균 종자수 $\lambda_i = \exp(\beta_1 + \beta_2 x_i)$의 관계를 도시해 보면 그림 3.4와 같이 됩니다.10

이 식이 어떤 의미를 갖는지 검토하기 전에, 먼저 **선형예측식** (linear predictor)과 링크함수(link function)라고 하는 GLM을 결정하는 두 가지 개념을 소개해 둡니다. 이 모형의 평균 종자수 $\lambda_i$의 식은,

$$\log\lambda_i = \beta_1 + \beta_2 x_i$$

로 변형할 수 있습니다. 이때에 우변의 $\beta_1 + \beta_2 x_i$를 선형예측식이라고 합니다. 만일 제곱항이 추가되어 $\beta_1 + \beta_2 x_i + \beta_3 x_i^2$가 되어도 역시 선형예

---

9　이들 모수를 계수(coefficient), 설명변수 $x_i$를 공변량(covariate)이라고 부르는 경우도 있습니다.

10　반응변수 $y_i$의 종류에 따라서는, 사이즈 $x_i$를 그대로 선형예측식에 추가하지 않고 사이즈의 로그 $\log x_i$를 사용해 평균이 $\exp(\beta_1 + \beta_2 \log x_i)$이 되도록 모형을 설계하는 것이 적절한 경우도 있습니다. 이것은, 사이즈와 평균 간에 경험적으로 $\log(\text{평균}) = \beta_1 + \beta_2 \log x_i$ 관계를 가정하고 있는 것이고, $x_i \to 0$의 경우에는 평균이 0으로 근접해 갑니다. 제6장의 6.9절, 또는 6.6.1항과 같은 모델링도 참조해 주세요.

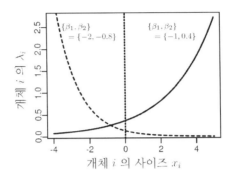

그림 3.4  개체 $i$의 평균 종자수 $\lambda_i$와 사이즈 $x_i$의 관계. $\lambda_i = \exp(\beta_1 + \beta_2 x_i)$로 설정하고 있다. 사이즈 $x_i$가 음의 값이 되는 것이 부적절해 보이긴 하지만, 이 모형은 $x_i$가 7부터 13 정도의 범위에만 적용할 수 있는 근사라고 생각하자.

측식이라고 불립니다. 이유는 이 식이 $\{\beta_1\beta_2\beta_3\}$의 선형결합이기 때문입니다. 또, 위의 식은 $\log\lambda_i = (선형예측식)$으로 되어 있는데, 이와 같이 $(\lambda_i$의 함수$) = (선형예측식)$의 꼴에서, 좌변에 사용된 「함수」를 링크함수라고 부릅니다. 이 경우는 로그함수가 지정되어 있기 때문에, 링크함수는 **로그링크함수**(log link function)라고 합니다. 포아송회귀의 경우는 대부분 이 로그링크함수를 사용합니다.

이 책에서는 포아송회귀의 GLM은 로그링크함수를, 제6장에 등장하는 로지스틱회귀의 GLM은 로릿링크함수를 사용하고 있습니다. 이 두 가지 링크함수는 수학적으로 좋은 성질이 있기 때문에, 각각 포아송분포·이항분포의 **정준링크함수**(canonical link function)라고 불립니다. R의 **glm( )**에서는 별도로 링크함수를 지정하지 않으면 각 **family**(오차의 확률분포)에 해당되는 정준링크함수가 디폴트로 지정됩니다.

포아송회귀의 GLM에 로그링크함수를 사용하는 이유는, 「추정 결과가 타당하다」 또는 「이해하기 쉽다」는 것 때문입니다. 추정 결과가 타당하다는 것은 $\lambda_i = \exp(선형예측식) \geq 0$ 조건을 만족한다는 것을 의미합니다(그림 3.4). 포아송분포의 평균은 비음(non−negative)이어야만 한다는 것을 상기해주기 바랍니다. 이처럼 로그링크함수를 사용하면 설명변수와 모수가 어떤 값을 취해도 이 조건을 만족하므로, R로 최우추정치를 구할 때 편리합니다.

또, 로그링크함수를 사용하면「이해하기 쉽다」는 이유는, 요인의 효과가 곱으로 표현되기 때문입니다. 이 점에 대해서는 3.7절에서 검토합니다.

### 3.4.2 적합과 적합의 좋음

포아송회귀란 관측 데이터에 포아송분포를 사용한 통계모형을 적합(fitting)하는 것이며, 이 통계모형의 로그우도 $\log L$이 최대가 되도록 모수 $\hat{\beta}_1$과 $\hat{\beta}_2$의 추정치를 결정하는 것입니다. 데이터 $Y$에 근거한 모형의 로그우도는,

$$\log L(\beta_1, \beta_2) = \sum_i \log \frac{\lambda_i^{y_i} \exp(-\lambda_i)}{y_i!}$$

와 같이 됩니다. 선형예측식은 $\log \lambda_i = \beta_1 + \beta_2 x_i$이었기 때문에, 식 안의 $\lambda_i$가 $\beta_1$과 $\beta_2$의 함수형태라는 것에 주목하기 바랍니다.

제2장의 모형은 모수가 하나였지만, 지금은 두 개의 모수 $\{\beta_1, \beta_2\}$를 동시에 다루어야 하기 때문에, 최우추정량의 도출은 간단하지 않습니다. 그렇지만 포아송회귀에 있어서 대부분의 경우는 수치적인 시행착오에 의해 최우추정치를 찾아낼 수 있기 때문에 추정량을 해석적으로 도출할 수 없어도 큰 문제는 되지 않습니다.[11]

---

11　시행착오에 의한 최우추정은 관련 문헌을 참조해 주세요.

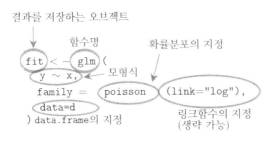

그림 3.5  glm( ) 함수의 인수 지정 방법

R에서는 다음과 같이 아주 간단하게 GLM을 적합할 수 있어,

```
> fit <- glm(y ~ x, data = d, family = poisson)
```

라고 지정하면,[12] 절편 $\beta_1$과 기울기 $\beta_2$의 최우추정치가 얻어집니다. glm( ) 함수에서 지정하고 있는 내용은 그림 3.5와 같습니다. family= poisson은 「분포는 포아송분포를 사용한다」라는 지정입니다.[13] 여기서 는 얻어진 추정결과 등을 fit이라는 이름의 오브젝트에 저장하도록 명령하고 있습니다.[14]

---

12  함수 안에 지정하는 내용을 인수(argument)라고 합니다. 예를 들어 data=d라고 지정하면, d를 인수, data를 가인수라고 합니다. y~x라는 지정에서는 가인수를 생략한 형태입니다. 생략하지 않고 쓰려면 formula=y~x와 같이 씁니다. 가인수와 인수를 쌍으로 지정하는 경우는, 함수 안에 인수의 순서를 자유롭게 변경할 수 있습니다. 가인수를 지정하지 않는 경우는, help(glm)에 나타나 있는 인수의 순서를 지켜 인수를 나열해야만 합니다.

13  이것은 정식으로는 family=poisson(link="log")로 링크함수도 지정해야 하지만, poisson family에 있어서 default link function은 "log"이므로 로그링크함수를 사용하기 위해 일부러 지정할 필요는 없습니다.

14  이 오브젝트의 이름도 임의로 지정해도 상관없습니다. fit에 저장되어 있는 정보의 일람을 보려면, names(fit) 또는 str(fit) 명령어를 사용합니다.

그러면 이 예제의 추정결과를 저장하고 있는 fit을 조사해봅시다. 우선 개요를 살펴보도록 하겠습니다.[15]

```
> fit       # 또는 print(fit)라고 입력해도 상관없음
Call: glm(formula = y ~ x, family = poisson, data = d)
Coefficients:
(Intercept)       x
  1.29172    0.07566
… (이하 생략) …
```

　summary(fit) 함수를 사용하면 보다 자세한 결과가 표시됩니다. 그 중에서 모수의 추정치만을 보면 다음과 같습니다.

Coefficients:

|  | Estimate | Std. Error | z value | Pr(>\|z\|) |  |
|---|---|---|---|---|---|
| (Intercept) | 1.29172 | 0.36369 | 3.552 | 0.000383 | *** |
| x | 0.07566 | 0.03560 | 2.125 | 0.033580 | * |

　그러면, 이 부분의 읽는 방법을 설명하겠습니다.[16] (Intercept)는 절편 $\beta_1$에, 설명변수 x 는 기울기 $\beta_2$에 해당합니다.

　Estimate는 추정치로서 출력 결과를 보면, 최우추정치는 $\hat{\beta_1} = 1.29$ 와 $\hat{\beta_2} = 0.0757$이라는 것을 알 수 있습니다. (Intercept)는 절편 $\beta_1$, 설명변수 x의 계수는 기울기 $\beta_2$에 해당되는 값입니다.

　Std. Error는 모수의 표준오차의 추정치입니다. 이 경우에 표준오

---

15　이 장의 glm( )의 출력 결과에서는, 「적합의 나쁨」을 나타내는 지표인 일탈도 (deviance)는 생략하였습니다. 일탈도에 대해서는, 다음 제4장에서 설명하고 있습니다.

16　여기서는 R의 설정파일 .Rprofile에 options(show.signif.stars=FALSE)로 지정하면, 표의 우측에 유의성(有意性)을 나타내는 「별」이 표시되지 않습니다.

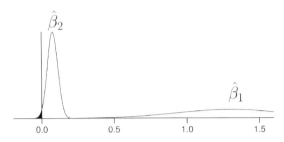

그림 3.6  R의 glm( )의 모수 추정치의 오차의 평가. 예를 들어, 기울기 $\beta_2$의 최우추정치의 오차를 정규분포로 근사할 수 있다고 가정하면, 그림의 왼쪽과 같은 확률밀도함수(좌)와 같이 된다. 이 확률밀도함수의 왼쪽 구석에 검정색 부분의 면적의 2배가 기울기의 Pr(>|z|)에 해당한다(Pr(>|z|=0.03358). 확률밀도함수(우)는 절편 $\beta_1$의 추정치의 오차에 해당하는 것이고, Pr(>|z|)의 면적은 거의 0에 가까운 값(Pr(>|z|=0.00038).

차(standard error, SE)라는 것은 추정치 $\hat{\beta}_1$, $\hat{\beta}_2$의 「흩어진 정도」를 표준편차로 나타낸 것입니다. 그렇다면 모수의 추정치의 흩어진 정도라는 것은 무엇을 말하는 것일까요? 여기서는, 간단하게 「동일한 조사방법으로 동일한 표본크기의 데이터를 반복하여 표본추출을 하면 최우추정치도 당연히 어느 정도 바뀌기 때문에, 그 흩어진 정도의 상태」라는 정도로 설명해 두겠습니다.[17]

그렇다면 이 「모수의 추정치의 흩어진 정도」를 나타내는 SE는, 어떻게 추정된 것일까? 제2장의 그림 2.8에 나타난 것처럼, 로그우도는 최우추정치에서 최대가 되는 볼록함수입니다. 추정의 오차가 정규분포를 따르고, 로그우도함수의 최대치 부근에서의 '형태'가 정규분포에 가깝다고 가정하면,[18] 위와 같은 SE의 추정치가 얻어 집니다.

---

17  제2장의 그림 2.9에 나타나 있는 오차 같은 것이라고 생각해 주세요. 그림 2.9와의 차이는 「참 모형」을 알지 못한 채 추정하고 있다는 점입니다.

18  이와 같은 가정이 옳은 것일까요? 예를 들어 샘플 사이즈가 그다지 크지 않은 경우는, 이와 같은 Wald 통계량의 방법은 일종의 근사로 해석하는 것이 좋겠죠.

다음으로 나타나는 z value는 z값이라고 불리는 통계량으로, 최우추정치를 SE로 나눈 값입니다. 이것을 이용하여 Wald 신뢰구간이라는 것을 구축(그림 3.6)할 수 있고, 추정치들이 0에서 충분이 떨어져 있는지 아닌지를 살펴보는 대략적인 판단 기준이 됩니다. 이 z값을 Wald 통계량(Wald statistics)이라고 하기도 합니다.

마지막의 Pr(>|z|)는 이 glm( )의 경우로 한정해서 설명하면,[19] 평균이 z 값의 절대값, 표준편차가 1인 정규분포에서 음의 무한대에서 0까지의 값을 가질 확률의 두 배를 의미합니다. 이 확률이 클수록 z값이 0에 가까워지고, 추정치 $\hat{\beta}_1$과 $\hat{\beta}_2$이 0에 가깝다는 것을 표현하는 하나의 방법입니다. 그림 3.6으로 설명하면, $\hat{\beta}_2$의 밀도함수에서 검은색 면적의 2배가 $\hat{\beta}_2$에 대응하는 z값의 두 배에 Pr(>|z|)에 해당합니다.

대부분의 분석에서 이 확률 Pr(>|z|) 즉, $P$값으로 통계적 검정(statistical test)[20]을 하는 경우가 일반적일 것입니다. 하지만, 그보다는 추정치의 근사적인 **신뢰구간**(confidence interval)을 계산하여,[21] 그 결과를 해석하는 것이 좋을 것 같습니다.

모형에서 고려하고 있는 설명변수들 중에 어떤 변수를 모형에 포함시킬지 여부의 판단은, 이 Wald 신뢰구간을 사용하는 것보다는 다음 제4장에서 설명하는 모형선택의 방법을 사용하는 편이 좋을지도 모르겠습니다. 모형선택은 보다 좋은 **예측**을 하는 통계모형을 찾아내려는 방법이고, 「특정 설명변수를 모형에 포함시킬지 말지」를 결정하는 이

---

19  glm( )의 family 지정에 따라서 평가방법이 바뀝니다. 예를 들어, glm( )에서 family=gaussian으로 지정하면, 정규분포가 아닌 t분포를 사용해 확률을 계산합니다.

20  통계적 검정에 대해서는 제5장을 참조.

21  모수의 최우추정을 점추정이라고 부르는 것에 반해서, 구간의 추정은 구간추정이라고 합니다. 주의해야 하는 점은, α% 신뢰구간이라는 것이 그 구간에 「참의 값이 있을 확률이 α%」이라는 의미가 아니라는 것입니다. 신뢰구간에 대해서는 장말에 든 문헌을 참조해주세요.

유는 어디까지나 예측의 개선이 주된 목적이며, 적합의 개선이 목적이 아니라는 것을 기억하기 바랍니다.

이 책에서는 최대로그우도(maximum log likelihood)를 적합의 좋음 (goodness of fit)이라고 부르겠습니다. 적합의 좋음이 가장 좋을 때는 로 그우도 $\log L(\beta_1,\beta_2)$가 최대가 될 때, 즉, 모수가 최우추정치 $\{\hat{\beta_1},\hat{\beta_2}\}$일 때의 로그우도입니다.

R을 사용해서 이 모형의 최대로그우도를 평가하기 위해서는,

```
> logLik(fit)
'log Lik.' -235.3863 (df=2)
```

와 같이 해보면, 최대로그우도는 −235.4 정도라는 것을 금방 알 수 있 습니다. (df=2)는 「자유도(degree of freedom)가 2」라는 것을 나타내 고, 최우추정한 모수의 수가 2개($\beta_1$과 $\beta_2$)라는 것을 의미합니다.

### 3.4.3 포아송회귀 모형에 의한 예측

이 포아송회귀의 추정 결과를 사용해서, 사이즈 $x$에 대한 평균 종자수 $\lambda$의 예측(prediction)을 해봅시다. 개체의 사이즈 $x$의 함수인 평 균 종자수 $\lambda$의 함수에 추정치 $\{\hat{\beta_1},\hat{\beta_2}\}$을 대입한 함수

$$\lambda = \exp(1.29 + 0.0757x)$$

를 사용해 R로 도시해 봅시다.

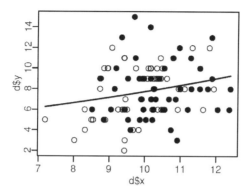

그림 3.7　평균 종자수 $\lambda$의 예측. 그림 3.2에 대한 $\lambda$의 예측치(실선)를 그린 것.

```
> plot(d$x, d$y, pch = c(21, 19)[d$f])
> xx <- seq(min(d$x), max(d$x), length = 100)
> lines(xx, exp(1.29 + 0.0757 * xx), lwd = 2)
```

위와 같이 조작하면 그림 3.7처럼 $\lambda$의 예측값이 곡선으로 표시됩니다.
또는 다음과 같이 predict( ) 함수를 사용해도 동일한 결과를 얻을 수
있습니다.

```
> yy <- predict(fit, newdata = data.frame(x = xx), type = "response")
> lines(xx, yy, lwd = 2)
```

## 3.5 설명변수가 인자형인 통계모형

다음으로, 지금까지 다루지 않았던 비료효과 $f_i$를 설명변수에 포함시켜 모형을 검토해 보겠습니다. R 내부에는 각 개체의 비료처리 인자형 데이터로 저장되어 있습니다. 다시 확인하면, 인자형 변수의 수준은 C와 T가 있었고 C가 첫 번째, T가 두 번째 수준입니다. 나중에 추정 결과를 해석하기 위해서는 이 인자형 변수의 구조를 반드시 알아두어야 합니다.

이 인자형[22] 설명변수는 GLM 내부에서 어떻게 취급되고 있는 것일까요? 단순하게 설명하자면 별도의 지시를 하지 않았다면, R에서는 인자형 설명변수를 포함하는 선형예측식은 다음과 같이 더미변수(dummy variable)로 변환되어 저장된다 — 라고 이해해도 큰 무리는 없습니다.[23]

뒤에서 다시 설명하겠지만 실제로 glm( ) 함수를 사용해 추정 계산을 할 때, 특별히 별도 지정 없이 데이터 프레임의 비료처리 열 f를 설명변수로서 지정하기만 하면 됩니다.

그러나, 더미변수 변환의 원리를 설명하기 위해서 굳이 이 예제를 이용하여, 인자형의 설명변수를 더미변수로 변환해 보겠습니다. 식물의 사이즈 $x_i$의 효과는 무시하고, 비료처리 $f_i$만이 영향을 주는 모형의 평균을

---

22 카테고리 또는 범주형 변수로 불리는 경우도 있습니다.

23 단, R 내부에서 구체적인 작업의 실행은 이 설명보다 복잡한 것이고, 대비 (contrasts)라는 개념을 사용하고 있습니다. 여기서 설명하고 있는 수준 간의 비교 방법은 「첫 번째 수준과 비교」만을 다루고 있지만, 다른 수준 간 비교가 필요한 경우가 있기 때문에, 그와 같은 상황에 유연하게 대응하기 위한 것입니다. 장말에 든 문헌을 참조해 주세요.

$$\lambda_i = \exp(\beta_1 + \beta_3 d_i)$$

라고 쓰겠습니다. 계수 $\beta_1$은 절편, $\beta_3$은 비료의 효과를 나타냅니다. 여기서 설명변수는 비료처리 $f_i$ 자체가 아니라 $d_i$라는 더미변수로 변환되어 있고, 이 $d_i$는 다음과 같은 값을 갖습니다:

$$d_i = \begin{cases} 0 & (f_i = \mathsf{C}\text{의 경우}) \\ 1 & (f_i = \mathsf{T}\text{의 경우}) \end{cases}$$

바꿔 말하면, 개체 $i$에 비료처리를 하지 않았다면 $(f_i = \mathsf{C})$

$$\lambda_i = \exp(\beta_1)$$

이 되고, 비료처리 했다면 $(f_i = \mathsf{T})$

$$\lambda_i = \exp(\beta_1 + \beta_3)$$

이 됩니다.

그럼 다시 R의 glm( ) 함수를 사용한 추정문제로 돌아갑시다. 조금 전에 말한 것처럼, glm( ) 함수에서는 이처럼 설명변수에 인자형이 포함되어 있더라도, 더미변수로 변환하는 작업을 일부러 할 필요 없이 모형식을 지정하면 됩니다.

```
> fit.f <- glm(y ~ f, data = d, family = poisson)
```

추정 결과가 저장되어있는 fit.f의 내용을 출력해 봅시다.

```
Call: glm(formula = y ~ f, family = poisson, data = d)
Coefficients:
(Intercept)        fT
   2.05156     0.01277
… (이하 생략) …
```

모수의 추정치(Coefficients 부분)의 출력을 보면, 비료효과에 대한 계수의 이름은 fT이고, 이것은 설명변수가 T 수준일 때 효과를 나타냅니다. 설명변수 $f_i$는 C(비료없음)와 T(비료처리)의 2수준으로 설정되어 있는데, R은 인자형 설명변수 $f_i$의 첫 번째 수준 C의 값을 0으로 두고, 이것을 기준으로 T 등 다른 수준의 값을 추정합니다. 만일 개체 $i$ 의 $f_i$가 C라면

$$\lambda_i = \exp(2.05 + 0) = \exp(2.05) = 7.77$$

이고, 만일 T라면

$$\lambda_i = \exp(2.05 + 0.0128) = \exp(2.0628) = 7.87$$

이 됩니다. 이와 같이 추정된 모형에서는 「비료를 주면 평균 종자수가 아주 조금 증가한다」고 예측하고 있습니다.

이 모형에서 최대로그우도는

```
> logLik(fit.f)
'log Lik.' -237.6273 (df=2)
```

가 되고, 사이즈 $x_i$만의 모형의 최대로그우도인 −235.4보다 작기 때문에 적합이 더 나쁜 것을 알 수 있습니다.

　　이 책에서는 다루지 않고 있지만, 인자형 설명변수의 수준의 수가 3이상인 경우도 있습니다. 예를 들어, 개체의 비료 처리에 「비료 A」만 주는 것이 아니고, 일부의 개체에는 다른 비료 「비료 B」를 준다고 하겠습니다. 이 경우 설명변수 $f_i$는 $f_i \in \{C, TA, TB\}$와 같은 상태로 비료 처리에 대해 3수준이 설정됩니다.

　　물론, 이와 같은 경우라도 R의 기본적인 선형예측식은 2수준의 경우를 단순히 확장한 것에 지나지 않습니다 이 상황도 이해를 돕기 위해 더미변수를 사용해 설명해 보면, 평균 종자수는

$$\lambda_i = \exp(\beta_1 + \beta_3 d_{i,A} + \beta_4 d_{i,B})$$

이 되고, 계수 $\beta_3$는 비료 A의 효과, 계수 $\beta_4$는 비료 B의 효과를 나타냅니다. 더미변수는 다음과 같이 설정합니다.

$$d_{i,A} = \begin{cases} 0 & (f_i = \text{TA가 아닌 경우}) \\ 1 & (f_i = \text{TA인 경우}) \end{cases}$$

$$d_{i,B} = \begin{cases} 0 & (f_i = \text{TB가 아닌 경우}) \\ 1 & (f_i = \text{TB인 경우}) \end{cases}$$

　　이처럼 3수준의 인자형 설명변수를 사용한 경우도 R에 glm(y~f, ...)와 같이 지정하면, 추정결과에 fT가 아닌 fTA와 fTB가 저장되고 각각 $\beta_3$와 $\beta_4$의 추정 결과에 해당하는 값이 표시됩니다.

## 3.6 설명변수가 수치형+인자형 통계모형

이번에는 개체의 사이즈 $x_i$와 비료효과 $f_i$ 두 개의 설명변수를 동시에 넣은 통계모형을 만들어 봅시다.[24]

설명변수가 다수인 GLM에서는 선형예측식을 각 효과의 합으로 표현합니다. 이 예제의 경우라면,

$$\log\lambda_i = \beta_1 + \beta_2 x_i + \beta_3 d_i$$

가 되고 $\beta_1$이 절편에 해당하는 부분, $\beta_2$가 사이즈($x_i$)의 효과, $\beta_3$는 비료처리(2수준의 $f_i$를 더미변수화한 $d_i$)의 효과가 됩니다.[25]

R의 glm( ) 함수에 의한 추정 계산은 별도의 옵션 지정 없이 모형식 부분에 x+f 라고 지정하면 알아서 처리해 줍니다.

```
> fit.all <- glm(y ~ x + f, data = d, family = poisson)
```

결과가 저장된 fit.all의 출력을 봅시다.

---

24 설명변수가 다수인 통계모형에 의한 적합을 다중회귀(multiple regression)라고 이 책에서는 설명변수의 개수에 관계없이 회귀라고 하겠습니다.

25 이 장에서는 사이즈와 비료의 교호작용에 대해서는 설명하지 않습니다. 제6장의 6.6절에 설명하고 있습니다.

```
Call: glm(formula = y ~ x + f, family = poisson, data = d)
Coefficients:
(Intercept)       x        fT
  1.2631    0.0801    -0.0320
Degrees of Freedom: 99 Total (i.e. Null); 97 Residual
Null Deviance:    89.51
Residual Deviance: 84.81       AIC: 476.6
```

출력 결과를 보면, 이전 절의 모형에서는 양수로 추정되었던 비료의 효과 fT 가 이번 모형에서는 음수로 추정되어 있습니다. 비료의 효과가 있다는 것인지 없다는 것인지 오히려 더 혼란스러운 결과가 나왔습니다.

이 모형의 최대로그우도는

```
> logLik(fit.all)
'log Lik.' -235.2937 (df=3)
```

이 되어, p.62에서 적합했던 $x_i$ 만을 고려하는 모형의 최대로그우도 ($-235.4$)보다는 조금 적합도가 향상된 것을 알 수 있습니다. 다수의 모형 간 적합의 좋음을 비교하는 방법은 제4장에서 자세히 검토하겠습니다.

### 3.6.1 로그링크함수의 알기 쉬움: 곱셈 연산된 효과

이 장의 3.4절에서 「로그링크함수는 요인의 효과를 곱으로 표현한다」라고 설명했습니다. 이 수치형+인자형 모형의 추정 결과를 이용해 이에 대한 해설을 하겠습니다.

추정 계산 함수 glm( )에서 모형식 glm(y ~ x + f, ...)와 같이 지정하고 있으므로, 설명변수의 효과를 마치 덧셈으로 표현하고 있는 것처럼 보입니다. 그러나, 사실, 이 모형은 로그링크함수를 사용하고 있기 때문에 요인이 평균에 미치는 효과는 덧셈이 아닌 곱셈의 형태입니다.

이 모형의 추정 결과를 종자수 예측의 관점에서 정리하면, 개체 $i$ 의 사이즈 $x_i$, 비료처리 $f_i$가 C라면 평균 종자수는,

$$\lambda_i = \exp(1.26 + 0.08x_i)$$

이고, 만일 T라면,

$$\lambda_i = \exp(1.26 + 0.08x_i - 0.032)$$

이 되어, 다음과 같이 분해할 수 있습니다.

$$\lambda_i = \exp(1.26) \times \exp(0.08x_i) \times \exp(-0.032)$$
$$= (\text{상수}) \times (\text{사이즈 효과}) \times (\text{비료처리 효과})$$

사이즈 $x_i$가 증가함에 따라 종자수에 미치는 영향은 「설명변수 $x_i$가 1 증가하면, $\lambda_i$는 $\exp(0.08 \times 1) = 1.08$배로 증가한다」라고 예측되므로, 설명변수의 증가분은 덧셈이 아닌 곱셈의 형태로 평균을 변화시키고 있습니다. 비료처리 효과 역시 덧셈이 아닌 곱셈으로 영향을 주고 있습니다. 이 경우라면 $\exp(-0.032) = 0.969$이므로 비료를 주면 종자수의 평균이 0.969배로 증가한다고 예측됩니다.

평균 $\lambda_i$는 사이즈·비료처리 각각의 효과의 곱이므로, 그림 3.8(A)처럼 됩니다.[26] 사이즈 $x_i$가 클수록 비료효과 있음·없음 간격이 커짐

---

26  그림의 설명과 같이, 링크함수의 효과가 눈에 띄도록 하기 위해서 비료처리의 효과를 3배($-0.032 \times 3$)로 하고 했습니다. — 비료의 「유해성」이 3배라고 생각해 주

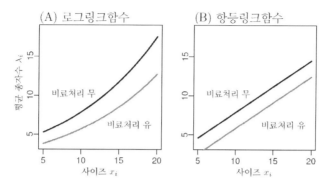

그림 3.8 링크함수가 달라지면 예측 내용도 달라진다. (A) 로그링크함수 (B) 항등링크함수(링크함수 없음)의 경우 각각의 예측. 그림을 이해하기 쉽게 하기 위해서 비료처리의 효과를 3배로 설정. 즉, 비료의 악영향이 3배가 된다.

니다.

만약 로그링크함수를 사용하지 않으면 어떻게 될까요? 이처럼 평균이 선형예측식과 동일한, 즉, 링크함수가 특별히 아무것도 지정되지 않은 상황을 R에서는 항등링크함수(identity link function)라고 부릅니다. 이 항등링크함수를 사용하는 포아송회귀의 경우[27] 평균 종자수 $\lambda_i$의 예측은 $\lambda_i = 1.27 + 0.661x_i - 0.205d_i$가 되어, 그림 3.8(B)와 같이 됩니다.[28]

이 항등링크함수를 사용한 모형에 의하면, 비료 무처리 집단의 평균 종자수가 0.1개이든 1,000개이든 관계없이, 비료처리를 하면 일관되게 0.205개 감소해서 각각 −0.1과 999.8개가 된다 ─ 라는 것입니다. 따

---

세요.

27 glm( ) 함수에 family=poisson(link="identity")로 지정합니다. 이 예제의 데이터 셋은 문제가 없지만, 데이터에 따라서는 $\lambda$가 음의 값이 되고 추정 계산을 할 수 없는 경우도 있습니다.

28 (A)에 맞춰서 비료효과의 처리를 3배, 즉 $(-0.205 \times 3)$로 하고 있습니다.

라서 다수의 효과가 곱셈으로 영향을 준다고 생각하고 있는 로그링크함수의 포아송회귀와는 전혀 다른 모형입니다.

어떤 링크함수를 사용하는 것이 「타당한 모형」인지는, 적합의 좋고 나쁨만으로 결정되는 문제가 아닙니다. 위의 두 모형의 비교의 경우에는 로그링크함수를 사용하는 것이 「더 나은」 통계모형 같은 인상을 줍니다. 중요한 것은, 모수의 추정(또는 「검정」)이 가능하면 어떤 모형을 적합해 상관없다는 발상은 금물이며, 모형이 현상을 어떻게 표현하고 있는지 주의하면서 통계모델링을 해야 합니다.

## 3.7 「무조건 정규분포」 「무조건 직선」으로는 무리!

GLM에서 확률분포를 「등분산 정규분포」로, 링크함수를 「없음」—즉, 3.6.1항에서 등장했던 항등링크함수로 지정한다면, 이것은 일반화(generalized)가 아닌 선형모형(linear model, LM) 또는 일반선형모형(general lienar model)에 해당합니다. 이번 절에서는 매우 자주 사용되는 LM 적합의 하나인 직선회귀(linear regression)와 포아송회귀를 비교해 보겠습니다.

이 장의 예제로는 별도의 가상 데이터를 상정하겠습니다. 그림 3.9에 나타난 데이터 점 $x_i$(그림의 점)가 주어졌다고 할 때, 그림 3.9와 같이 「어쨌든 산점도에 직선을 그리면 된다」라는 발상으로 직선회귀를 해버리는 사람을 종종 볼 수 있습니다. 그것을 정당화하는 근거로 「이 세상 모든 것은 무조건 정규분포이기 때문에」라고 말하는 사람도 있습니다. 이처럼 「직선만 그리면 뭐든지 좋다」라고 하는 원칙을 따르는 사람들의 생각은 옳은 것일까요?

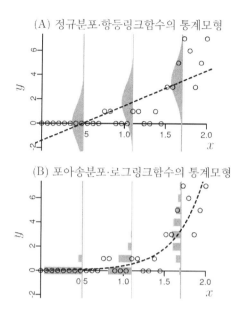

그림 3.9　회귀모형과 확률분포의 관계. 또 다른 가상 데이터에 GLM을 적합한 예. 점선은 $x$에 따라서 변하는 평균. 회색으로 표시된 부분은 $x \in \{0.5, 1.1, 1.7\}$에서의 $y$의 확률분포 또는 확률밀도함수. (A) 데이터의 오차가 등분산 정규분포, $y$의 평균이 $\beta_1 + \beta_2 x$라고 가정한 모형의 적합. (B) 데이터의 오차가 포아송분포인 $y$의 평균이 $\exp(\beta_1 + \beta_2 x)$라고 가정한 모형의 적합.

직선회귀도 GLM의 일부이므로,[29] 직선회귀모형의 특징을 열거해 봅시다:

▸ 관측치 $\{x_1, x_2, \cdots, x_n\}$과 $\{y_1, y_2, \cdots, y_n\}$의 쌍으로 구성되어 있고, $\boldsymbol{X} = \{x_i\}$를 설명변수, $\boldsymbol{Y} = \{y_i\}$를 반응변수라고 부른다.

▸ $Y$는 평균 $\mu_i$이고 표준편차 $\sigma$인 정규분포를 따른다고 가정한다.

▸ 임의의 데이터 점 $i$에 해당하는 평균값은 $\mu_i = \beta_1 + \beta_2 x_i$가 된다.

---

29　1.3절을 참조해주세요.

이와 같이 정리해서 살펴보니 직선회귀에서 사용되는 통계모형 LM이 GLM의 일부라는 것이 잘 드러납니다.[30] 이처럼 통계모형의 가정을 명확히 하고나면,「어떤 데이터라도 직선회귀」라고 하는 방법에는 한계가 있다는 것을 금방 알 수 있습니다. 예를 들어, 데이터의 그림 3.9와 같이 반응변수 $y$가 0개, 1개, 2개와 같이 셀 수 있는 카운트 데이터는「무조건 정규분포」「$x$와 $y$는 언제나 직선관계」라고 가정하는 것은 무리가 있습니다. 실제로 직선회귀에 의한 $y$의 평균의 예측(그림 3.9(A)의 점선)을 보면 다음과 같이 여러 가지 이상한 점을 지적할 수 있습니다:

> ▶ 정규분포는 연속적인 값만을 취급하는 확률분포인데?

> ▶ 카운트 데이터인데도 평균의 예측값이 음수?

> ▶ 그림을 보면「오차가 일정」하지 않은 것처럼 보이는데, 분산이 일정?

즉, 그림 3.9에 나타난 데이터를 표현하는 수단으로서 직선회귀의 통계모형은「현실과 동떨어져」있습니다.[31]

직선회귀를 하면 모수의 추정치는 얻을 수 있지만, 원래「현실과 동떨어진」통계모형을 사용하여 얻어진 추정치이므로, 그 추정치를 해석해봤자 의미가 없다는 것입니다.[32]

---

30  LM을 사용하는 데이터 분석을 조금 보충설명하겠습니다. 다수의 수량형의 설명변수가 있는 경우는 다중회귀(multiple regression), 설명변수 $x_i$가 인자형인 모형의 적합은 분산분석(ANOVA), 또 설명변수가 두 개 이상이고, 또 수치형·인자형의 설명변수가 혼재되어 있는 모형이라면 공분산분석(ANCOVA)입니다.

31  R의 glm( )을 사용해 직선회귀를 적합할 때는, family=gaussian으로 지정합니다. 또 family=gaussian(link="log")라고 하면 로그링크함수를 지정할 수 있습니다. 이것으로 평균이 음수가 되는 문제는 피할 수 있지만, 다른 문제는 여전히 해결하지 못합니다.

32  이와 같은 현실과 동떨어진 직선회귀로부터 얻어진 $R^2$값, $P$값 등도 역시 의미가

그에 비해 그림 3.9(B)에 나타난 것처럼, 이 데이터를 포아송분포의 GLM으로 설명하려는 것은 비교적 타당하다고 할 수 있습니다. 왜냐하면 위에 제시한 문제점들이

- ▸ 포아송분포를 사용하고 있으므로, 카운트 데이터에 적절히 대응
- ▸ 로그링크함수를 사용하면 평균은 항상 비음(non−negative)의 값
- ▸ $y$의 오차는 평균과 함께 증가

와 같이 잘 해결되기 때문입니다(그림 1.2에 있어서 첫 번째 스텝 업).

한 가지 주의할 점은, 반응변수 $y$를 $\log y$로 변수변환해서 직선회귀하는 것과 포아송회귀는 전혀 다른 모형이라는 것입니다. 실제로 해보면 알겠지만 양자의 추정 결과는 일치하지 않습니다. 특히 $y$가 0에 가까운 값을 로그변환하는 것은 데이터의 흩어진 정도의 「외견」을 조금 바꾸는 것으로,[33] 굳이 무리하게 정규분포 모형을 적용해서 얻을 수 있는 이점은 없습니다. 이처럼 번거로운 변수변환을 피하고, $y$의 본래 구조에 맞는 적절한 확률분포를 선택하고자 하는 것이, 이 책에서 강조하고 있는 통계모델링의 원칙입니다.

이 장에서 소개한 GLM의 특징은 데이터의 특성에 알맞는 확률분포와 링크함수를 선택할 수 있다는 것입니다. 「무조건 정규분포」「어쨌든 직선을 그리면 된다」라고 하는 발상으로부터 벗어나는 첫걸음이 되었을 겁니다. 포아송분포 이외의 확률분포를 도구로 사용하는 GLM에 대해서는 제6장에서 해설하겠습니다.

---

없습니다.

33　원래는 $\log 0 = -\infty$이지만…

## 3.8 이 장의 정리

이 장에서는 포아송회귀의 GLM에 대해서 설명해 나가면서, 통계모형을 사용하는 데이터 분석의 예를 제시했습니다.

▶ 일반화선형모형(GLM)은 포아송회귀와 로지스틱회귀(제6장) 등, 몇 개의 제약을 만족하는 모형을 통칭한다(3.1 예제: 개체마다 평균 종자 수가 다른 경우).

▶ R을 사용하면 데이터의 여러 가지 요약 통계량을 조사할 수 있다 (3.2 관측 데이터의 개요를 조사하자).

▶ 통계모형을 만들기 위해서는 데이터를 그래프로 시각화하는 것이 매우 중요하다(3.3 통계모델링 전에 데이터를 도시하자).

▶ GLM은 확률분포·링크함수·선형예측식을 지정하는 통계모형이 고, R의 glm( ) 함수로 모수를 추정할 수 있다(3.4 포아송회귀의 통계모형).

▶ 통계모형의 인자형 설명변수는 더미변수 변환과 관련이 있다(3.6 설명변수가 인자형인 통계모형).

▶ GLM에서 수치형·인자형 설명변수를 모두 포함하는 경우, 로그링크함수를 사용하면 설명변수의 효과가 각각의 곱으로 표현되어 이해하기 쉽다(3.7 설명변수가 수치형＋인자형 통계모형).

▶ GLM의 설계는 데이터를 잘 표현할 수 있는 확률분포를 선택하는 것이 기본 원칙이므로,「무조건 정규분포」로 적합한다는 사고방식에서 벗어날 수 있다(3.8「무조건 정규분포」「무조건 직선」으로는 무리!).

이후에 제4장과 제5장에서는 포아송회귀를 사용한 GLM의 적합의 좋음·예측의 좋음에 대해서 검토하고, 다수의 모형을 비교할 경우 모형의 선택 방법을 소개합니다. 이어서 제6장에서는 포아송확률분포 이외의 분포를 사용하여 GLM을 확장하여 응용하는 방법을 생각합니다.

# 제 4 장

# GLM의 모형선택-AIC와 모형예측의 좋음

모형선택이란 좋은 예측을 하는 모형을 찾는 것입니다. 「적합의 좋음」만으로 선택해서는 안 됩니다.

이번 장에서는 「좋은 통계모형이란 무엇인가?」라는 의문, 또는 「좋은 모형을 선택해내는 방법」에 대해서 검토하겠습니다.

여러 개의 설명변수를 다양하게 조합하여 다수의 통계모형을 만든 후, 그중에서 데이터에 가장 잘 적합된 모형을 「좋은」 통계모형이라고 생각하는 사람들이 있습니다.[1]

하지만 이같이 생각하는 것은 올바르지 않습니다. 왜냐하면, 대부분의 경우 복잡한 통계모형일수록 관측 데이터에 적합이 좋아지기 때문입니다. 예를 들어, 그림 4.1과 같은 예[2]를 생각해 봅시다.

이 데이터의 반응변수(세로축)는 카운트 데이터이므로, 포아송회귀의 GLM을 사용하면 이 데이터를 잘 설명할 수 있다고 가정하겠습니

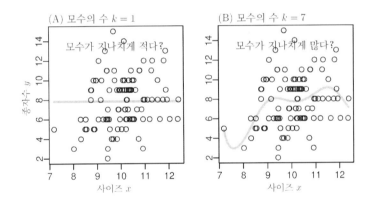

그림 4.1  적합의 좋음과 모형의 복잡도. 제3장의 예제 데이터(3.1절). 가로축은 설명변수 $x$, 세로축은 반응변수 $y$(카운트 데이터). (A) 선형예측식이 절편뿐인 GLM $(k = 1)$. (B) 선형예측식이 $x$의 6차식인 GLM($k = 7$). 적합도를 개선하기를 원한다면, 모형을 더욱 복잡하게 하면 된다.

---

1  예를 들어, 「무조건 직선회귀」로 적합하면 된다고 오해하고 있는 사람이라면, $R^2$이라는 지표를 무조건 「모형의 설명력」이라고 믿고 있을 지도 모르겠습니다.

2  제3장에서 사용한 가상 식물 100개체의 사이즈와 종자수 관계를 나타낸 데이터입니다.

다. 이때 그림 4.1(A)와 같이, 선형예측식에 절편만 있는 모형($\log\lambda = \beta_1$, 모수의 수 $k=1$)은 너무 간단한 인상이 듭니다. 단지 적합을 개선하고자 하는 목적이라면 선형예측식을 복잡하게 만들면 적합 자체는 좋아집니다. 그렇다면 그림 4.1(B)와 같이, 설명변수 $x$의 6차식을 선형예측식으로 취한 복잡한 모형($\log\lambda = \beta_1 + \beta_2 x + \cdots + \beta_7 x^6$, 모수의 수 $k=7$)이 과연 바람직한 모형일까요?

다수의 통계모형 중에서 몇 가지의 기준에 따라서 「좋은」 모형을 선택하는 것을 **모형선택**(model selection)이라고 합니다. 모형선택에는 여러 가지 방법이 있지만, 이번 장에서는 AIC라는 모형선택 기준에 근거해서 설명하겠습니다. AIC는 「좋은 예측을 하는 모형이 좋은 모형이다」라는 생각에 근거하여 설계된 모형선택 기준입니다. 이는 「적합의 좋음을 중요시」하는 것과는 다른 사고방식입니다.

통계모형에 있어서 예측의 좋음이란 무엇이고, AIC는 예측의 좋음을 어떻게 평가하는 것일까요? 우선은 AIC의 「사용법」만을 설명하기 위해, 앞의 제3장에 등장했던 여러 가지 GLM모형을 AIC로 모형선택해 보겠습니다. 이를 통해서 모형의 복잡성과 적합의 개선이 어떤 관계인지를 직감적으로 파악해 봅시다.

4.4절부터는 통계모형에 있어서 예측 능력이 높다는 것은 어떤 의미인가? AIC는 어떤 식으로 예측 능력이 높은 모형을 선택하는 것일까? 라는 것을 간단한 수치실험의 예를 통해 자세히 설명하겠습니다. 이 부분은 약간 어려우므로 4.3절까지 읽고 AIC의 사용 방법을 이해했다면, 제5장과 제6장으로 바로 넘어가도 문제는 없습니다.

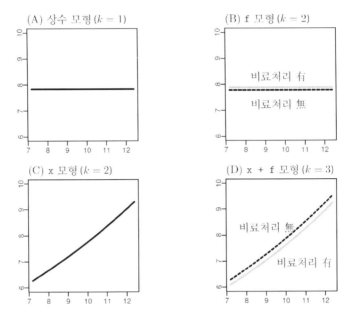

그림 4.2   제3장의 데이터를 설명하는 4종류의 포아송회귀모형. 가로축은 개체의 사이즈
$x$, 세로축은 평균 종자수 $\lambda$. $k$는 최우추정해야 하는 모수의 수. (A) 상수 모
형: 설명변수 없음. (B) f 모형: 비료처리에만 의존. (C) x 모형: 사이즈에만 의
존. (D) x+f 모형: 사이즈와 비료처리에 의존.

## 4.1  데이터는 하나, 모형은 여러 개

제3장에서는 가상 식물 100개체의 종자수 $y_i$ 데이터(3.1절)를 설명
하기 위해서 몇 가지의 통계모형을 만들고, R의 glm( ) 함수로 각 모형
의 모수를 최우추정했습니다. 이때, 그림 4.2에도 표시된 것처럼 동일
한 관측 데이터에 대해서,

▶ 사이즈($x_i$)가 영향 주는 모형(x 모형 : 그림 4.2(C) ; 3.4.2항)

▶ 비료효과($f_i$)가 영향 주는 모형(f 모형 : 그림 4.2(B) ; 3.5절)

▶ 사이즈($x_i$) 효과와 비료효과($f_i$)가 영향 주는 모형(x+f 모형 ; 그림 4.2(D) ; 3.6절)

이라는 3종류의 통계모형을 적합해 보았습니다.

그림 4.2에는 또 하나의 모형을 추가되어 있는데, 그것은

▶ 사이즈도 비료도 영향을 주지 않는 모형(상수 모형 : 그림 4.2(A)[3] ; 4.2절)

즉, 평균 종자수 $\lambda$가 $\exp(\beta_1)$로 표현되는 「절편 $\beta_1$만의 모형」입니다.

그럼, 위의 4개의 모형 중에서 어느 것이 「좋은」 것일까요? 제2, 3장에서는 최우추정법으로 통계모형의 모수를 추정하였습니다. 즉, 로그우도가 「지금 손에 쥐고 있는 관측 데이터로의 적합의 좋음」을 나타내는 모수의 함수이므로, 이것을 최대화시키는 모수 값을 찾았습니다. 그렇다면, 여러 가지 통계모형 중에서 「적합의 좋음」을 나타내는 최대로그우도(maximum log likelihood)가 크면 클수록 좋은 모형이라고 생각해도 될까요? 사실은 그렇지 않다는 것을 말하려는 것이 이번 장의 요점입니다.

## 4.2 통계모형의 나쁜 정도: 일탈도(deviance)

먼저, 적합의 좋음을 나타내는 최대로그우도를 변형한 통계량인 일탈도(deviance)에 대해서 설명하겠습니다(표 4.1). R의 glm( ) 함수를 사용해 GLM을 데이터에 적합하면, 추정 결과에는 「적합의 나쁨」인 일

---

3　그림 4.1(A)도 제3장의 예제 데이터와 상수 모형의 조합입니다.

탈도가 출력됩니다. 우선 이것과 「적합의 좋음」 사이의 관계를 정리해 둡시다.

지금부터는 로그우도 $\log L(\{\beta_j\})$를 간단하게 $\log L$로 표기하겠습니다. 이 $\log L$을 최대화하는 모수를 찾는 것이 최대우도추정법(제2장)입니다. 최대로그우도는 $\log L^*$로 표기하겠습니다.

일탈도란, 「적합의 좋음」이 아니고 「적합의 나쁨」을 표현하는 지표로서,

$$D = -2\log L^*$$

와 같이 정의합니다. 즉, 적합의 좋음인 최대로그우도 $\log L^*$에 $-2$를 곱한 것뿐입니다.[4]

제3장의 3.4.1항에서 등장했던, 평균 종자수 $\lambda_i$가 식물의 사이즈 $x_i$에만 의존하는 모형 $\lambda_i = \exp(\beta_1 + \beta_2 x_i)$를 「x 모형」이라고 하겠습니다(4.2 C). 이 x 모형의 경우 최대로그우도 $\log L^*$는 $-235.4$이므로, 일탈도($D = -2\log L^*$)는 470.8가 됩니다.

표 4.1  이 장에 등장하는 여러 가지 일탈도. $\log L^*$는 최대로그우도

| 이름 | 정의 |
|---|---|
| 일탈도($D$) | $-2\log L^*$ |
| 최소 일탈도 | 완전모형을 적합하였을 때의 $D$ |
| 잔차 일탈도 | $D$-최소의 $D$ |
| 최대 일탈도 | Null 모형을 적합하였을 때의 $D$ |
| Null 일탈도 | 최대 $D$-최소 $D$ |

---

4  $-2$를 곱한 이유는 제5장에 등장하는 $\chi^2$분포와 관련되어 있습니다.

그렇지만, 이 모형을 glm( )으로 적합시키면, 다음과 같이 결과가 출력됩니다.

```
...(생략)...
Null Deviance:   89.51
Residual Deviance:   84.99    AIC: 474.8
```

이 결과 어디에도 470.8이라는 수치는 나오지 않았습니다. 그 대신 Null Deviance, Residual Deviance, AIC라는 값이 제시되어 있습니다. 이 출력 결과에 등장하는 이 일탈도를 그림 4.4로 설명합니다. 잔차일탈도(residual)는

$$D - (\text{포아송분포모형으로 가능한 최소일탈도})$$

라고 정의됩니다. 여기서 「포아송분포모형으로 가능한 최소이탈도」라는 것은 무엇일까요? 이는 R에서 완전모형(full model)이라고 불리는 모형의 일탈도를 말하며, 이 예제의 경우는 데이터 수가 100개이므로 100개의 모수를 사용해 「적합 시킨」모형을 의미합니다.

조금 더 데이터를 살펴보면서 최소일탈도를 검토해 봅시다. 각 개체의 종자수 $y_i$는 $y_i = \{6, 6, 6, 12, 10, \cdots\}$이었습니다. 완전모형이라는 것은, 말하자면, 이와 같이 100개의 데이터 각각에,

▶ $i \in \{1, 2, 3\}$의 $y_i$는 6이므로, $\{\lambda_1, \lambda_2, \lambda_3\} = \{6, 6, 6\}$

▶ $i = 4$의 $y_i$는 12이므로, $\lambda_4 = 12$

▶ $i = 5$의 $y_i$는 10이므로, $\lambda_5 = 10$

▶ ⋯ (이하 생략) ⋯

와 같은 식으로 100개(= 데이터의 수)의 모수를 사용해서 「적합」한 통계모형입니다.

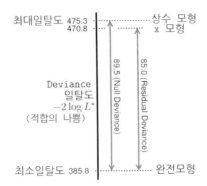

그림 4.3　여러 가지 일탈도(deviance). 세로축은 deviance의 절대값. 두 개의 수직 화살표는 길이는 각각 최대일탈도(null deviance)와 잔차일탈도(residual deviance)의 값.

즉, 완전모형이란 모든 데이터를 「있는 그대로 읽어들이는」 것과 마찬가지로, 통계모형으로서의 가치는 없습니다. 단, 이 모형을 데이터에 적합하게 되면, 포아송회귀로 상정할 수 있는 다른 어떤 모형보다도, 「적합의 좋음」을 나타내는 로그우도는 가장 큰 값을 가집니다. 최대로그우도 $\log L^*$는 다음과 같이 구할 수 있습니다.[5]

```
> sum(log(dpois(d$y, lambda = d$y)))
[1] -192.8898
```

따라서 완전모형의 일탈도는 $D = -2\log L^* = 385.8$이고, 이 값은 현재 주어진 관측 데이터 100개에 근거하여 포아송회귀로 구할 수 있는 가능한 최소일탈도를 의미합니다. 최소일탈도로부터 x 모형의 잔차일탈도는 $D -$ (포아송분포로가능한최소$D$) $= 470.8 - 385.8 = 85.0$이 됩니다.

---

5　여기서는, 포아송분포의 확률을 평가하는 R의 dpois( ) 함수를 사용하여 100개의 데이터 $\{y_i\}$에 대해 $\{\lambda_i\} = \{y_1, y_2, y_3, \cdots\}$ 라고 두었을 때의 로그우도의 합을 산출하였습니다.

이 값은 조금 전 glm( )의 출력 결과에도 나타난 Residual Deviance의 값입니다.

Residual Deviance: 84.99　　AIC: 474.8

이와 같이 잔차일탈도라는 것은 지금의 데이터 해석으로 말하면 385.8을 기준으로 「적합의 나쁨」을 나타내는 상대적인 수치입니다. 통계모형의 모수를 늘리면 이 잔차일탈도가 작아진다는 것도 확인했습니다.

다음으로, 그림 4.3을 보면서 잔차일탈도의 최대값에 대해서 생각해 보겠습니다. 일탈도가 최대가 되는 모형은[6] 관측 데이터에 근거할 때 「가장 적합이 나쁜 모형」을 의미합니다. 이 예제 데이터에 대한 포아송회귀의 경우, 가장 모수의 수가 적은 모형, 즉, 평균종자수가 $\lambda_i = \exp(\beta_1)$로 설정된 절편 $\beta_1$만의 모형(모수의 수 $k=1$)입니다. 이 같은 모형을 R에서는 "null model"이라고 부릅니다.[7]

이 모형에서는 선형예측식의 구성 요소가 절편뿐($\log\lambda_i = \beta_1$)이므로, 임시로 상수모형(그림 4.2 A)이라고 부르도록 합시다. R의 glm( ) 함수에서는 glm(y ~ 1, ...)과 같이 모형식을 지정하면 됩니다.[8] 그러면, 이 상수모형을 이용해 추정해 봅시다.

---

6　모수를 최우추정하는 GLM에 한정하고 있습니다.

7　이것은 귀무가설(null hypothesis)이라는 용어와도 관련이 있는데, 「어쨌든 귀무가설적인, 절편만의 모형」 정도로 이해하기 바랍니다.

8　다른 모형에서는 생략되어 있던 1을 명시적으로 나타냈습니다. 여기서 사용하고 있는 기법으로, 제2장의 예제의 최우추정치가 얻어지는 것을 확인해 주세요. 단, glm( )으로 추정되는 것은 절편의 추정치 $\widehat{\beta_1}$만입니다. 평균 $\lambda$와의 관계는, $\hat{\lambda} = \exp(\widehat{\beta_1})$입니다.

```
> fit.null <- glm(formula = y ~ 1, family = poisson, data = d)
```

와 같이 추정 결과를 fit.null에 저장하여 그 내용을 보면 절편 $\beta_1$의 추정치는 2.06이 되고, 일탈도는 다음과 같이 됩니다.[9]

```
Degrees of Freedom: 99 Total (i.e. Null); 99 Residual
Null Deviance:   89.51
Residual Deviance: 89.51  AIC: 477.3
```

이 데이터를 사용한 포아송회귀에서는, 잔차일탈도의 최대값이 89.5가 됩니다. 이것은 상수모형의 최대로그우도가

```
> logLik(fit.null)
'log Lik.' -237.6432 (df=1)
```

로부터 계산된 일탈도 475.3과 최소 $D$인 385.8의 차이인 89.5로 계산된 결과입니다.

　　지금까지 등장한 모형의 최우추정한 모수의 수($k$), 최대로그우도($\log L^*$), 일탈도($D = -2\log L^*$), 잔차일탈도($-2\log L^* - $최소$D$)를 표 4.2에 정리해 놓았습니다. 모수의 수 $k$만 증가시키면 잔차일탈도는 점점 작아지고,[10] 적합도가 향상되는 것을 알 수 있습니다.

---

9　이 상수모형의 예측이 그림 4.1(A)에 나타나 있습니다.

10　그러나 f 모형은 적합의 개선 정도가 매우 작으므로, 표 4.2에서는 상수모형과의 차이를 알 수 없습니다.

표 4.2  종자수 모형의 최대로그우도와 일탈도. 제3장의 포아송회귀 모형의 종류, 최우추
정한 모수의 수 $k$, 최대로그우도 $\log L^*$,Deviance, Residual deviance의 표. 각
모형에 대해서는 그림 4.2도 참조.

| 모형 | $k$ | $\log L^*$ | deviance $-2\log L^*$ | residual deviance |
|---|---|---|---|---|
| 상수 | 1 | −237.6 | 475.3 | 89.5 |
| f | 2 | −237.6 | 475.3 | 89.5 |
| x | 2 | −235.4 | 470.8 | 85.0 |
| x+f | 3 | −235.3 | 470.6 | 84.8 |
| 완전 | 100 | −192.9 | 385.8 | 0.0 |

## 4.3 모형선택 기준 AIC

표 4.2에 나타난 것처럼 모수의 수가 많은 통계모형일수록 데이터
의 적합은 좋아집니다. 그러나, 그것은 「우연히 얻어진 데이터(표본 데
이터 즉, 현재 모델링에 사용하고 있는 데이터)에 대한 적합의 향상을 목적
으로 하는 특수화」일 뿐, 그 통계모형의 「예측의 좋음」[11]을 저해하고
있을지도 모릅니다.

다수의 통계모형 중에서 몇 가지 기준을 가지고 좋은 모형을 선택
하는 것을 모형선택이라고 합니다. 이 장에서는 모형선택 기준(model
selection criterion) 중 가장 많이 사용되는 AIC(Akaike's information criterion)
기준)을 이용하는 모형선택을 소개하겠습니다.

AIC는 통계모형의 적합의 좋음(goodness of fit)이 아닌, 예측의 좋
음(goodness of prediction)을 중요시하는 모형선택 기준입니다.[12]

최우추정해야 하는 모수의 수가 $k$일 때, AIC는

---

11  2.5절도 참고해 주세요.

12  그 밖에도 여러 가지 모형선택 기준이 있습니다. 참고문헌을 참조해 주세요.

표 4.3   표 4.2에 AIC의 열을 추가했다.

| 모형 | $k$ | $\log L^*$ | deviance $-2\log L^*$ | residual deviance | AIC |
|---|---|---|---|---|---|
| 상수 | 1 | −237.6 | 475.3 | 89.5 | 477.3 |
| f | 2 | −237.6 | 475.3 | 89.5 | 479.3 |
| x | 2 | −235.4 | 470.8 | 85.0 | 474.8 |
| x+f | 3 | −235.3 | 470.6 | 84.8 | 476.6 |
| 완전 | 100 | −192.9 | 385.8 | 0.0 | 585.8 |

$$AIC = -2\{(최대로그우도) - (추정\ 모수의\ 수)\}$$
$$= -2(\log L^* - k)$$
$$= D + 2k$$

로 정의되고, AIC가 가장 작은 모형을 좋은 모형이라고 할 수 있습니다.

표 4.2에 AIC 열이 추가된 표 4.3으로 각 모형을 비교하면, AIC가 가장 작은 x 모형이 좋은 통계모형으로 선택됩니다.[13] 제3장의 예제에서 다루었던 4가지 모형선택의 문제는 이와 같이 해결했습니다. 그럼 「왜 AIC가 최소인 모형이 좋은 것인가?」라는 의문에 대해서 다음 절에서 검토하겠습니다.

## 4.4   AIC를 설명하기 위한 별도의 예제

AIC가 왜 통계모형의 예측력을 나타내는 지표가 되는 것일까? 그 이유를 생각하기 위해서 제3장의 예제를 더 단순하게 변형한 새로운

---

13   4.5.3항에 등장하는 것처럼, 내포된(nested) GLM의 모형선택을 할 때에는, R의 stepAIC( ) 함수를 사용하는 것이 편리합니다. 제6장의 6.4.4항을 참조해 주세요.

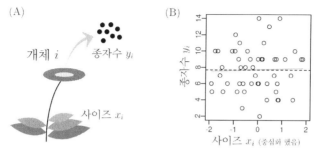

그림 4.4  (A) 예제 가상 식물의 개체 $i$로 부터 얻어진 데이터 : 종자수 $y_i$, 사이즈 $x_i$. 이 데이터를 **관측 데이터**로 부른다. (B) 관측 데이터와 포아송회귀의 결과. 세로축은 개체 $i$의 종자수 $y_i$, 가로축은 개체 $i$의 설명변수 $x_i$. 이 $x_i$는 원 데이터 값에서 표본평균을 빼서 구한 중심화된 값이다. 상수 모형(점선)과 x 모형(회색 실선)의 적합 결과. 단, 이 예제는 $x_i$가 개체의 평균 종자수에 전혀 영향을 주지 않는 자료이다.

가상 데이터[14](그림 4.4)를 사용하겠습니다. 여기서는 이것을 관측 데이터라고 부르겠습니다. 관측 데이터는 총 50개체($i = 1,\cdots,50$)이고, $i$번째 개체의 종자수 $y_i$와 사이즈 $x_i$가 기록되어 있습니다(그림 4.4(B)의 점). 제3장과 동일한 통계모형을 사용하여 이 데이터를 조사해 봅시다. 반응변수는 $y_i$이고 포아송분포를 따른다고 하겠습니다. 설명변수로서 $x_i$의 자료가 주어졌지만, 사실 이 설명변수는 종자수 $y_i$와는 **완벽하게 아무 관계가 없습니다.**

하지만, 이 데이터를 분석자의 입장에서 보면 「$x_i$의 효과가 0」이라는 사실을 전혀 모르는 상태이므로, 예를 들어, 관찰된 종자수 $y_i$의 패턴을 설명하기 위해서, 다음과 같은 두 개의 포아송회귀 모형을 후보 모형으로 고려할 수 있습니다.

▶ $\log \lambda_i = \beta_1$ ················ **상수 모형**($k = 1$)

▶ $\log \lambda_i = \beta_1 + \beta_2 x_i$ ········  **x 모형**($k = 2$)

---

14  제3장의 예제와는 다른 별도의 관측 데이터입니다.

상수모형은 절편 $\beta_1$만이 선형예측식을 구성하고 있지만, x 모형은 설명변수 $x_i$와 그 계수(기울기) $\beta_2$가 추가되어 있습니다. 즉, 상수모형은 사이즈 $x_i$의 영향이 없다고 생각하는 모형이며, x 모형은 양·음수 어느 쪽일지는 모르지만 어쨌든 영향이 있다($\beta_2 \neq 0$)고 생각하는 모형입니다. 이 두 개의 모형을 관측 데이터에 적합해 보면, 각각의 예측은 그림 4.4(B)와 같이 됩니다.

상수모형과 x 모형의 관계를 내포(内包, nested)되어 있는 모형이라고 합니다. 즉, 두 모형이 내포되어 있는 관계라면, 한쪽의 모형은 다른 쪽을 포함하게 됩니다. 이 예제에서는 x 모형에서 $\beta_2 = 0$으로 두면 상수모형이 되므로, 두 모형은 내포되어 있는 관계입니다.

## 4.5  왜 AIC로 모형 선택을 하는 것일까?

우선은 상수모형을 데이터에 적합해 보고, 다음과 같은 문제를 검토해 가겠습니다.

▶ AIC로 선택된 모형은 무엇이 「좋은」 것인가?

▶ AIC$=-2(\log L^* - k)$로 정의된 것은 왜일까?

이 장의 설명은 구체적인 수치 예를 제시해 가면서,[15]

▶ 「통계모형의 예측의 좋음」을 나타내는 **평균로그우도**(mean log likelihood)를 도시한다(4.5.1항).

▶ 관측 데이터에의 적합의 좋음인 최대로그우도 $\log L^*$의 **바이어스 보정**(bias correction)의 방법을 검토, 평균로그우도와 AIC의 관계를 고찰해본다(4.5.2항).

---

15  이 책에서 수리통계학적인 AIC의 도출은 다루지 않으므로, 자세한 내용은 참고문헌을 참고해 주세요.

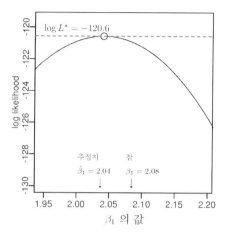

그림 4.5 상수 모형의 최우추정. 관측 데이터(그림 4.3)를 사용해 상수 모형을 추정했다. 절편의 최우추정치는 $\hat{\beta_1} = 2.04$가 되고(참 $\beta_1$ 는 2.08), 그 경우의 최대로그우도는 $\log L^* = -120.6$ 이 되었다. 곡선은 로그우도함수.

라는 전개입니다. 마지막 4.5.3항에서는 상수모형과 x 모형을 비교하는 것으로, 내포 모형 간의 바이어스의 변화를 조사하겠습니다.

### 4.5.1 통계모형의 예측의 좋음: 평균로그우도

평균로그우도는 통계모형의 예측의 좋음을 나타내는 양입니다. 먼저, 가장 간단한 상수모형으로 평균로그우도에 대해서 설명하겠습니다.

관측 데이터를 이용해 상수모형 모수 $\beta_1$의 최우추정치를 구하는 것부터 시작해 봅시다. 상수모형에서는 평균 종자수는 $\lambda_i = \exp\beta_1$으로 결정됩니다. 모수의 최우추정법은 로그우도를 최대로 하는 최우추정치 $\hat{\beta_1}$을 찾아내는 것입니다(그림 4.5). 그림 4.5에 나타난 것과 같이, 이 관측 데이터에 근거하여 절편 $\beta_1$의 최우추정치를 얻었습니다.[16] 실제로

---

16  이 그림은 「적합의 나쁨」인 일탈도($-2\log L^*$)가 아니고, 「적합의 좋음」인 최대로그우도($\log L^*$)를 사용하여 도시하고 있습니다.

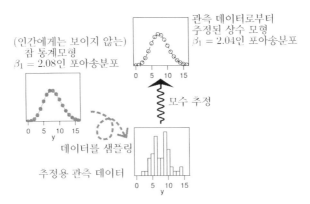

그림 4.6    통계모형의 모수의 최우추정의 개념도. 왼쪽은 참 통계모형으로 평균 8 ($\beta_1 = 2.08$)을 따르는 포아송분포. 오른쪽 아래는 참 통계모형으로 생성한 관측 데이터(그림 4.4). 오른쪽 위는, 이 관측 데이터를 사용해서 추정한 상수 모형($\hat{\beta_1} = 2.04$).

관측 데이터 생성된 참 통계모형은[17] 평균 $\lambda$가 8, 즉, $\beta_1 = \log 8 = 2.08$인 모형입니다. 하지만 표본크기 50인 관측 데이터를 사용해 최우추정된 $\hat{\beta_1}$은 2.04로 추정되었습니다.

이 통계모형의 모수 추정 과정을 개념적으로 정리하면 그림 4.6과 같습니다. 인간에게는 보이지 않는 참 통계모형을 따르는 관측 데이터가 생성되어 있습니다. 이 참 통계모형($\beta_1 = 2.08$)으로부터 50개의 포아송난수인 관측 데이터(그림 4.6의 오른쪽 아래의 히스토그램)가 생성되어 있습니다.

그림 4.5에 나타난 최대로그우도 $\log L^* = -120.6$이라는 것은, 그림 4.7에 나타난 것과 같이, 모수 추정에 사용한 데이터에 대한 적합의 좋음입니다. 즉, 최대로그우도라는 것은 추정된 통계모형이 참 통계모형

---

17 「참 통계모형」이라는 것은, 관측 데이터를 생성한 모형이다 — 정도의 의미입니다. 2.5절도 참조해 주세요.

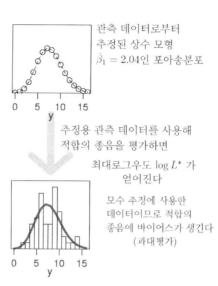

관측 데이터로부터
추정된 상수 모형
$\hat{\beta}_1 = 2.04$인 포아송분포

추정용 관측 데이터를 사용해
적합의 좋음을 평가하면

최대로그우도 $\log L^*$ 가
얻어진다

모수 추정에 사용한
데이터이므로 적합의
좋음에 바이어스가 생긴다
(과대평가)

추정용 관측 데이터

**그림 4.7**　상수 모형의 **적합의 좋음**을 평가. 그림 4.5에서 나타난 최대로그우도 $\log L^* = -120.6$라는 것은, 모수추정에 사용한 관측 데이터에 대한 적합의 좋음을 의미한다.

과 닮아있는지 아닌지에 대한 것이 아니고, 우연히 어쩌다가 얻어진 관측 데이터에의 적합의 좋음 정도를 나타내는 것입니다.

　　데이터의 분석의 목적은, 관측된 현상의 배후에 있는 「구조」를 파악, 혹은 그것을 근사적으로 대체할 만한 통계모형을 구축하는 것이라고 생각할 수 있습니다. 그렇지만, 실제 데이터 분석에서는 「우연히 얻어진」 데이터에의 적합의 좋음만을 추구하는 경향이 있습니다. 예를 들어, 통계모형을 과도하게 복잡하게 만들어서 「설명력」 등을 높이면 된다는 발상이 그것에 해당합니다(그림 4.1(B)).

　　그렇다면 추정된 모형이 참 통계모형에 「어느 정도 가까운 것인가」를 조사하는 방법은 없을까요? 이 같은 목적이라면 추정된 통계모형의 **예측의 좋음**(goodness of prediction)을 평가하는 것이 적절할 것입니다. 예측의 좋음이란, 이 예제의 경우로 설명하면 「상수모형이 동일

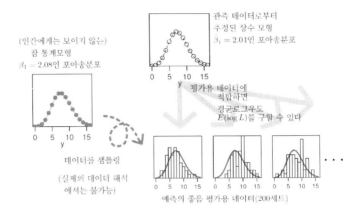

그림 4.8  상수 모형의 예측의 좋음 평가. 추정용 데이터와는 별도로, 참 통계모형으로부터 다수의 예측의 좋음의 평가용 데이터(우측 하단)를 얻었다고 하고, 이것에 대한 상수 모형(우측 상단)의 적합을 평가한다.

한 방법으로 추출될 새로운 데이터에 어느 정도 정확하게 잘 적합될까」라는 관점입니다. 즉, 관측 데이터로 추정된 상수모형이 새롭게 생성될 데이터에 어느 정도 잘 적합될지 조사하는 것입니다.

이 예제에서는 **참 통계모형을 알고 있으므로**, 참 모형으로부터 예측의 좋음을 평가하기 위한 「평가용 데이터」를 생성해 봅시다(그림 4.8). 먼저, 참 통계모형($\beta_1 = 2.08$)에서 200세트의 데이터를 생성시킵니다.[18] 이 200개의 데이터를 이미 추정된 상수모형($\hat{\beta}_1 = 2.04$)을 이용해 각각 로그우도를 계산합니다. 이렇게 계산된 200개의 로그우도의 평균이 **평균로그우도**(mean log likelihood)입니다. 이 평균로그우도를 $E(\log L)$로 표기합시다.

---

18  이것은 식물 종자수 데이터의 예제라고 하면, 「50개체의 종자수 조사」를 200회 반복하는 것에 해당합니다. 그림 4.8에 기술한 대로 「실제로는 불가능」합니다. 이와 비슷한 방법으로서 교차검정법이 있는데, 이것은 추정용 데이터와 평가용 데이터를 구분하여 모형의 예측의 좋음을 조사하는 방법입니다.

### 4.5.2 최대로그우도의 바이어스 보정

최대로그우도와 평균로그우도는 어떤 관계일까? 그림 4.9(A)를 보면, 상수모형에 의한 관측 데이터이 적합 결과는 $\log L^* = -120.6$이지만 평균로그우도 $E(\log L) = -122.9$로 계산되었습니다. 즉, 우연히 얻어진 관측 데이터로부터 추정된 모형은 적합의 좋음이 과대평가되었다는 것을 알 수 있습니다. 동일한 조사를 반복한다면 평균적인 성적은 그다지 좋지 않을 것이라는 것을 의미합니다.

하지만 적합의 좋음이 항상 과대 평가($\log L^* > E(\log L)$)되는 것만은 아닙니다. 추정용 데이터에 따라서 최대로그우도 $\log L^*$가 평균로그우도보다 작게 나타나는(나쁘게 되는) 경우도 있습니다.

이와 같은 관계를 조사하기 위해서, 참 모형으로부터 「모수 추정용 데이터 1세트를 생성 → 상수모형을 추정 → 참 모형으로부터 평가용 데이터 200세트 생성 → 평균로그우도를 평가」라는 조작을 12회 정도 해봅시다. 이와 같이 얻어진 결과가 그림 4.9(B)에 나타나 있습니다. 여기서 $\beta_1$의 추정치가 반복될 때마다 변화하는 이유는 참 모형으로부터 생성된 추정용 데이터에 오차가 있기 때문입니다.

그림 4.9(B)의 최대로그우도 $\log L^*$(흰점)과 평균로그우도 $E(\log L)$(회색점)의 대소관계에 주목해서 살펴보면, 흰점이 회색점보다 아래쪽에 위치한 경우도 있습니다. 이처럼 여러 가지 $\beta_1$으로 확인해 보면 얼핏 봐서는 어느 쪽이 더 높은지 또는 낮은지 한마디로 말하기가 어렵습니다.

그림 4.9(C)에서는 평균로그우도와 최대로그우도의 쌍의 차이를 다시 화살표로 표시했습니다. $\log L^*$가 큰 경우는 화살이 아래를 향하고 있습니다.

최대로그우도 $\log L^*$와 평균로그우도 $E(\log L)$의 관계를 조사하기

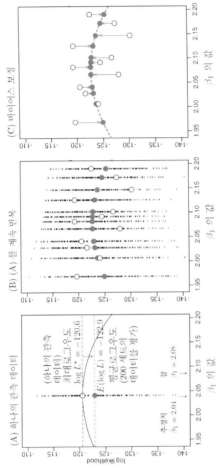

그림 4.9  최대로그우도 $\log L^*$ 와 평균로그우도 $E(\log L)$의 관계. (A) 그림 4.5에 예측의
좋음 평가용 데이터(그림 4.8) 200세트에 상수모형을 적합하여 얻어진 로그우
도 $\log L$(점들로 표시)를 추가. 최대로그우도 $\log L^*$(흰점)와 평균로그우도
$E(\log L)$(회색점)를 표시. (B) 같은 방법으로, 추정용 데이터 생성(그림 4.6)과
예측 능력의 평가(그림 4.8)를 반복한 결과를 추가. (C) 각각 반복에 있어서의
바이어스 보정(4.5.2 항). 수직 화살표가 바이어스 보정을 나타낸다. 회색의 곡
선은 평균로그우도 $E(\log L)$, 이것은 수십회의 $E(\log L)$의 평가를 반복해서 생
성한 것.

위해서, 두 값의 차의 분포를 만들어 봅시다. 그림 4.9(C)의 상·하향의 화살이 각각 양·음이 되도록 차 $b = \log L^* - E(\log L)$을 정의하겠습니다. 이 책에서는 이 값을 바이어스라고 부르겠습니다.

이 바이어스라는 것은 어떤 양일까? 「추정용 데이터 생성, 모수 추정, 그 후에 예측의 좋음을 평가」라고 하는 조작을 200회[19] 반복하면, 바이어스 $b$의 분포는 그림 4.10처럼 되고, 그 표본평균은 1.01 정도가 됩니다.

이것은 예측이 좋음을 나타내는 평균로그우도 $E(\log L)$보다, 추정용 데이터에의 적합의 좋음인 최대로그우도 $\log L^*$가 평균적으로 1 정도 크다는 것을 말해줍니다.[20]

통계모델링의 목적은 현상을 잘 예측하는 근사 시스템을 만드는 것이기 때문에, $E(\log L)$은 통계모형의 좋음을 나타내는 지표로서 적절합니다. 그러나, 실제 데이터 분석에서는, 참 통계모형을 알 수 없기 때문에 $E(\log L)$이 어떤 값이 될지는 알 수 없습니다.

그러면 이렇게 생각해보면 어떨까요? 바이어스 $b$의 정의를 변형하면 $E(\log L) = \log L^* - b$가 됩니다. 즉, 평균적인 $b$와 최대로그우도의 값을 안다면, 평균로그우도 $E(\log L)$의 추정값을 얻을 수 있을 것 같습니다. 이것을 바이어스 보정이라고 말합니다.

예를 들어 모수 추정용 데이터에의 적합의 좋음 $\log L^*$는 간단하게 얻을 수 있는 값입니다. 그림 4.10에 표시한 것처럼 알고 싶은 예측의 좋음 $E(\log L)$과의 차인 **평균 바이어스**가 1 정도이므로 $E(\log L) = \log L^* - 1$이라는 식을 세울 수 있습니다.

사실, 수리통계학의 교과서를 참고해보면, 최우추정해야 할 모수

---

19  그림 4.9(A)에서는 1회, (B)에서는 12회 반복한 조작입니다.

20  그림 4.10에서 $b$의 산포(흩어진 정도)가 신경 쓰이지만, 이것에 대해서는 다음 4.5.3항에서 검토합니다.

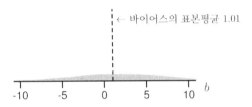

그림 4.10  바이어스 $b$의 분포. 그림 4.9(C)의 화살표 길이의 분포이고, 하향의 화살표에는 음수의 값을 부여. 이것은 $\log L^* - E(\log L)$의 분포에 해당한다. 200개의 $b$에 근거하여, R의 density( ) 함수를 사용해 $b$의 확률밀도함수의 근사적인 그림을 생성했다.

가 $k$개인 모형의 평균로그우도의 추정량은 $\log L^* - k$이다 ― 라는 사실이 해석적·일반적으로 도출되어 있습니다.

이 사실을 받아들이면 지금 다루고 있는 상수모형은 $k = 1$이므로, $E(\log L)$은 $\log L^* - 1$이고, 여기에 $-2$를 곱한 것이 AIC가 됩니다.

$$AIC = -2 \times (\log L^* - k)$$

평균로그우도는 「통계모형의 예측의 좋음」을 나타내는 지표이므로, 그 추정량인 $\log L^* - 1$에 $-2$을 곱한 AIC는 「예측의 나쁨」이라고 해석할 수 있습니다. AIC에 의한 모형의 선택이라는 것은 「예측의 나쁨」이 작은 모형을 선택하는 것입니다.

### 4.5.3 내포된 GLM의 AIC 비교

AIC에 의한 모형선택은 복수의 모형의 AIC를 비교해서 보다 작은 AIC값이 계산되는 모형을 선택하는 것입니다. 예를 들어, 4.4절의 종자수 예제 데이터를 설명할 수 있는 내포된 관계인 두 모형,

▶ $\log \lambda_i = \beta_1$ ················ 상수 모형($k = 1$)

▶ $\log \lambda_i = \beta_1 + \beta_2 x_i$ ········ x 모형($k = 2$)

이들 중 어느 쪽이 「예측이 좋은」 모형인가를 AIC의 대소로 결정합니다. AIC는 예측의 좋음을 나타내는 평균로그우도에 기초한 통계량이고, 더욱이 평균로그우도와 최대로그우도의 평균적인 「차이」는 모수의 수 $k$와 같다고 생각하고 있습니다. 이 절에서는 수치실험에 의해 상수모형에 있어서 「차이」의 크기를 조사한 결과, 그림 4.10에 나타난 것처럼 바이어스 보정량 $b$의 평균은 1 정도였습니다. 그러나, $b$의 분산이 상당히 커 보입니다. 그럼에도 $b$를 사용하여 AIC를 평가하는 것이 타당할까요?

지금부터의 내용은 조금이라도 AIC를 안심하고 사용할 수 있도록, 상수모형과 x 모형과 같은 내포된 관계인 모형간의 비교에서는, $b$의 오차가 작아진다는 것을 보이도록 하겠습니다.

상수모형($k=1$)과 비교하여 x 모형($k=2$)은 식물의 크기 $x_i$라는 설명변수와 그 계수인 $\beta_2$가 추가되어 있습니다. 그림 4.3 등에서도 설명하였듯이 이 설명변수 $x_i$는 반응변수와는 전혀 관계없이 발생한 난수이므로, 상수모형의 AIC와 비교하면 x 모형 AIC는 2 정도 커집니다. 즉, 「예측의 좋음」이 악화되는 것이 당연합니다.

이처럼 모형을 복잡하게 만들면, 최대로그우도와 평균로그우도 그리고 바이어스 $b$가 어떻게 변화하는 지를 수치실험으로 조사해 봅시다. 그리고 위에 설명한 것과 같이 $b$의 오차가 작아지는 것을 예를 통하여 보겠습니다.

우선 모수 추정에 사용한 관측 데이터로의 적합의 좋음(그림 4.7)인 최대로그우도 $\log L^*$를 두 모형 간에 비교해 봅시다. 참 통계모형으로 난수를 발생시키고, 50개체로 구성된 모수 추정용 데이터 200세트를 생성하고, 각각의 모형에 $\log L^*$를 평가해 보았습니다. 모수의 수 증가에 의한 적합의 개선(최대로그우도 $\log L^*$의 증가)을 나타내는

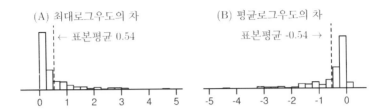

그림 4.11   내포 관계인 상수모형과 x 모형의 차이에 대한 수치 실험의 예. 각각, (A) 최
대로그우도 $\log L^*$ (B) 평균로그우도 $E(\log L)$의 차(x 모형 – 상수모형)를 나
타내고 있다. 추정용 데이터(그림 4.3의 관측 데이터)로의 적합의 좋음이다. 최
대로그우도는 증가하지만(A), 예측의 좋음인 평균로그우도는 감소했다(B).

$$(\text{x 모형의 } \log L^*) - (\text{상수모형의 } \log L^*)$$

의 분포(그림 4.11(A))를 보면, 모수의 수가 많은 x 모형이 평균 0.5 정
도 더 높다는 것을 알 수 있습니다.

여기서 주의해야 할 점은 설명변수 $x_i$는 종자수 $y_i$와는 완전히 아
무 관계가 없음에도 불구하고, 최우추정에 의해서 그 관계인 $\beta_2$의 값
을「잘」선택하면, 적합의 좋음은 평균 0.5 개선된다는 점입니다. 설명
변수의 추가, 관측 데이터의 집단 분할 등에 의해서 통계모형을 복잡
하게 만들면, 적합의 좋음 자체는 일단 향상될 수도 있지만 의미는 없
다고 할 수 있습니다. 따라서 단순히 최대로그우도 $\log L^*$ 등 적합의 좋
음의 지표 개선만을 위한 통계모형의 복잡화는 위험합니다.

다음으로, 예측 능력을 나타내는 평균로그우도 $E(\log L)$가 모수의
수 증가에 의해서 어떻게 변화하는지 조사해 봅시다. 그림 4.11(B)는

$$(\text{x 모형의 } E(\log L)) - (\text{상수모형의 } E(\log L))$$

의 히스토그램으로, 여기서는 모수의 수가 많은 x 모형의 쪽 $E(\log L)$
이 평균 0.5 낮고, 추정해야 하는 모수 수의 증가에 의해서 예측이 나

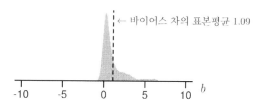

← 바이어스 차의 표본평균 1.09

그림 4.12　내포되어 있는 모형에서 바이어스 $b$차의 분포 그림 4.10과 동일한 방법으로 작성. 어떤 데이터에 대해 x 모형과 상수모형의 바이어스 차. x 모형이 바이어스가 약 1 정도 크다. 그림 4.10과 비교하면, $b$의 오차가 작다.

쁘게 되어 있습니다.

또, 상수모형($k=1$)과 x 모형($k=2$)의 바이어스 $b$의 차의 분포(그림 4.12)를 보면, 모수의 수 $k$가 1 증가하는 것에 의해서, 바이어스 차는 평균 1 정도 증가하고 있습니다.

상수모형에 모수를 하나 추가한 x 모형에서 생긴 변화를 개념적으로 정리해보면 그림 4.13 또는 이하와 같이 됩니다.

▶ 적합의 좋음을 평가하는 최대로그우도 $\log L^{*}$는 0.5 정도 증가한다.[21]

▶ 예측능력인 평균로그우도 $E(\log L)$는 0.5 정도 감소한다.

▶ 따라서, $\log L^{*}$의 평균 바이어스는 1 증가한다.[22]

더욱이, 그림 4.10에 나타난 바이어스 $b$의 분산은 상당히 컸지만, 그림 4.12와 같이 동일한 데이터를 사용한 내포된 모형간의 바이어스 보정량의 차의 분산은 그 정도로 크지는 않습니다. 내포되어 있는 모형 간을 비교할 때는 AIC는 유용한 모형선택 기준이 되는 것을 알 수

---

[21]　무의히만 모수를 한 개 추가하면 $\log L^{*}$의 증가분은 자유도 1인 $\chi^{2}$분포에 근사 됩니다(표본 수가 큰 경우). 이 $\chi^{2}$분포는 다음 장의 우도비검정의 설명(5.4.2항)에도 등장합니다.

[22]　모수의 개수가 0($k=0$)인 경우, 즉, 데이터와 관계없이 $\beta_1$을 임의로 결정하는 방법에서는 어처구니없이 바이어스는 항상 0이 되어버립니다.

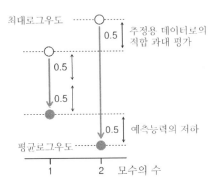

그림 4.13   모수의 수가 1 증가하면 평균 바이어스도 1 증가한다. 평균 바이어스의 반 정
         도(평균 0.5)는, 추정용 데이터에의 적합(그림 4.7)의 개선. 나머지 절반(평균
         0.5)은 예측의 좋음의 평가용 데이터에 대한 예측력(그림 4.8)의 저하.

있습니다.[23]

    그런데, 이 예제에서는 설명변수 $x_i$가 무의미한 변수였기 때문에
통계모형의 복잡화에 의해서 AIC가 1 증가했지만, 만약 설명변수가 반
응변수의 평균에 영향을 주는 경우에는, 최대로그우도와 평균로그우도
는 어떻게 되는 것일까요? AIC의 사고방식에 따르면, 그림 4.14에 나타
난 것과 같이, 최대로그우도 $\log L^{*}$와 평균로그우도의 차는 모수 수의
증가($k = 1 \to 2$)에 의한 전자의 개선이 1보다 크면, 상수모형($k = 1$)보다
AIC가 작아집니다.

---

23   그러면 내포된 관계가 아닌 복수의 모형에서도 AIC에 의한 모형선택이 가능할까
     요? 아마도 큰 문제없다고 생각하고 사용되고 있는 것이 현실입니다.

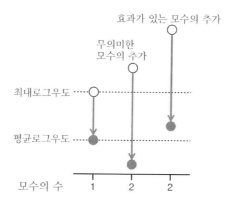

효과가 있는 모수의 추가

무의미한
모수의 추가

최대로그우도 ┄┄┄

평균로그우도

모수의 수    1    2    2

그림 4.14  최대로그우도로부터 평균로그우도로의 보정. 평균 바이어스의 보정을 나타내는 3개의 화살표(최대로그우도 → 평균로그우도) 중에서, 왼쪽과 중앙은 그림 4.13과 같다. 오른쪽은 효과가 있는 모수를 추가한 경우에 대응된다.

## 4.6  이 장의 정리

이 장에서는 모형선택 기준 AIC의 사용 방법과 그 원리 — 왜 AIC로「예측이 좋은」모형이 선택되는가라는 이유에 대해서 간단하게 설명했습니다.

▶ 어떤 데이터에 보이는 패턴을 설명할 수 있을 것 같은 다수의 통계모형이 있을 때,「적합의 좋음」인 최대로그우도 $\log L^*$로「좋은」모형을 선택해도 될까?(4.1 데이터는 하나, 모형은 여러 개)

▶ R을 사용해 추정된 결과에는 최대로그우도 $\log L^*$가 아닌,「적합의 나쁨」인 일탈도 $D = -2\log L^*$가 출력되는 경우가 많기 때문에, 이 장에서도 $D$를 사용하는 것으로 하자(4.2 통계모형의 나쁜 정도 : 일탈도(deviance)).

▶ 모형을 복잡화하는 것만으로도 관측 데이터의 적합의 좋음인 최대

로그우도 $\log L^*$는 개선되기 때문에, 적합의 좋음과 모형의 복잡화를 동시에 고려하는 AIC로 모형선택을 해야만 한다(4.3 모형선택 기준 AIC).

▶ 모형선택 기준 AIC는 통계모형의 예측의 좋음인 평균로그우도의 추정치이고, 이것은 최대로그우도 $\log L^*$의 바이어스 보정에 의해서 평가된다(4.5 왜 AIC로 모형 선택을 하는 것일까?).

데이터 분석 과정 중 모형선택을 실시하는 사람들을 관찰해 보면, AIC에 대해서 이런저런 오해를 하고 있다는 것을 알 수 있습니다. 우선, 기본적인 주의사항으로는, AIC는 「적합이 좋은 모형」을 선택하는 기준이 아니며, AIC에 의해 「참 모형」이 선택될 리도 없다 ― 라는 것입니다. 전자에 대해서는, 이 장에서 적합이 좋은 모형이 아니고, 좋은 예측을 하는 모형을 선택하는 것이 AIC이라고 설명했습니다. 후자에 대해서 보충설명하면, 예를 들어, 예측력이 높은 모형이라는 것은 표본크기(샘플 사이즈)에 의존한다는 것입니다. 데이터의 양이 적을 때에는 「참 모형」에 따라서는 모수의 수가 작은 모형이 오히려 좋은 예측을 할 수 있는(AIC가 낮게 되는) 경우가 있는데 ― 그 이유에 대해서는 이 책에서는 설명하지 않았지만, 문헌을 참조하기 바랍니다.

AIC를 사용하는 모형선택에 관해서 「자주 받는 질문」, 예를 들어 「모형선택하고 난 뒤 검정하면 되는 것인가?」「표본크기가 작은 경우에는 AIC 대신 AICc」를 사용해야만 하는가? 또는 「AIC가 음수가 되어도 괜찮은 것인가?」 등의 문제에 대해서는 웹사이트에 해설이 게재되어 있습니다.

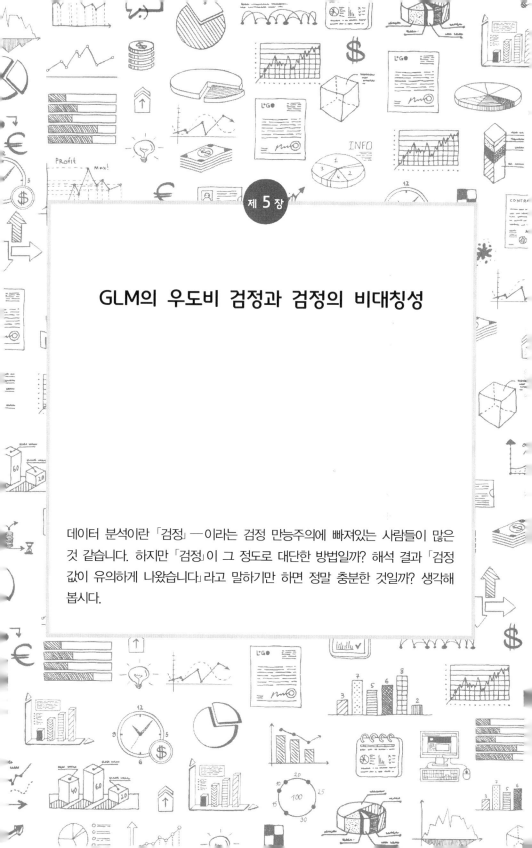

제 5 장

# GLM의 우도비 검정과 검정의 비대칭성

데이터 분석이란 「검정」―이라는 검정 만능주의에 빠져있는 사람들이 많은 것 같습니다. 하지만 「검정」이 그 정도로 대단한 방법일까? 해석 결과 「검정값이 유의하게 나왔습니다」라고 말하기만 하면 정말 충분한 것일까? 생각해 봅시다.

데이터 분석에 있어서 **통계적 검정**(statistical test)은 매우 자주 사용되고 있고, 통계학의 교과서 중에는 「이런 경우에는 이런 검정」이라는 식으로 공식 비슷하게 해설하고 있는 경우도 있습니다. 「어쨌든 검정으로 귀착시키면 된다」라고 마음먹으면, 통계모형이라는 귀찮은 것을 생각하지 않아도 해결되므로,[1] 앞으로도 이 같은 검정 만능주의는 계속 만연할 듯합니다.

반면에 이 책의 방향성은 통계모델링의 시행착오 주의라고도 말할 수 있습니다. 즉, 시행착오를 거쳐 구축된 통계모형에 의한 추측·예측을 중시하는 것입니다. 따라서 AIC에 의한 모형선택과 마찬가지로, 검정도 추정된 통계모형을 비교하는 하나의 방법에 지나지 않는다는 입장입니다. 이 장에서는 어떤 통계모형을 사용하더라도 이용 가능한 **우도비검정**(likelihood ratio test)에 대해서 설명합니다. 이것은 앞 장의 모형선택에서 등장했던 일탈도의 차이에 주목하는 사고방식입니다.

우도비검정은 어떠한 통계모형이라도, 내포된 모형[2]들을 비교할 수 있습니다.[3,4] 우도비검정을 포함하여 모수를 최우추정할 수 있는 통계모형에 대한 검정을 통칭하여, 이 장에서는 **통계모형의 검정**으로 부르는 경우도 있습니다.

용어를 정리하고 가겠습니다. 이 책에서는 모든 모수를 최우추정

---

1  주어진 관측 데이터를 임의로 집단을 나누고, 관측치끼리 나눗셈으로 마음대로 지표를 이것저것 만들고, 「집단 간에 그 지표의 차」가 유의하게 나올 때까지 이와 같은 작업을 반복해도 된다면, 확실히 통계모형이란 것은 필요 없을 지도 모르겠습니다.

2  4.4절 참조.

3  내포된 모형들의 비교가 아닌 검정도 있습니다. 예를 들어, 모수의 「참 모형」을 알고 있고, 그것으로부터 가까운지 또는 떨어져 있는지를 조사하는 검정의 경우라면, 그 「참」모형과 추정된 모형간의 비교가 됩니다. 이 책에서는 그와 같은 검정은 다루지 않습니다.

4  더욱이, 이 장의 예제와 같이 단순한 상황이라면, 우도비검정은 **최강력검정**(most powerful test)이 됩니다. 자세한 내용은 참고문헌을 참조해 주세요.

할 수 있는 통계모형을 **모수적**(parametric)인 통계모형이라고 통칭하겠습니다. 이때 모수적이라는 것은 비교적 소수의 모수를 가진다는 의미입니다. 일부에서 오용되고 있는 「정규분포를 사용한」이라고 하는 의미가 아닙니다. 또, 순서통계량을 사용한 검정을 **비모수**(nonparametric)검정[5]이라고 부르는 경우가 있습니다. 이 책에서는 비모수 검정은 다루지 않습니다.[6]

## 5.1 통계학인 검정의 틀

최대로그우도에 주목하여 복수의 모형을 비교한다는 점에서는, 통계모형의 검정은 앞의 제4장에서 해설한 모형선택과 표면적으로는 유사합니다. 검정과 모형선택의 절차에 있어서 공통·차이점을 그림 5.1에 정리해 놓았습니다.[7]

양쪽 모두 가장 먼저 사용 데이터를 확정합니다. 일단 데이터가 확정되면 분석의 종료까지 그 데이터만을 사용하고, 모든 데이터를 누락없이 사용하게 됩니다.[8]

---

5  nonparametric은 이처럼 순서통계량을 사용했다는 의미뿐 아니라, 다수의 parameter를 사용해서 자유로운 구조를 가진다는 의미로도 사용됩니다. 제11장과 같은 공간상관이 있는 장소차를 다루는 통계모형도 그 하나의 예입니다.

6  단, 한 가지 주의할 점은 「정규분포가 아니니까」「비모수방법은 아무것도 가정하지 않아도 되니까」라는 이유만으로 순서통계량에 근거하여 검정하는 것은 위험합니다. 장말의 문헌도 참고해 주세요.

7  원래 통계모형의 검정과 모형선택은 목적이 다릅니다. 이에 대해서는 5.6절에서 해설하였습니다.

8  이것은 당연한 것이라고 생각할 지도 모르겠습니다. 그러나 학술논문 중에는 각각의 모형에 다른 데이터를 사용하여 AIC를 평가하고, 그 결과에 의해서 모형선택하는 경우가 있습니다. 검정이든 모형선택이든 모형마다 다른 데이터를 사용하는 것

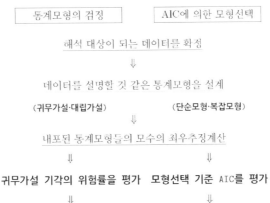

그림 5.1  통계적 검정과 모형선택의 절차 비교

　　다음으로 연구 목적과 데이터의 구조를 고려하여 적절한 통계모형을 설계하고, 모형의 모수를 최우추정하는 것까지는 공통된 과정입니다. 단, 모형선택 과정에서 모수가 적은 모형과 많은 모형(단순모형과 복잡모형)이라고 불렸던 내포된 모형들을, 통계적 검정의 과정에서는 각각 **귀무가설**(null hypothesis)·**대립가설**(alternative hypothesis)이라고 합니다. 이 검정의 틀 안에서 귀무가설을 어떻게 취급해야 하는지에 대해서는 후술을 하겠지만, 간단히 말하여 귀무가설이라는 것은 「기각하기 위한 가설」이고, 「무(無)로 돌아갈」 때만 그 역할을 하는 특수한 통계모형이라는 위치에 있습니다.

　　모수 추정과 적합의 좋음이 평가된 후에는 그림 5.1의 흐름도에 나타난 것처럼, 통계모형의 검정과 모형선택은 접근 방식이 달라집니다.

---

은 완전히 잘못된 것입니다.

모형선택에 대해서는 앞의 제4장에서 이미 설명했으므로, 여기서는 통계모형의 검정의 흐름을 따라가 보기로 하겠습니다. 통계모형의 검정에서는 「귀무가설은 옳다」라는 명제를 부정할 수 있는지만을 조사합니다. 우선, 모형의 적합의 좋음 등을 나타내는 수치를 검정통계량(test statistic)으로 지정합니다. 다음으로 귀무가설이 「참 모형」이라고 가정합니다.9 그 때 검정통계량의 이론적인 오차(확률분포)를 조사해, 검정통계량의 값이 「존재할 것 같은 범위」를 결정합니다. 이 「존재할 것 같은 범위」의 크기를 95%로 정한 경우 5% 유의수준(significant level)을 설정했다고 합니다.

마지막 단계는 대립가설의 모형에서 구한 검정통계량값이 이 「존재할 것 같은 범위」로부터 벗어나 있는지를 확인해서, 만약 벗어나 있으면 귀무가설은 기각되고, 대립가설이 지지된다고 결론 냅니다.10

이 책에서는 이와 같은 검정의 틀을 Neyman-Pearson의 검정의 틀이라고 부르기로 하겠습니다.11 현재 자주 사용되고 있는 통계적 검정의 대부분은 이 사고방식을 따르고 있습니다.

## 5.2 우도비검정의 예제: 일탈도의 차를 조사한다

우도비검정을 설명하기 위해서, 제3장의 포아송회귀의 예제로 사용했던, 종자수 데이터를 다시 사용하겠습니다(그림 5.2 참조). 사용할

---

9 우연히 얻어진 유한한 관측 데이터로부터 추정된 모형이 「참 모형」이 된다는 것이 가능할까요? — 이 부분도 검정의 방법에 얽혀 있는 의문입니다.

10 여기서 설명하는 검정의 틀은, 일반적인 통계적 검정 방법과도 근본적으로 거의 동일합니다.

11 Neyman-Pearson 검정이 아닌 경우에 대해서는 이 책에서는 다루지 않습니다.

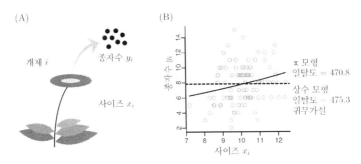

그림 5.2  이 장의 예제인 가상 식물의 데이터. (A) 제3장과 동일. 단, 비료처리 $f_i$에는
의존하지 않는다. (B) 100개분의 관측 데이터(회색점)와 상수모형과 x 모형 수
평의 점선이 상수모형의 예측(사이즈 $x_i$에 의존하지 않는 단순 모형: 귀무가
설), 실선의 곡선이 x 모형의 예측(사이즈 $x_i$에 의존하고 있는 복잡모형: 대립
가설).

통계모형은, $\lambda_i = \exp(\beta_1 + \beta_2 x_i)$를 평균으로 하는 포아송 분포의 GLM
입니다. 내포된 상수모형과 x 모형,

> ▶ **상수 모형:** 종자수의 평균 $\lambda_i$가 상수이고, 사이즈 $x_i$에 의존하지 않
> 는 모형(기울기 $\beta_2 = 0$ : 모수의 수는 $k = 1$)

> ▶ **x 모형:** 종자수의 평균 $\lambda_i$가 사이즈 $x_i$에 의존하는 모형(기울기
> $\beta_2 \neq 0$ : 모수의 수는 $k = 2$)

둘 중 귀무가설에 해당하는 상수모형을 기각할 수 있을지를 조사해 봅
시다. 포아송회귀의 결과를 정리하여 그림 5.2와 표 5.1에 나타냈습니
다.[12]

적합의 나쁨인 일탈도를 비교해 보면, 모수의 수가 작은 상수모형
이 475.3으로 x 모형의 470.85보다 나쁜 값으로 되어 있고, 일탈도의
차는 4.5 정도입니다. 그러나 제4장에서 알 수 있듯이, 같은 데이터에

---

12  원래의 도표는 그림 4.2(A)와 (C), 그리고 표 4.3

표 5.1  상수모형과 x 모형의 로그우도·일탈도·AIC. 표 4.3의 개정

| 모형 | $k$ | $\log L^*$ | deviance $-2\log L^*$ | residual deviance | AIC |
|---|---|---|---|---|---|
| 상수 | 1 | $-237.6$ | 475.3 | 89.5 | 477.3 |
| x | 2 | $-235.4$ | 470.8 | 85.0 | 474.8 |
| 완전 | 100 | $-192.9$ | 385.8 | 0.0 | 585.8 |

대해서 모수의 수가 많은 모형은 항상 작은 일탈도를 갖게 됩니다.[13]

우도비검정이란 이름에서도 알 수 있듯이, 우도비(likelihood ratio)를 사용하는 검정입니다. 우도비는, 예를 들어, 이 예제의 경우 다음과 같이 됩니다:

$$\frac{L_1^*}{L_2^*} = \frac{\text{상수 모형의 최대로그우도} : \exp(-237.6)}{x\ \text{모형의 최대로그우도} : \exp(-235.4)}$$

그러나 이 상태 그대로 우도비검정의 검정통계량으로써 사용하는 것은 아닙니다.

우도비검정에서는 이 우도비의 로그를 취하고 $-2$를 곱한 값, 즉 일탈도의 차

$$\Delta_{1,2} = -2 \times (\log L_1^* - \log L_2^*)$$

로 변환하여[14] 검정통계량으로 사용합니다. 여기서 $D_1 = -2\log L_1^*$와 $D_2 = -2\log L_2^*$라고 두면, $\Delta_{1,2} = D_1 - D_2$이므로, $\Delta_{1,2}$는 상수모형과 x 모형의 일탈도의 차가 됩니다.

---

13  단, 이것이 「항상」 성립하는 것은 내포된 모형들을 비교하는 경우뿐입니다.

14  $-2$를 곱하는 이유는 표본 크기가 크면, $\Delta_{1,2}$의 분포를 $\chi^2$분포로 근사할 수 있기 때문입니다. 5.4.2항에서 설명하겠습니다.

지금의 예제 데이터의 경우 상수모형과 x 모형의 일탈도의 차는 $\Delta_{1,2} = 4.5$가 나왔습니다. 이것은 상수모형에 비해서 x 모형이 적합의 나쁨인 일탈도가 4.5 개선되었다는 것을 말합니다. 우도비검정은 결국 「일탈도의 차이 4.5」를 의미 있는 개선이라고 말할 수 있는지 아닌지를 조사하는 것입니다.

## 5.3  두 종류의 오류와 통계적 검정의 비대칭성

이 장의 5.1절에서 설명한 것과 같이, Neyman−Pearson 검정의 틀에서는 비교하고자 하는 모형을 귀무가설과 대립가설로 분류합니다. 이 예제의 경우라면,

▶ 귀무가설: 상수 모형(모수의 수 $k = 1$, $\beta_2 = 0$)
▶ 대립가설: x 모형(모수의 수 $k = 2$, $\beta_2 \neq 0$)

로 설정합니다.[15]

이처럼 귀무가설·대립가설이라는 개념을 도입하면, 언뜻 보기에는 「귀무가설이 옳지 않으면 대립가설은 옳다」 또는 그 대우인 「대립가설이 옳지 않으면 귀무가설은 옳다」가 성립할 것 같은 기분이 듭니다. 실은 Neyman−Pearson 검정의 틀에서는 이와 같이 결론 내리는 것은 옳지 않습니다. 이에 대해서는 5.5절에서 설명하고 있으므로 잠시 접어두고, 그보다는 이 분류로 인해 발생할 수 있는 2가지 종류의 오

---

15  x 모형은 어떤 의미에서 「대립」이라는 것일까요? 아무래도 대립이라는 번역이 잘
와 닿지 않습니다. 오히려 alternative hypothesis를 「대체가설」이라고 직역하는 것
이 이해하기 쉽다고 생각됩니다. 왜냐하면, 검정에 의해서 귀무가설이 「추방」(기
각)된 뒤에, 현상의 설명을 대체하기 위해 남겨진 모형이기 때문입니다.

표 5.2 검정에 있어서 두 종류의 오류.

| | 관찰된 일탈도의 차 $\Delta D_{1,2}$는 | |
|---|---|---|
| | 「좀처럼 없는 차」 | 「자주 있는 차」 |
| ↓ 귀무가설이 | (귀무가설을 기각) | (기각하지 않음) |
| 참의 모형이다 | 제1종 오류 | (문제 없음) |
| 참의 모형이 아니다 | (문제 없음) | 제2종 오류 |

류를 표 5.2와 같이 정리해 봅시다.

▶ 귀무가설이 참 모형인 경우: 데이터가 **상수모형**으로부터 생성되었
는데도 「일탈도의 차 $\Delta_{1,2} = 4.5$나 되기 때문에 **x** 모형($\beta_2 \neq 0$) 쪽이
좋고, 귀무가설은 옳지 않다」라고 판단하는 **제1종 오류**(type I error)

▶ 귀무가설이 참이 아닌 모형인 경우: 데이터가 **x** 모형으로부터 생성
되었는데도 「일탈도의 차가 $\Delta_{1,2} = 4.5$밖에 되지 않기 때문에 **x** 모
형은 의미 없이 복잡하기만 한 모형이다. 따라서 상수모형($\beta_2 = 0$)만
으로도 관찰자료를 잘 설명할 수 있으므로, 귀무가설은 옳다」라고
판단하는 **제2종 오류**(type II error)

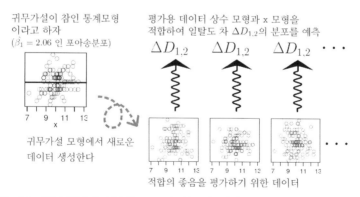

그림 5.3 우도비검정에 필요한 $\Delta_{1,2}$의 분포의 생성. 우선 귀무가설인 상수모형
($\hat{\beta}_1 = 2.06$, 4장 참조)이 참 통계모형이라고 가정하고, 그것으로부터 얻어진 데
이터를 사용하여 일탈도 차 $\Delta_{1,2}$가 어떤 분포가 되는지 조사한다.

하지만 검정에 있어서 이 두 가지 오류를 동시에 피할 수는 없습니다. 따라서 이 두 가지 오류 중에서 제1종 오류의 검토에만 전념하는 것이 Neyman-Pearson 검정의 틀의 요점이 됩니다.

이와 같이 제1종 오류를 피하는 것에만 초점을 맞추게 되면 우도비검정으로 필요한 계산은 꽤 간단하게 됩니다. 이 예제의 경우라면 전체의 흐름은 다음과 같은 과정이 됩니다.

- ▶ 먼저 귀무가설인 상수모형이 옳다고 가정한다.
- ▶ 관측 데이터에 상수모형을 적합하면 $\hat{\beta}_1 = 2.06$(4장 참조)이 되는데, 이것이 참 모형과 거의 같다고 간주한다.
- ▶ 이 참 모형으로부터 데이터를 생성하고, $\beta_2 = 0(k=1)$과 $\beta_2 \neq 0$ $(k=2)$인 모형을 적합하여 $\Delta_{1,2}$를 얻는 과정을 여러 번 반복하여, $\Delta_{1,2}$의 분포를 구한다(그림 5.3).
- ▶ 상수모형과 x 모형이 일탈도의 차가 $\Delta_{1,2} \geq 4.5$일 확률 $P$를 구한다.

이 설정을 바탕으로 일련의 확률계산과 판단에 의해서, $\Delta_{1,2} = 4.5$가 「있을 수 없는 값」이라고 판단된다면, 귀무가설은 기각되고 남아있는 대립가설이 자동적으로 채택됩니다. 이와 같이 제1종 오류만을 중요하게 생각하는 것을 검정의 비대칭성이라고 부릅니다.[16]

## 5.4 귀무가설을 기각하기 위한 유의수준

상수모형과 x 모형의 일탈도의 차가 $\Delta_{1,2} \geq 4.5$가 될 확률 $P$를 $P$값($P$ value)이라고 합니다. 이 $P$값은 제1종 오류를 범할 확률을 의미하

---

16  제2종 오류에 대한 검토는 어떻게 되는 것인지에 대한 문제는 5.5절에서 생각합니다.

고, 사용법은

▶ $P$ 값이 「크다」: $\Delta_{1,2} = 4.5$는 자주 있는 일이구나 → 귀무가설을 기각할 수 없다.

▶ $P$값이 「작다」: $\Delta_{1,2} = 4.5$는 매우 드문 일이구나 → 귀무가설을 기각하고, 남아 있는 x 모형 「옳다」고 주장하자.

와 같습니다.

그러면 이 $P$값이 「크다」 「작다」는 어떻게 판단하는 것일까? Neyman−Pearson 검정의 틀에서는 유의수준이라고 하는 $\alpha$를 사전에 결정해 두고,[17] 다음과 같이 판단합니다:

▶ $P \geq \alpha$: 귀무가설을 기각할 수 없다.

▶ $P < \alpha$: 귀무가설을 기각할 수 있다.

그렇다면, 이 유의수준 $\alpha$라는 값을 얼마로 결정해야 할까요? 사실상 정해진 원칙은 없으며 자기 마음대로 결정할 수밖에 없습니다. 일반적으로는 「20회 중에서 1회보다 작게 발생하는 건수를 의미하는 0.05」라는 값이 자주 사용되고 있습니다.[18]

### 5.4.1 방법(1) 범용성이 있는 모수적 붓스트랩법

지금부터는 $P$값을 구체적으로 구해보겠습니다. 우선 「귀무가설: 상수모형이 참인 모형의 설정」에서 검정통계량인 $\Delta_{1,2}$가 4.5보다 커질 (즉, 제1종 오류를 범할) 확률을 계산하는 방법에 대해 생각해 봅시다.

---

17　어떠한 $P$값이 얻어져도 마음이 흔들리지 않도록, 데이터를 얻기 전 단계에서 미리 유의수준 $\alpha$의 값을 결정해 두는 것이 검정에 임하는 올바른 자세입니다.

18　하필이면 왜 20회 중 한번 이하가 「좀처럼 드문」 것이 되는 것일까? 확실한 이유는 그 누구도 설명할 수 없습니다.

이 장에서는 $P$값의 계산 방법으로 두 가지를 소개합니다. 먼저, 이번 항에서는 어떤 귀찮은 상황에서도 반드시 $P$값을 계산해 주는 모수적 붓스트랩(parametric bootstrap)[19]인 PB법을 설명합니다. 다음 항에서는 일탈도의 차가 $\chi^2$분포에 따른다고 가정하는 근사적인 우도비검정을 소개합니다.

PB법은 그림 5.3과 같이 「데이터를 많이 생성하는」 과정을 난수 발생의 시뮬레이션에 의해서 재현하는 방법입니다. 그럼 R을 조작해 가면서 설명해 보겠습니다.

이 장의 예제 데이터의 glm( ) 추정 결과는 상수모형과 x 모형 각각 fit1과 fit2에 저장했다고 합시다. 이들 fit1과 fit2 오브젝트에는 여러 가지 정보가 저장되어 있습니다. 예를 들어,

```
> fit2$deviance
[1] 84.993
```

와 같이 입력하면 x 모형의 잔차일탈도를 구할 수 있습니다. 이것을 사용해 상수모형과 x 모형의 일탈도의 차 $\Delta_{1,2}$를 계산해 보면

```
> fit1$deviance - fit2$deviance
[1] 4.5139
```

가 되고, 역시 일탈도의 $\Delta_{1,2}$차는 4.5라는 것을 확인할 수 있습니다.

통계적 검정에서는 일단 귀무가설을 참 모형이라고 간주합니다. 귀무가설인 상수모형으로 추정된 평균 종자수는 7.85개였으므로,[20] 참

---

19 비모수적인 붓스트랩법도 있습니다. 이 방법은 재표본 추출된 표본을 정렬하여 분포를 작성하거나 통계량을 평가하는 방법입니다.

모형으로부터 생성된 데이터라는 것은 「평균 7.85의 100개의 포아송난수」에 해당됩니다.

우선, 포아송분포의 난수생성 함수인 **rpois( )**를 사용하여 참 모형으로부터 100개체분의 데이터를 새롭게 생성해 보겠습니다.

```
> d$y.rnd <- rpois(100, lambda = mean(d$y))
```

평균으로 지정되어 있는 **mean(d$y)**는 표본평균 7.85를 계산해 줍니다. 그럼 새롭게 생성한 데이터를 가지고 **glm( )**을 사용하여, 상수모형과 **x** 모형에 적합해 봅시다.

```
> fit1 <- glm(y.rnd ~ 1, data = d, family = poisson)
> fit2 <- glm(y.rnd ~ x, data = d, family = poisson)
> fit1$deviance - fit2$deviance
[1] 1.920331
```

보는 바와 같이 사이즈와 아무 관계도 없는 상수를 평균으로 갖는 포아송난수 데이터임에도 불구하고, 일탈도의 차가 1.92가 됩니다. 즉, 「참 모형」인 상수모형보다 사실은 무의미한 설명변수를 추가시킨 **x** 모형 쪽이 더 적합이 좋아 보이네요.

여기까지의 절차를 정리하면 다음과 같습니다:

❶ 평균 **mean(d$y)**의 포아송난수를 **d$y.rnd**에 저장한다.

❷ **d$y.rnd**에 대한 상수모형, **x** 모형의 **glm( )**의 추정결과를 각각 **fit1**, **fit2**에 저장한다.

---

20　glm( ) 함수를 사용한 추정치는 $\hat{\beta_1} = 2.06$ 정도였으므로 $\exp(2.06) = 7.846$이 되고, 이것은 표본평균 **mean(d$y)**로 나오는 값 7.85와 대략 같게 됩니다.

❸ 일탈도의 차 fit1$deviance - fit2$deviance를 계산한다.

위와 같은 과정을 거쳐 「상수모형이 참인 모형의 설정」에서의 일
탈도 차가 하나 얻어졌습니다. 지금까지가 PB법의 1 스텝이고, 동일한
방법으로 스텝을 1,000회 정도 반복하면 「검정통계량의 분포」, 이 예
제로 말하면 「일탈도의 차 $\Delta_{1,2}$의 분포」를 예측할 수 있습니다.[21]

이 PB법을 효과적으로 실행하기 위해서, R로 만든 pb( ) 함수를
정의해 봅시다.[22]

```
get.dd <- function(d) # 데이터의 생성과 일탈도 차의 평가
{
 n.sample <- nrow(d) # 데이터 수
 y.mean <- mean(d$y) # 표본평균
 d$y.rnd <- rpois(n.sample, lambda = y.mean)
 fit1 <- glm(y.rnd ~ 1, data = d, family = poisson)
 fit2 <- glm(y.rnd ~ x, data = d, family = poisson)
 fit1$deviance - fit2$deviance # 일탈도 차를 구함
}
pb <- function(d, n.bootstrap)
{
   replicate(n.bootstrap, get.dd(d))
}
```

위와 같이 함수의 정의를 pb.R이라는 이름의 텍스트 파일을 만들
어,[23] R의 작업 디렉토리에 보관해 주세요. R로 다음과 같이 pb.R 파

---

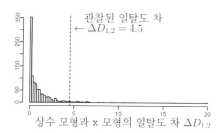

그림 5.4　일탈도 차 $\Delta_{1,2}$의 확률분포 모수적 붓스트랩법에 의해서 생성된 히스토그램. 가로축은 $\Delta_{1,2}$. 세로축은 도수(합계 100). 수직 점선은 예제 데이터에 상수모형과 x 모형을 적합하여 얻어진 $\Delta_{1,2} = 4.5$.

일을 읽어 들여 작성한 pb( ) 함수를 호출해 봅시다.

```
> source("pb.R")  # pb.R을 읽어들인다
> dd12 <- pb(d, n.bootstrap = 1000)
```

위와 같은 R의 조작에 의해서, 일탈도의 차 $\Delta_{1,2}$의 샘플이 1,000개 생성되어[24] dd12에 저장됩니다. 그 개요를 summary( )로 살펴봅시다.

```
> summary(dd12)
    Min.    1st Qu.    Median      Mean     3rd Qu.      Max.
7.229e-08 8.879e-02  4.752e-01  1.025e+00  1.339e+00   1.987e+01
```

이것을 히스토그램으로 도시하면 그림5.4와 같이, 「일탈도의 차 $\Delta_{1,2}$ 4.5」가 어디 근방에 위치하는지도 알 수 있습니다.

---

24　사실 $\Delta_{1,2}$의 샘플 수로 $10^3$ 정도는 충분하지는 않습니다. 이 조작을 다시 실행할 때마다 결과가 어느 정도 변하는지 조사해 보기 바랍니다. 정도(精度)가 높은 결과를 내기 위해서는, n.bootstrap은 $10^4$ 또는 그 이상이 좋을 것 같습니다.

```
> hist(dd12, 100)
> abline(v = 4.5, lty = 2)
```

합계 1,000개인 $\Delta_{1,2}$ 중 몇 개 정도가 이 4.5보다 오른쪽에 있는 것일까요? 세어 보면

```
> sum(dd12 >= 4.5)
[1] 38
```

이 되어, 1,000개 중 38개가 4.5보다 큰 것을 알 수 있습니다. 이것은 「일탈도의 차가 4.5보다 크게 될 확률」이 38/1000, 즉 $P = 0.038$이라는 것입니다. 하는 김에 $P = 0.05$가 되는 일탈도의 차 $\Delta_{1,2}$[25]를 조사해 보면,

```
> quantile(dd12, 0.95)
   95%
3.953957
```

이 되고, 유의수준 5%의 통계적 검정의 틀 안에서는, $\Delta_{1,2} \le 3.95$ 정도까지는 「자주 있는 차」로 간주됩니다.

이 우도비검정의 결론은, 「일탈도의 차 4.5에 해당하는 $P$값 0.038은 유의수준 0.05보다 작다」[26]를 만족하므로 유의차가 존재한다(significantly different)고 할 수 있으며,[27] 「귀무가설(상수모형)은 기각되고, 남아있는 x 모형을 채택한다」라고 판단합니다.

---

25  이와 같은 $P = \alpha$가 되는 $\Delta_{1,2}$를 기각점(critical point), 이 값보다 큰 $\Delta_{1,2}$의 영역을 기각역(critical region 또는 rejection region)이라고 합니다.

26  우도비검정은 항상 단측검정이 됩니다. 이유는 모수가 증가하면 「관측 데이터에의 적합」인 최대로그우도는 반드시 증가하기 때문입니다(4.5절).

27  이것은 설명변수가 미치는 효과의 크기만으로 결정되는 것은 아닙니다. 예를 들어 표본크기가 크면, 작은 차이라고 해도 통계적으로 유의한 차가 되는 경우가 있습니다. 또, $P$값은 작으면 작을수록 좋다고 생각하는 사람이 있지만, Neyman – Pearson 의 검정의 틀에서는 $P < \alpha$의 성립 여부만이 관심 대상입니다.

### 5.4.2 방법(2) $\chi^2$분포 근사 계산법

앞의 PB법은 귀무가설의 통계모형을 따르는 난수를 시뮬레이션으로 발생시켜 검정통계량의 분포(그림 5.4)를 구축하였습니다. 어떤 통계모형을 상정하더라도 PB법을 사용하면 근사 계산 없이 검정통계량의 분포를 구할 수 있습니다.[28]

반면, 근사계산법을 사용하면 더욱 손쉽게 우도비검정을 할 수도 있습니다. 우선 fit1과 fit2에 각각 상수모형과 x 모형의 추정 결과를 저장하고,

```
> fit1 <- glm(y ~ 1, data = d, family = poisson)
> fit2 <- glm(y ~ x, data = d, family = poisson)
```

다음과 같이 anova( ) 함수[29]를 사용합니다.

```
> anova(fit1, fit2, test = "Chisq")
Analysis of Deviance Table
Model 1: y ~ 1
Model 2: y ~ x
  Resid. Df  Resid. Dev   Df   Deviance   P(>|Chi|)
1   99        89.507
2   98        84.993       1    4.514      0.034
```

---

28 보다 정확한 결과를 얻기 위해서는 시뮬레이션의 스텝 수를 증가시킬 필요가 있습니다.

29 anova( ) 함수의 이름의 유래인 ANOVA는 analysis of variance의 약자입니다. 단, 여기서는 오차의 일종인 일탈도를 조사한 analysis of deviance를 실시하고 있습니다.

일탈도의 차 $\Delta_{1,2}$의 확률분포를 자유도30가 1인 $\chi^2$분포($\chi^2$ distribution)로 근사할 수 있는 경우가 있습니다. 위의 예에서는 "**Chisq**" 로 지정하기만 하면 $\chi^2$분포 근사를 이용할 수 있습니다. 결과를 보면, 일탈도의 차 $\Delta_{1,2}$가 4.5에 해당되는 $P$값은 0.034이며, 귀무가설은 기각 됩니다.

이처럼 $\chi^2$분포 근사법으로 얻어진 $P$값과 PB법으로 얻어진 $P=0.038$은 일치하지 않습니다. $\chi^2$분포 근사는 **샘플 사이즈가 큰 경우 에 유효한 근사 계산**이기 때문에, 이 예제와 같이 조사 식물의 개체수 가 100개밖에 없는 상황은, "**Chisq**" 지정에 의해 근사적으로 얻어진 $P$ 값은 그다지 정확하지 않을 가능성이 있습니다.

조사 개체수가 비교적 적은 표본일 경우는 PB법을 사용해 일탈도 차의 분포를 시뮬레이션으로 생성하는 방법을 추천합니다.[31] 추가로, 만약 데이터의 오차가 포아송분포가 아니고 등분산 정규분포인 경우라 면, 소표본 검정통계량의 확률분포를 이용할 수 있습니다. 이렇게 하는 것이 $\chi^2$근사보다 더 정확한 방법입니다. 예를 들어, 평균의 차가 검정 통계량이라면 $t$분포, 분산비가 검정통계량이라면 $F$분포가 자주 사용 됩니다. 이들 검정과 우도비검정의 관계에 대해서는 관련 문헌을 참조 해 주세요.

---

30  이것은 상수모형과 x 모형간의 모수 수의 차입니다.

31  정도(precision)를 높이기 위해서는, PB법으로 구할 검정통계량의 수를 충분히 크 게 해주세요. 얼마나 크게 해야 하는지는 주어진 문제 상황에 따라 다르므로, 스스 로 시행착오를 해가면서 결정할 수밖에 없습니다.

## 5.5 「귀무가설을 기각할 수 없다」=「차이가 없다」?

이 예제에서는 관측 데이터를 얻기 전에 미리 $\alpha = 0.05$로 지정하고, 우도비검정의 원리를 따라 $\Delta_{1,2}$의 분포를 예측한 후, 그 결과로서 $P < \alpha$가 성립하였기 때문에 귀무가설을 기각하고 남아있는 대립가설을 채택하였습니다.

그렇다면, 만일 $P \geq \alpha$의 결과가 나오면 어떻게 결론을 내면 되는 것일까요? 그때는 「귀무가설을 기각할 수 없다」(fail to reject)라고 결론 냅니다. 이것은 「귀무가설이 옳다」라는 의미가 아닙니다. 귀무가설·대립가설 어느 쪽도 맞다고도 틀리다고도 말할 수 없다, 즉, 판단을 보류한다는 뜻입니다.

우도비검정을 포함하여 Neyman−Pearson 검정의 틀에서는, 「귀무가설을 기각할 수 없을 때에는 귀무가설이 옳다」라고 주장하는 것은 검정의 오용에 해당합니다. 예를 들어 자주 사용되고 있는 「등분산 검정」은 검정의 오용의 한 예입니다.[32]

Neyman−Pearson 검정에는 비대칭성(5.3절)이 존재하기 때문에, $P < \alpha$인 경우와 $P \geq \alpha$인 경우에 「낼 수 있는 결론」에는 많은 차이가 있습니다.

제2종 오류의 확률(표 5.2)을 $P_2$로 평가할 수도 있습니다.[33] 그러나, Neyman−Pearson 검정의 틀 안에서는 제1종 오류의 확률 $P$와 달리, $P_2$를 사용해 무언가를 정량적으로 주장하는 절차는 마련되어 있지 않습니다.

---

32  모형선택에 있어서 「등분산 모형이 좋다」「분산이 일정한 모형이 좋다」라고는 할 수 없습니다.

33  보통은 $\beta$라고 하는 기호를 사용하지만, 이 책에서는 모수 $\beta_1$ 등과 혼동하지 않도록 $P_2$라고 표기하고 있습니다.

이 제2종 오류의 확률 $P_2$의 주된 용도는, 귀무가설이 참이 아닐 때 귀무가설을 기각하게 될 확률 $1 - P_2$로 정의되는 **검정력**(또는 **검출력**; power)으로 사용됩니다. 일반적으로 통계적 검정을 통하여 귀무가설을 기각하기 위한 목적으로 시행되는 실험 등에서는, 적당한 검정력을 확보하기 위해서 사전에 정량적으로 실험이 계획됩니다.[34] 검정력을 높이기 위한 한 가지 방법은 샘플사이즈를 크게 하는 방법이 있습니다.

## 5.6 검정과 모형선택, 추정 모형의 해석

　우도비검정과 AIC에 의한 모형선택(제4장)은 모두 일탈도(또는 최대로그우도)라는 통계량에 주목하고 있습니다. 그러나 이 두 가지 모형 비교 방법은 그 목적하는 바가 완전히 다릅니다. 모형선택과 통계적 검정의 목적의 차이점을 정확히 이해한 후, 각각의 목적에 부합하도록 사용해야 할 필요가 있습니다.

　AIC에 의한 모형선택의 목적은「좋은 예측」을 하는 모형을 선택하고자 하는 것입니다.「예측의 좋음을 나타내는 지표로서 평균로그우도」를 사용하며, 이 평균로그우도는 최대로그우도와 모수의 개수를 이용해 추정합니다.

　한편, 우도비검정 등 Neyman−Pearson의 검정의 틀에 근거한 통계적 검정의 목적은 귀무가설의 안전한 기각입니다. 귀무가설이 기각

---

34 학술지에 따라서 실험 보고 논문의 경우 검정력을 기술하도록 요구하는 경우가 있습니다. 반면에, 학문분야에 따라서는 사전에도 사후에도 검정력을 평가하지 않은 채로 통계적 검정을 다용하는 경우도 있습니다.

된 뒤에 남아있는 대립가설이 어떤 의미에서「좋은」모형인지는 명확하지 않습니다.

자연과학의 방법론으로서 사용하는 경우라면 검정, 모형선택 양쪽 모두「유의했습니다」「이 모형의 AIC가 최소였습니다」라는 진술만으로 자신의 주장이 정당화되는 것은 아닙니다.

통계적 유의차라는 것이 어떤 요인에 의한 효과의 크기인지 나타내 주지는 않기 때문입니다. 예를 들어 생물학 관련 실험의 결과로 특정 실험 처리의 효과가「평균 종자수를 $1.000001$배밖에 증가시키지 않는다」라고 추정된 경우라도, 표본크기에 따라서 $P < \alpha$가 되기도 하고, AIC 최소모형이 되는 경우도 있습니다. 즉, $P$값은 효과의 크기를 나타내는 것은 아닙니다.

추정된 통계모형의 해석은 연구 분야마다 서로 다를 수 있습니다. 해석이란 각 분야마다 자연 현상을 파악하는 방법에 의존하기 때문입니다. 따라서 결과의 해석은 각 학문 분야의 문맥상에서 검토해야만 하는 문제입니다. 추정 모수는 어느 정도 큰 값이었으며,[35] 추정치의 표준오차는 어느 정도인가, 이런 모든 것들을 고려하여 통계모형의 향후 거동이 어떻게 될 것인가 등도 해석에 포함시켜야 할 것입니다.

## 5.7 이 장의 정리

이 장에서는, 데이터 분석에 자주 사용 되는 검정의 틀에 대해서 재검토하고, 또 어떤 통계모형에서도 사용할 수 있는 우도비검정을 소개했습니다.

---

35  이것은 효과의 크기(effect size)라고 불리기도 합니다.

▶ Neyman – Pearson의 통계적 검정의 틀에서는, 모수의 수가 적은 모형을 귀무가설로 설정, 그것의 기각 여부를 판단하기 위한 확률계산에 전념한다(5.1 통계적 검정의 틀).

▶ 우도비검정의 검정통계량은 두 통계모형의 일탈도의 차이다(5.2 우도비검정의 예제 : 일탈도의 차를 조사한다).

▶ 검정에 있어서 오류는 두 종류의 오류가 있고, Neyman – Pearson 검정은 귀무가설을 잘못 기각하는 오류를 중요시한다(5.3 두 종류의 오류와 통계적 검정의 비대칭성).

▶ 귀무가설을 기각하게 될 유의수준 $\alpha$의 크기는 연구자 임의로 결정하는 것이다. 예를 들어 $\alpha = 0.05$라는 수치가 일반적이긴 하지만, 이 수치가 특별한 근거에 기반한 것은 아니다(5.4 귀무가설을 기각하기 위한 유의수준).

▶ Neyman – Pearson 검정에서는 제1종 오류의 크기를 정확하게 평가할 수 있지만, 한편으로 귀무가설을 기각할 수 없는 경우에 대한 결론은 아무 것도 말할 수 없다. 즉, 판단을 유보할 수밖에 없다(5.5 「귀무가설을 기각할 수 없다」=「차이가 없다」?).

▶ 검정과 모형선택의 결과에만 주목하는 것이 아니고, 추정된 통계모형으로 설명하고자 하는 현상의 거동이 어떻게 예측될 지도 확인해야만 한다(5.6 검정과 모형선택, 추정 모형의 해석).

이 장의 주제는 통계적 검정이 「어쨌든 $P < 0.05$만 내면 좋다, 그렇게 하면 무엇을 주장해도 된다」라는 만능의 장치가 아니라는 것을 새삼 확인하는 것이었습니다. 통계적 검정은 소프트웨어에 맡기면 간단하게 해결할 수 있습니다. 하지만 이런 편리함 때문에 통계학의 지식 없이 마구 사용되는 경향이 있고, 간혹 오용되고 있습니다. 통계적 방법론에서 자주 사용되고 있는 방법이라고 하더라도 적절한 방법인지 충분한 확인 작업을 거쳐야 할 필요가 있습니다.

제 6 장

# GLM의 응용 범위를 넓히자:
# 로지스틱회귀 등

GLM의 응용 범위를 넓히기 위해서, 포아송분포 이외의 확률분포를 가지는
통계모형 그리고 GLM의 오프셋항의 사용 방법 등을 설명합니다.

이번 장에서는 여러 가지 GLM에 대해서 설명합니다. 「어떤 사건이 발생할 확률」에 대한 통계모형인 로지스틱회귀, 인구밀도 등의 비율 값을 다루는 포아송회귀의 오프셋항 기법 그리고 정규분포와 감마분포를 사용하는 GLM을 소개합니다.

# 6.1 다양한 종류의 데이터에 응용할 수 있는 GLM

제2장부터 제5장까지는 통계모형의 사고방식·사용법을 단순하게 설명을 위해서, 포아송 분포·로그링크함수의 GLM(포아송회귀 통계모형)만을 다루었습니다. 그러나 GLM의 특징은 확률분포·링크함수·선형예측식을 조합하여 다양한 구조의 데이터를 표현할 수 있는 점입니다. 표 6.1은 R의 glm( ) 함수에서 자주 사용되는 확률분포를 정리한 표입니다.[1,2] 표 6.1의 마지막 열에는 자주 사용되는 링크함수[3]도 제시해 두었습니다.

---

1  그 밖에도 inverse.gaussian과 quasi 계통의 family를 지정할 수도 있지만 그다지 많이 사용되지는 않습니다.

2  glm.nb( )를 사용할 때는 R에서 library(MASS)로 지정하고 MASS package를 불러들이면 됩니다.

3  「자주 사용하는」 링크함수와는 조금 다른 의미이지만, 정준링크함수(canonical link function)라는 것도 있습니다. 표 6.1로 말하면 family=gamma 이외에 「자주 사용하는 링크함수」의 예로는 정준링크함수를 들 수 있습니다. family=gamma의 정준링크함수는 역수링크함수(inverse link function)인데, 이것은 로그링크함수처럼 사용하기가 쉽지는 않습니다.

표 6.1   R에서 GLM의 구축에 사용할 수 있는 확률분포의 일부. 일반화선형모형 추정함수 glm( )의 family 지정과 자주 사용하는 링크함수. 로그링크함수에 대해서는 제3장을, 로짓링크함수에 대해서는 이 장의 6.4절을 참조.

|  | 확률분포 | 난수생성 | glm( )의 family 지정 | 자주 사용되는 링크함수 |
|---|---|---|---|---|
| (이산) | 이항분포 | rbinom( ) | binomial | logit |
|  | 포아송분포 | rpois( ) | poisson | log |
|  | 음이항분포 | rnbinom( ) | glm.nb( ) 함수 | log |
| (연속) | 감마분포 | rgamma( ) | gamma | log |
|  | 정규분포 | rnorm( ) | gaussian | identity |

GLM 등을 사용하지 않아도 반응변수를 변수 변환하여 직선회귀를 하면 된다고 오해하는 사람도 있습니다. 그러나, 제3장의 3.8절에서도 설명하였지만, 이 같은 방법은 링크함수와는 전혀 다른 것이라는 것을 다시 한 번 상기하기 바랍니다.

## 6.2 예제 : 상한이 있는 카운트 데이터

그럼 먼저 이항분포를 사용하는 GLM을 설명합니다. 포아송분포는 상한이 없는 카운트 데이터를 표현하는 데 사용하는 반면, 이항분포는 상한이 있는 카운트 데이터, 즉 반응변수가 $y \in \{0, 1, 2, \cdots, N\}$이라는 범위를 취하는 현상의 오차를 나타내기 위해 사용합니다. 예를 들어 「$N$ 개체의 실험 대상에 동일한 처리를 했고, $y$개체에서 양성 반응, $N-y$개체에서 음성 반응이 나왔다」라는 구조의 데이터는 일단 이항분포를 사용하는 것이 적당해 보입니다.

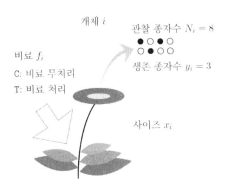

그림 6.1   가상 식물의 제$i$번째의 개체. 이 식물의 사이즈(개체의 크기) $x_i$와 비료 처리 $f_i$가 종자의 생존 확률에 어떤 영향을 주는지 알고 싶다.

이와 같은 카운트 데이터의 통계모형 해석을 위해서 이번 장에서는 그림 6.1의 가상 식물의 데이터를 예제로 사용하겠습니다. 이번 예제는 앞의 제3장 등에서 포아송회귀를 설명할 때 사용했던 가상 식물 예제 데이터와 거의 비슷하지만 반응변수 $y_i$의 상한이 $N$이라는 점이 다릅니다.

이 데이터의 구조를 설명하겠습니다. 어떤 가상 식물의 개체 $i$ 각각에 있어서「$N_i$개의 관찰 종자 중 살아남아 발아 능력이 있는 것이 $y_i$개, 죽은 종자가 $N_i - y_i$개」라는 관측 데이터를 얻었다고 합시다. 종자가 살아남을 확률은 개체마다 다른 신체 사이즈와 생육 환경에 따라서 변화한다고 생각할 수 있습니다.  조사된 식물 개체는 총 100개입니다.

관측 종자수 $N_i$는 모두 8개로 고정된 값이라고 합시다.[4] 반응변수인 생존 종자수가 취할 수 있는 값은 $y_i \in \{0,1,2,3,\cdots,8\}$로, 모두 생존한 경우는 $y_i = 8$, 모두 죽은 경우는 $y_i = 0$입니다.

---

4  이것은 그래프를 간단히 그리기 위한 설정입니다. $N_i$가 서로 다른 값을 취하는 데이터라도, 지금부터 설명하는 로지스틱회귀를 적용하여 모수를 추정하는 데는 전혀 문제없습니다.

이 책에 종자의 **생존 확률**[5]이라는 용어가 등장하는데, 이것은 「임의의 개체 $i$로부터 얻어진 1개의 종자가 생존할 확률」을 의미합니다. 개체 $i$의 종자 생존 확률을 $q_i$로 표기하겠습니다.

다음으로 설명변수로 사용되는 데이터에 대한 설명입니다. 개체의 크기를 나타내는 사이즈 $x_i$는 이전 장과 동일한 변수입니다. 이 $x_i$에 따라서 생존 확률 $q_i$가 오르내리는 것입니다. 또 100개체 중에서 50개체 ($i \in \{1,2,\cdots,50\}$)는 아무 처리도 하지 않았지만(무처리 $f_i =$C), 나머지 50개체($i \in \{51,52,\cdots,100\}$)에는 비료를 주었다(비료 처리 $f_i =$T)고 하겠습니다.[6]

이 예제를 이용해 조사하려는 내용은 「임의의 개체의 생존 확률 $q_i$가 사이즈 $x_i$와 비료 처리 $f_i$라는 설명변수에 의해서 어떻게 변화하는가」입니다. 이 문제에 대한 답을 통계모형의 모수 추정과 모형선택을 통하여 명확하게 구해보겠습니다.

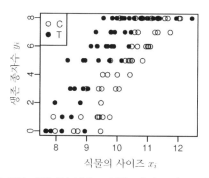

그림 6.2   종자 생존 확률 데이터의 산점. 조사된 8개의 종자 중 생존수 $y_i$와 사이즈 $x_i$와 비료 처리 $f_i$의 관계를 나타내고 있다. 흰점은 비료 무처리(처리 C), 검은 점은 비료 처리(처리 T).

---

5   종자의 생존·사망 등을 다루는 번식 생태학에서는 생존 확률이라는 용어는 사용하지 않습니다. 그러나, 번식 생태학의 전문 용어를 사용하면 복잡하므로, 이 책에서는 「생존 확률」이라는 용어를 사용하겠습니다.

6   이 $f_i$는 인자형 설명변수입니다. 제3장의 3.6절도 참조하기 바랍니다.

그러면 예제의 데이터를 살펴보겠습니다. R 내부에 d라는 오브젝트에 데이터가 저장되어 있습니다.[7] summary(d)로 각 열의 요약을 표시해 봅시다.

```
      N              y                x              f
 Min.   :8     Min.    :0.00    Min.    : 7.660    C: 50
 1st Qu. :8    1st Qu.  :3.00    1st Qu.  : 9.338    T: 50
 Median  :8    Median  :6.00    Median   : 9.965
 Mean    :8    Mean    :5.08    Mean     : 9.967
 3rd Qu. :8    3rd Qu.  :8.00    3rd Qu.  :10.770
 Max.    :8    Max.    :8.00    Max.     :12.440
```

N열은 관찰 종자수, y열은 생존 종자수, x열은 식물의 사이즈, f열은 비료 처리입니다.

지금까지 여러 번 강조했듯이 통계모델링에 앞서 데이터를 다양한 방법으로 도시할 필요가 있습니다. 여기서는 간단하게 그림 6.2와 같이 도시했습니다.

이것을 보면,

▶ 사이즈 $x_i$가 커지면, 생존 종자수 $y_i$가 증가하는 것 같다.

▶ 비료를 주면($f_i$ =T), 생존 종자수 $y_i$가 증가하는 것 같다.

라는 사실을 알 수 있습니다. 여기서는 모든 개체에서 관찰 종자수 $N_i$는 8개이므로, 생존 종자수 $y_i$의 증가는 생존 확률 $q_i$의 증가를 의미하게 됩니다.

---

7 이 예제 데이터는 웹사이트로부터 다운로드할 수 있습니다.

## 6.3 이항분포로 표현되는 「있음·없음」 카운트 데이터

이 가상 식물의 종자 데이터와 같이 「$N$개 중에서 $y$개가 생존했다」와 같은 구조를 갖는 카운트 데이터를 통계모형으로 표현할 경우 이항분포(binomial distribution)가 자주 사용됩니다.[8] 이 예제에서도 이항분포를 사용해 통계모형을 구축해 봅시다.[9]

지금까지 카운트 데이터에 대해서는 포아송분포를 사용하여 통계모형을 적용해 왔습니다. 그렇지만, 이 데이터는 각 개체 $i$에 있어서 $N_i = 8$이라고 하는 상한이 있으므로($y_i \in \{0,1,2,\cdots,8\}$), 포아송분포로는 관측 데이터를 표현하기에 적절하지 않습니다. 왜냐하면 포아송회귀는 반응변수 $y$가 $y \in \{0,1,2,\cdots\}$와 같이 「0 이상이지만 상한이 어디까지인지 알 수 없는 카운트 데이터」에 사용되기 때문입니다.[10]

이항분포의 확률분포는

$$p(y|N,q) = \binom{N}{y} q^y (1-q)^{N-y}$$

로 정의하고 $p(y|N,q)$는 전체 $N$개 중의 $y$개의 사건이 발생할 확률입니다. $q$는 $N$개의 각 요소에서 특정 사건이 일어날 확률(발생 확률)입니다.

---

8　이 예제에서는 하나의 개체에서 관찰되는 종자수 $N$이 매우 크거나, 모든 개체에서 종자수가 $N$으로 동일하다고 가정하고 있습니다.

9　이 예제와 같이 이분형 반응변수가 아니고, 세 가지 이상의 상태로 반응변수가 구성되는 경우에는 다항분포(multinomial distribution)를 사용하는 통계모형으로 데이터를 표현할 수 있습니다. 단, 이 책에서는 다항분포를 사용하는 통계모형은 설명하지 않습니다.

10　단, 포아송분포를 사용해서 상한이 있는 카운트 데이터에 기반한 모수 추정이 가능한 경우도 있습니다. 장말에 소개하고 있는 범주형 데이터 분석과 관련된 교과서를 참고해 주세요.

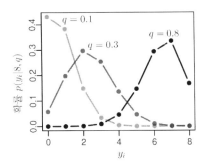

그림 6.3  상한 $N=8$, 생존 확률 $q$가 $\{0.1, 0.3, 0.8\}$인 이항분포의 확률분포.

이 예제의 경우는 임의의 개체의 생존 확률을 의미합니다. 또, $\binom{N}{y}$는 「경우의 수」로서 여기서는 「$N$개의 관찰 종자 중에서 $y$개의 생존 종자를 선택하는 경우의 수」가 됩니다. 이 이항분포를 도시하면 그림 6.3과 같습니다.[11]

## 6.4  로지스틱회귀와 로짓링크함수

이항분포를 사용한 GLM 중 하나인 로지스틱회귀(logistic regression)[12] 통계모형을 설명합니다.

### 6.4.1  로짓링크함수

제3장에서  설명했듯이  GLM은  확률분포·링크함수·선형예측식의

---

11  이항분포의  특수한  경우로  $N=1$,  $y \in \{0,1\}$인  분포를  베르누이분포(Bernoulli distribution)라고 합니다. R에서 베르누이분포는 이항분포의 특수한 경우로 다루어집니다.

12    또는 선형로지스틱회귀

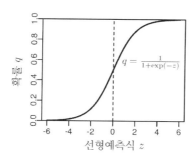

그림 6.4 로지스틱곡선 $z$가 작아지면 0에, 또 $z$가 커지면 1에 근접한다. $z = 0$의 경우는 $q = 0.5$.

지정이 필요한 통계모형입니다. 로지스틱회귀의 경우 각각 확률분포는 이항분포, 링크함수는 **로짓링크함수**(logit link function)를 지정합니다.[13]

다시 종자 생존의 예제로 돌아가 설명해 나가겠습니다. 6.3절에서 종자의 생존·사망을 나타내기에 적절한 확률분포로서 이항분포를 들었습니다. 이항분포에서는 어떤 사건이 발생할 확률을 모수로서 지정할 필요가 있는데, 이 예제에서는 종자의 생존 확률 $q_i$가 그것에 해당합니다. 이 $q_i$는 확률이므로 범위는 $0 \le q_i \le 1$입니다.[14] 로짓링크함수는 이와 같은 제약을 가지고 있는 모수 $q_i$와 선형예측식을 잘 연결시켜 주는 링크함수를 가리킵니다.

로짓링크함수가 무엇인지 설명하기 위해서, 먼저 **로지스틱함수** (logistic function)에 대해서 설명하겠습니다. 로지스틱함수의 형태는

---

13 또 이항분포를 사용하는 GLM에 사용되는 링크함수로서는 그 밖에도 probit 링크함수와 complementary log−log 링크함수 등이 있습니다. 이 책에서는 가장 많이 사용되는 로짓링크함수만을 다루고 있습니다.

14 실제로 통계 소프트웨어에 따라서 $0 \le q_i \le 1$이 아니고 $0 < q_i < 1$라고 하는 범위가 아니면 추정 계산이 잘 되지 않는 경우가 많습니다. 많은 소프트웨어는(또는 많은 통계모형은)「절대로 ○○이 생긴다(또는 생기지 않는다)」라는 현상에 대해서는 잘 다룰 수 없다고 생각해 주세요.

$$q_i = \text{logistic}(z_i) = \frac{1}{1 + \exp(-z_i)}$$

입니다. 여기서 $z_i$는 선형예측식 $z_i = \beta_1 + \beta_2 x_i + \cdots$입니다. 그럼, 이 로지스틱함수가 어떻게 생겼는지 R로 그려봅시다(그림 6.4).

생존 확률 $q_i$가 $z_i$의 로지스틱함수로 표현된다고 가정하면, 선형예측식 $z_i$가 어떤 값을 가져도 반드시 $0 \leq q_i \leq 1$의 조건을 만족하게 됩니다.

```
> logistic <- function(z) 1 / (1 + exp(-z)) # 함수의 정의
> z <- seq(-6, 6, 0.1)
> plot(z, logistic(z), type = "l")
```

로지스틱함수와 선형예측식 $z_i = \beta_1 + \beta_2 x_i + \cdots$의 관계를 조사하기 위해서 그림으로 나타내 봅시다. 예를 들어, 생존 확률 $q_i$가 사이즈 $x_i$만에 의존한다고 가정하면 선형예측식 $z_i = \beta_1 + \beta_2 x_i$가 됩니다. 이때에 $q_i$와 $x_i$의 관계는 모수 $\beta_1$과 $\beta_2$에 의존하여 변하는 그림 6.5와 같습니다.[15]이 로지스틱함수를 변형하면,

$$\log \frac{q_i}{1 - q_i} = z_i$$

가 됩니다. 이 좌변의 식을 **로짓함수**(logit function)라고 합니다.

---

15　그림 6.5(B)에서는 $\beta_1 = 0$로 되어 있으므로, $\beta_2$를 바꾸어도 「위치」는 좌우로 움직이지 않습니다. $\beta_1 \neq 0$의 경우에는, $\beta_2$를 변화시키면 「기울기」가 변할 뿐만 아니고, $q_i = 0.5$가 되는 「위치」도 좌우로 움직입니다.

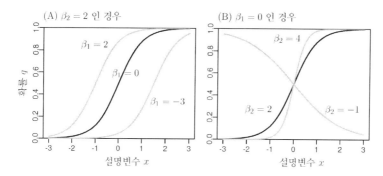

그림 6.5 $z = \beta_1 + \beta_2 x$의 로지스틱곡선. 검은 곡선은 $\{\beta_1, \beta_2\} = \{0, 2\}$. (A) $\beta_2 = 2$로 고정하고 $\beta_1$를 변화시킨 경우. (B) $\beta_1 = 0$으로 고정하고 $\beta_2$를 변화시킨 경우.

$$\mathrm{logit}(q_i) = \log \frac{q_i}{1 - q_i}$$

로짓함수는 로지스틱함수의 역함수이고, 로지스틱함수의 역함수는 로짓함수입니다.

### 6.4.2 모수 추정

이로서 GML에 필요한 확률분포·선형예측식·링크함수의 설정 작업을 완료했습니다. 지금부터는 그림 6.6과 같이 이 통계모형을 데이터에 적합하여 모수를 추정해 봅시다. 우도함수

$$L(\{\beta_j\}) = \prod_i \binom{N_i}{y_i} q_i^{y_i} (1 - q_i)^{N_i - y_i}$$

로부터 로그우도함수

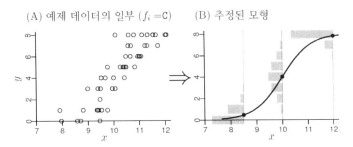

**그림 6.6** 로지스틱회귀 모형의 추정. (A) 이 장의 예제 데이터로부터 「비료 무처리($f_i$ = C)」 데이터만을 추출한 것. (B) 검은 곡선은 $x$의 로지스틱함수에 따라서 변화하는 평균. 회색으로 나타낸 것은 $x \in \{8.5, 10, 12\}$에서의 이항분포의 확률분포. 검은점은 각 $x$에서의 $y$의 기대치. 직선회귀·포아송회귀를 설명한다. 그림 3.9와 동일하게 도시하고 있다.

$$L(\{\beta_j\}) = \sum_i \left\{ \log\binom{N_i}{y_i} + y_i \log(q_i) + (N_i - y_i)\log(1 - q_i) \right\}$$

를 얻을 수 있습니다. 이 $\log L$을 최대로 하는 추정치 세트 $\{\hat{\beta_j}\}$을 찾아내는 것이 최우추정입니다. 여기서 확률 $q_i$는 $\{\beta_1, \beta_2, \beta_3\}$의 함수라는 것을 잊지 말기 바랍니다.

이 추정 계산은 포아송회귀와 동일하게 R의 **glm( )** 함수가 알아서 해줍니다. 다음과 같이,

```
> glm(cbind(y, N - y) ~ x + f, data = d, family = binomial)
```

R에 지정하면 되고, 포아송회귀와 다른 점은 반응변수의 지정방법 cbind(y, N-y)와 확률분포의 지정방법 family=binomial입니다.[16]

---

16 family=binomial로 지정하면 디폴트 링크함수는 "logit", 즉, family=binomial(link=

반응변수 cbind(y, N-y)는 cbind(생존 수, 사망 수)를 나타내고 있습니다. 이항분포 GLM 모수를 glm( )으로 추정에서는 이처럼 cbind(y, N-y)로 인수를 지정해주면, 이 데이터처럼, 2열 100행의 행렬 클래스 오브젝트를 생성합니다. 이 행렬은 데이터 프레임 d의 y열을 사용해, 1열째에는 생존 종자수 y, 2열째에 사망 종자수 N-y로 구성되어 있습니다.[17]

그러면, 이와 같은 glm( )의 결과 중 계수의 추정의 부분만 보면 다음과 같습니다.

```
Coefficients:
(Intercept)            x            fT
   -19.536          1.952        2.022
```

약 $\{\hat{\beta_1}, \hat{\beta_2}, \hat{\beta_3}\} = \{-19.5, 1.95, 2.02\}$로 추정되었습니다. 이들 추정치를 사용하면 그림 6.7에 나타난 것과 같은 예측 곡선[18]을 그릴 수 있습니다.

---

"logit")과 동일합니다.

17  단, family=binomial라고 해서 항상 cbind( )로 할 필요는 없습니다. 예를 들어, 개체마다 「생존한 $(y=1)$」「사망한 $(y=0)$」와 같은 두 개의 값을 갖는 경우$(y \in \{0,1\})$는 glm(y~x, ...)라고 해도 상관없습니다.

18  predict( ) 함수 등을 이용해도 그림 6.7과 같은 곡선을 그릴 수 있습니다. 3.5절을 참조해주세요.

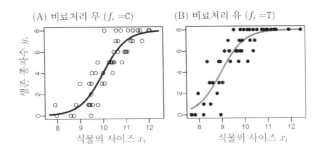

그림 6.7   이 장의 예제 데이터(점)와 모형에 의한 평균의 예측(곡선). (A) 비료 무처리(처리 C). (B) 회색의 곡선이 비료 처리(처리 T).

### 6.4.3  로짓링크함수의 의미·해석

그럼 지금까지의 과정을 통해서 구한 모수 추정치를 어떻게 해석해야 할까? 해석을 위해서 로짓링크함수에 대해서 한 번 더 검토해 봅시다. 로지스틱함수의 역함수인 로짓함수는

$$\mathrm{logit}(q_i) = \log\frac{q_i}{1 - q_i}$$

이고 이것이 선형예측식과 같으므로,

$$
\begin{aligned}
\frac{q_i}{1 - q_i} &= \exp(선형예측식) \\
&= \exp(\beta_1 + \beta_2 x_i + \beta_3 f_i) \\
&= \exp(\beta_1)\exp(\beta_2 x_i)\exp(\beta_3 f_i)
\end{aligned}
$$

가 됩니다. 좌변 $\frac{q_i}{1 - q_i}$는 오즈(odds)라는 값으로, 지금 예제의 경우라면

(생존할 확률)/(생존하지 않는 확률)이 됩니다. $q_i = 0.5$인 경우 오즈는 1배, $q_i = 0.8$인 경우 오즈는 4배라는 식으로 표현하기도 합니다. 이 식에서 알 수 있듯이 로지스틱회귀의 모형에서 이 오즈는 exp(모수×요인)에 비례합니다. 즉, R로 추정된 $\{\hat{\beta_2}, \hat{\beta_3}\}$를 대입하고, 단순 상수항인 $\exp(\beta_2) = \exp(-19.5)$를 생략하면

$$\frac{q_i}{1-q_i} \propto \exp(1.95\,x_i)\exp(2.02 f_i)$$

와 같은 관계가 성립합니다.

그럼 식물 개체의 사이즈 $x_i$가 생존 확률의 오즈에 어떤 식으로 영향을 미치는지 조사해 봅시다. 개체 $i$의 크기가 「한 단위」 증가하면 생존 확률의 오즈는 어떻게 변화하는지 주목하기 바랍니다.

$$\frac{q_i}{1-q_i} \propto \exp(1.95\,(x_i + 1))\exp(2.02 f_i)$$

$$\propto \exp(1.95\,x_i)\exp(1.95)\exp(2.02 f_i)$$

위 식을 보면 생존의 오즈는 $\exp(1.95)$이므로 7배 정도 증가했습니다. 같은 방법으로 「비료 없음」(처리 C 즉, $f_i = 0$)과 「비료 처리」(처리 T 즉, $f_i = 1$)를 비교하면 오즈가 $\exp(2.02)$배이므로 7.5배 정도 증가합니다.

이와 같이 로짓링크함수로 생존 확률을 정의하게 되면, 여러 요인과 반응 사건의 오즈 해석이 간단해집니다. 이 장의 초반부에서 생존 확률이 $0 \le q_i \le 1$이 되도록 만드는 것이 로지스틱함수를 사용한 모형의 이점이라고 설명했습니다. 이와 같이 「해석하기 쉬운」 것도 이 모형의 이점이라고 할 수 있습니다.[19]

오즈에 로그를 취하면

$$\log\frac{q_i}{1-q_i} = \beta_1 + \beta_2 x_i + \beta_3 f_i$$

가 됩니다. 우변의 $\beta_1 + \beta_2 x_i + \beta_3 f_i$는 선형예측식 $z_i$ 그 자체로 표현되네요.

오즈와 「링크」에 대해서 생각해 봅시다. 일상생활에서 「어떤 생활습관에 의해서 어떤 병의 발병 리스크가 7배가 됩니다」라는 보도를 자주 접하게 됩니다. 여기서 말하는 「리스크」라는 것은 (근사적인) 오즈비(odds ratio)를 말하는 것입니다.[20] 어떤 집단에서 조사된 특정 질병의 발병과 생활 습관 데이터로 관련성을 분석하는 경우를 생각해봅시다. 개인 $i$의 생활습관 X의 효과를 나타내는 계수를 $\beta_s$로 설정하고, 발병 확률을 로지스틱회귀로 적합하여 최우추정치 $\hat{\beta}_s = 1.95$가 얻어졌다고 합시다. 이 경우는,

$$\frac{(X=1\ 의\ 오즈)}{(X=0\ 의\ 오즈)} = \frac{\exp(X가\ 없는\ 항) \times \exp(1.95 \times 1)}{\exp(X가\ 없는\ 항) \times \exp(1.95 \times 0)}$$
$$= \exp(1.95)$$

이므로, 병에 걸릴 오즈비(근사적 「리스크」)는 $\exp(1.95)$배(7배) 정도라고 추정할 수 있습니다.

---

19 포아송회귀의 통계모형에 있어서 로그링크함수를 사용하면 평균 $\lambda_i \geq 0$이 될 뿐 아니라, 평균이 여러 요인의 곱으로 해석되어 편리하다(곱으로 되어 있는 것에 주의해 주세요)라는 것과 같은 것입니다.

20 「리스크가 7배」라고 보도되는 경우, 리스크비 또는 상대위험률을 가리키는 경우도 있습니다. 상대위험률은 엄밀하게 오즈비와는 다르지만, 발병률이 낮은 질병의 경우 리스크비와 오즈비는 거의 근사합니다.

### 6.4.4 로지스틱회귀의 모형선택

6.4.2항에서는 사이즈 $x_i$와 비료 처리 $f_i$를 설명변수로 하여 로지스틱회귀 통계모형을 적합해 보았습니다. 그러나 이것이 종자의 생존수를 가장 잘 예측하는 모형인지 아닌지는 명확하지 않습니다. 내포된 모형들, 즉, 설명변수 중 일부만 사용하거나 어쩌면 설명변수를 전혀 사용하지 않는 모형이 더 좋은 예측모형이 될 가능성도 있습니다. 제4장에서 설명한 AIC에 의한 **모형선택**을 통하여 여러 내포된 모형 중에서 좋은 예측모형을 선택해 보겠습니다.

R의 MASS package의 stepAIC( ) 함수는 내포모형들의 AIC를 자동적으로 비교해 가면서, 최소 AIC 모형을 선택해 줍니다. 식물의 사이즈 $x_i$와 비료 처리 $f_i$가 모두 영향을 주는 x+f 모형의 추정 결과를 fit.xf에 저장했다고 합시다. 이때, 다음과 같이 지시하면 내포모형들 x+f 모형, f 모형, x 모형, 상수모형의 AIC를 비교해 줍니다.

```
> library(MASS)     # stepAIC를 정의하는 MASS package를 호출
> stepAIC(fit.xf)
```

여기서는 R의 출력 결과는 생략하고 제4장과 마찬가지로 R의 출력을 바탕으로 최대로그우도($\log L^*$)·일탈도·AIC 등을 표 6.2에 정리했습니다. 사이즈와 비료 처리를 동시에 포함시킨 x+f 모형이 AIC의 관점에서 가장 좋은 모형으로 선택됩니다.

표 6.2 종자 생존 확률의 모형의 AIC 등. 각 열에 대해서는 표 4.2의 설명을 참조. f, x, x + f 모형은 각각 비료 처리 $f_i$만의 모형, 사이즈 $x_i$만의 모형, 두 변수 모두에 의존하는 모형.

| 모형 | $k$ | $\log L^*$ | deviance $-2\log L^*$ | residual deviance | AIC |
|---|---|---|---|---|---|
| 상수 | 1 | −321.2 | 642.4 | 499.2 | 644.4 |
| f | 2 | −316.9 | 633.8 | 490.6 | 637.8 |
| x | 2 | −180.2 | 360.3 | 217.2 | 364.3 |
| x+f | 3 | −133.1 | 266.2 | 123.0 | 272.2 |
| 완전 | 100 | −71.6 | 143.2 | 0.0 | 343.2 |

## 6.5 교호작용항을 넣은 선형예측식

그러면 선형예측식 $\beta_1 + \beta_2 x_i + \beta_3 f_i$를 조금 더 복잡하게 설정하여 교호작용(interaction)항을 추가해 보겠습니다. 이 예제의 경우에 교호작용이란 식물의 사이즈 $x_i$와 비료 처리의 효과 $f_i$의 「곱」의 효과입니다.

교호작용항을 추가한 선형예측식은

$$\text{logit}(q_i) = \beta_1 + \beta_2 x_i + \beta_3 f_i + \beta_4 x_i f_i$$

가 됩니다. 비료 처리의 요인은 「무처리(C)」「비료 처리(T)」의 2수준이므로, 여기서도, 이 인자형의 설명변수 $f_i$가 C이면 0, T이면 1입니다.[21] 따라서, 교호작용항 $\beta_4 x_i f_i$는 단순히 「$x_i$와 $f_i$의 곱에 계수 $\beta_4$를 곱한

---

21 제3장의 3.6절과 동일하지만 여기서는 $d_i$라는 더미변수를 사용하고 있지 않습니다.

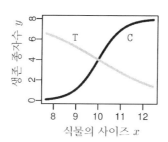

**그림 6.8** 교호작용의 크기가 매우 큰 경우. 사이즈 의존성이 비료 효과에 의해서 크게 변하고 있다. C는 무처리, T는 비료 처리.

것」이라고 생각해도 상관없습니다. 예를 들어, 교호작용의 영향이 큰 경우는 그림 6.8과 같이 평균 생존 종자수의 사이즈 $x_i$ 의존성이 비료 처리 $f_i$에 따라 다른 형태로 변합니다.[22]

그러면, 로지스틱회귀의 예제인 생존 종자수의 데이터(그림 6.2)의 교호작용을 추정해 봅시다. R에서 교호작용을 포함시킨 통계모형을 추정하기 위해서는

```
> glm(cbind(y, N - y) ~ x * f, family = binomial, data = d)
```

로 지정합니다. 모형식의 우변 x*f는 x+f+x:f의 간단한 입력 방법입니다. x:fT항이 교호작용을 의미합니다.

　이와 같이 교호작용항을 포함한 모형을 사용해 모수를 추정하면

---

[22] 사이즈 의존성이 비료 처리에 의해서 바뀐다고 생각할 때에는 $\mathrm{logit}(q_i) = \beta_1 + (\beta_2 + \beta_4 f_i) x_i + \beta_3 f_i$라는 식을, 비료 처리의 효과가 사이즈에 의존한다고 생각할 때에는 $\mathrm{logit}(q_i) = \beta_1 + \beta_2 x_i + (\beta_3 + \beta_4 x_i) f_i$ 등도 고려할 수도 있습니다. 모두 동일한 식을 살짝 변형한 것뿐입니다.

다음과 같은 결과가 얻어집니다.

```
Coefficients:
(Intercept)          x            fT          x:fT
  -18.52332      1.85251      -0.06376      0.21634

Degrees of Freedom: 99 Total (i.e. Null);   96 Residual
Null Deviance:        499.2
Residual Deviance: 122.4     AIC: 273.6
```

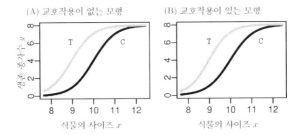

그림 6.9   교호작용의 유무를 조사하는 도시. (A) 교호작용이 없는 x + f 모형. (B) 교호
작용이 있는 x * f 모형. 각각의 모형의 평균 생존수의 예측. 교호작용을 추가
해도 거의 변화가 없다.

이 추정 결과와 6.4.4항에서 AIC기준 최량모형으로 선택된 **x+f**
모형에서의 **fT**의 추정치(fT의 추정치는 2.02, p.141)가 상당히 달라 보입
니다. 그러나 그림 6.9를 보면 모형의 예측으로서는 거의 변화가 없
습니다.

비료 처리를 하지 않은 경우(**C**)는 대략

$$\operatorname{logit}(q_i) = -18.5 + 1.85x_i$$

이 되고, 반면 비료 처리를 한 경우(T)는

$$\mathrm{logit}(q_i) - 18.5 - 0.0638 + (1.85 + 0.216)x_i = -18.6 + 2.07x_i$$

가 됩니다. 그래프를 그려보면 금방 알겠지만, 모형의 예측도 별로 바뀌지 않습니다(그림 6.9). 또, x+f 모형의 AIC는 272였지만 교호작용을 넣으면 274로 악화됩니다.[23] 이 예제의 경우는 교호작용항을 추가해도 모형만 복잡하게 만들 뿐, 예측능력은 전혀 개선되지 않았다고 결론내릴 수 있습니다.

　　교호작용항은 그 계수만 봐서는 해석할 수 없는 경우가 대부분이며, 위처럼 추정 결과에 근거하여 예측 등을 도시해 볼 필요가 있습니다.[24] 교호작용항을 사용할 때 주의할 점은 쓸데없는 교호작용항을 넣지 않아야 한다는 것입니다. 설명변수가 증가할수록 가능한 교호작용항의 수는 「폭발적」으로 증가해 모수 추정이 곤란해집니다. 또, 교호작용항을 추가해서 추정하더라도, 그것이 의미하는 바를 도무지 해석할 수 없는 사례도 자주 있습니다.

　　교호작용의 추정은 관측 데이터로의 복잡한 패턴을 조금 더 정밀하게 모형화하기 위한 노력이라고 할 수 있습니다. 그러나 실제 분석에 있어서 어떤 교효작용항을 포함할지 정하는 것은 쉬운 문제가 아닙니다.

---

23 단, 이 예제 데이터로 말하면 glm( )의 모형식의 우변을 x:f로한 모형의 AIC가 가장 좋게 됩니다. 즉, 비료 처리에 의해서 기울기만 변하는 모형입니다. 이 모형을 자동탐색하기 위해서는, stepAIC( ) 함수의 인수지정에 direction="both"를 추가해 주세요. 또, 이것은 제4장에서도 설명하였던, AIC가 「참 모형」(이 경우는 x+f)을 선택하는 것이 아니다 — 의 하나의 예가 됩니다.

24 이것은 교호작용항뿐만 아니라, 어떤 통계모형의 추정결과의 해석에 있어서도 당연히 해야 합니다.

실제로 데이터에 GLM을 적합하다 보면, 다수의 교호작용항을 포함한 통계모형의 AIC가 가장 좋은 경우가 종종 있습니다. 그러나 이와 같은 모형은 교호작용항의 효과를 과대추정하여, 즉, 가짜의 교호작용을 포함하고 있는 모형일 가능성도 있습니다. 대부분의 실제 데이터에서는 설명변수로는 설명할 수 없는 「개체차」「장소차」에 의한 오차가 발생하는 것이 당연합니다. 그런 점들을 고려하지 않은 상태로 GLM을 적합할 경우 과도하게 복잡한 모형이 선택될 가능성이 있습니다.[25]

## 6.6 나눈 값의 통계모델링은 이제 그만

　　이항분포와 로짓링크함수를 사용하는 로지스틱회귀의 이점 중 하나는 「종자가 생존할 확률」「처리에 반응할 확률」 등과 같이 발생 확률을 추정함에 있어서 (변수1)/(변수2)라는 식으로 비율값을 만들어 낼 필요가 없다는 것입니다.

　　임의로 만들어낸 비율값[26]을 이용하여 회귀와 상관분석을 하는 사례를 심심치 않게 볼 수 있습니다. 예를 들어, 예제와 같이 종자 생존 확률이 어떤 변수에 영향을 받는지 알고 싶은 경우 별 생각 없이 서로 다른 두 변수를 나누어 하나의 변수로 통합해버리는 경향이 있습니다.

　　이 같은 변수변환에 의한 데이터 가공은 주어진 관측치를 조작해

---

25 현실의 데이터 분석에서는, 다음 제7장 이하에서 설명하는, 「개체차」「장소차」의 효과를 넣은 GLM을 사용할 필요가 있습니다. 이와 같은 통계모형을 사용하면 대부분의 경우에 있어서, 여기서 언급한 「가짜 교호작용」은 사라집니다.

26 생태학 분야의 경우 나눗셈으로 나온 값들을 다시 나눗셈하는 사례도 상당히 발견됩니다.

서 새로운 지표를 만드는 좋지 않은 예라고 할 수 있습니다. 가령, 원래의 변수에 로그를 취하거나, 또는 여러 변수를 하나의 평균으로 바꿔서 사용하는 경우 등이 이에 해당합니다.

이와 같이 일부러 변수변환을 통하여 만들어낸 변수를 통계모형의 반응변수로 사용할 필요도 없을 뿐더러, 경우에 따라서 잘못된 결과를 도출할 가능성도 있습니다. 예를 들어, 변수들 간에 나눗셈 연산을 시행함으로 인해 발생하는 문제로서는 다음과 같은 것을 들 수 있습니다.

▶ 정보를 잃어버린다: 가령 야구의 타율 변수의 경우 1,000타수 300안타의 타자와 10타수 3안타의 타자를 모두 「3할 타자」라고 말할 수 있는 것일까요? 이와 같이 타수·안타수로 구성된 2개의 변수를 하나로 정리하는 것은 오히려 명확함이라는 정보를 잃게 만듭니다.

▶ 변환된 값의 분포는 어떻게 되는가?: 분자·분모를 구성하고 있는 변수는 각각 오차를 포함하고 있습니다. 그렇다면 이렇게 만들어진 비율값은 어떤 확률분포[27]를 따르는 것일까요? 카운트 데이터에 1을 더하여 로그변환하면 정규분포가 될까요?

### 6.6.1 나눈 값 대신 오프셋항을 추가

데이터 분석에 있어서, 반응변수를 나눗셈으로 변수변환하지 않으면 통계모형을 설정할 수 없다 — 라는 상황은 거의 없을 겁니다.[28] 그보다는 훨씬 그럴듯하며, 보다 이해하기 쉬운 통계모델링 방법이 반드시 있습니다.

---

27  나눗셈의 확률을 도출할 수 있는 경우도 있지만, 일반적으로는 어려운 문제입니다. 분자·분모가 독립이 아닌 경우는 더욱 복잡하게 됩니다.

28  작도를 하기 위해서는 사용해야 하는 경우도 있습니다. 하지만 그림을 위해서 사용했다고 해서, 모수 추정에도 나눗셈 계산을 할 필요는 없습니다.

로지스틱회귀 통계모형처럼, 「$N$개 중에서 $y$개의 사건이 발생할 확률」을 다루는 이항분포를 사용하면 일부러 비율값을 만들지 않아도 됩니다.[29]

다음과 같은 예제 상황을 생각해 보겠습니다. 관심 종속변수가 인구밀도 등과 같이 「단위 면적당 개체수」의 형태로 표현되는 수치라고 합시다. 이 같은 상황이라면 연구자는 관측 데이터(총 개체수)를 관측 데이터(면적)로 나눈 값을 종속변수로 사용하기 쉽습니다. 이 같은 상황에서 원자료를 그대로 사용하기 위해서는 어떻게 통계모형을 만들면 좋을지 생각해 봅시다. 이때 필요한 방법이 오프셋(offset)항 기법입니다.

구체적으로 포아송회귀에서 오프셋항 기법을 그림 6.10(A)의 가상 데이터를 이용해 설명하겠습니다. 이 조사의 개요는 다음과 같습니다.

▶ 삼림 여기저기에 조사 구역 100개를 설정했다($i \in \{1, 2, \cdots, 100\}$).

▶ 조사 구역 $i$마다 면적 $A_i$가 다르다.[30]

▶ 조사지 $i$의 「밝기」 $x_i$가 측정되어 있다.

▶ 조사지 $i$의 식물 개체수 $y_i$를 기록했다.

▶ (분석의 목적) 조사지 $i$에 있어서 식물개체의 「밝기」가 「인구밀도」 $x_i$에 어떻게 영향을 주는지 알고 싶다.

여기서 말하는 인구밀도란 개체수/면적 같은 단위 면적당의 개체수라는 개념이지만, 비율 개념을 포함하는 수량일지라도 관측치 $y_i$와 $A_i$로 비율계산을 할 필요는 없습니다. 바로 이 같은 상황에서 GLM의

---

29  「생존 확률이라는 개념 자체가 무의미하다」라는 주장을 하고 있는 것이 아닙니다. 그와 같은 지표를 조사하고 싶을 때는, 관측치끼리 나눗셈해서 계산된 수량을 통계모형의 반응변수로 할 필요도 없으면, 이치에 맞지 않다는 것입니다.

30  처음부터 균일하게 구획을 설정하지 왜?! ― 라고 따져 묻고 싶은 기분이 드는 데이터를 가끔 만나게 됩니다.

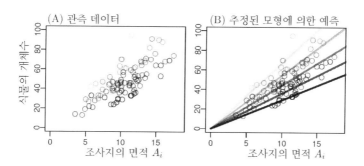

그림 6.10  오프셋항을 이용하는 GLM을 설명하기 위한 예제. (A) 가상 식물 집단의 데이
터. 세로축은 개체수. 가로축은 조사지의 면적 $A_i$. 색은 어두운 점은 어두운
장소($x_i$가 작다), 밝은 점은 밝은 장소($x_i$가 크다). (B) 추정된 모형에 의한
예측. 밝기 $x_i \in \{0.1, 0.3, 0.5, 0.7, 0.9\}$마다 평균 개체수를 예측했다. 밝은 장소
($x_i$가 크다)일수록 밝은 색의 직선.

오프셋항을 사용해 해결하는 것입니다.

면적이 $A_i$인 조사 구역 $i$의 밀도는

$$\frac{\text{평균 개체수 } \lambda_i}{A_i} = \text{인구밀도}$$

입니다. 밀도는 양의 값을 취하므로, 지수 함수와 밝기 $x_i$ 의존성을 조
합하여,

$$\lambda_i = A_i \times \text{인구밀도} = A_i \exp(\beta_1 + \beta_2 x_i)$$

로 모형화하고 정리하면,

$$\lambda_i = \exp(\beta_1 + \beta_2 x_i + \log A_i)$$

가 되고, 밀도는 $z_i = \beta_1 + \beta_2 x_i + \log A_i$를 선형예측식으로 하는 로그링크 함수·포아송분포의 GLM이 됩니다.

단, 이 선형예측식 $z_i$의 $\log A_i$에는 계수가 붙어 있지 않습니다. 이와 같이 선형예측식 안에서 모수가 붙지 않는 $\log A_i$와 같은 항을 오프셋항이라고 합니다. 즉, 선형예측식에 $\log A_i$가 추가된 형태입니다.

R의 glm( )에서는 오프셋항을 다음과 같이 지정합니다.

```
> glm(y ~ x, offset = log(A), family = poisson, data = d)
```

R코드를 보면 알 수 있듯이, 데이터 프레임 d에 전체 데이터가 저장되어 있고, y, x, A 각 열은 조사 구역의 개체수·밝기·면적을 나타냅니다.[31]

이와 같이 오프셋항을 사용하면 개체수 평균이 조사지의 면적 $A_i$에 비례한다는 가정을 반영하여 밝기 $x_i$의 효과를 추정할 수 있습니다. 개체수를 조사 구역 면적으로 나누어 밀도 변수를 일부러 만들 필요가 전혀 없습니다. 그림 6.10에 추정 모형을 사용한 예측을 나타내고 있습니다.[32]

오프셋항은 GLM(과 그것으로부터 발전된 통계모형)에서 여러 가지로 응용할 수 있는 기법이고, 「단위 면적당」이 아닌 「단위 시간당」의 사건을 조사하고 싶은 경우에도 사용할 수 있습니다. 예를 들어, 조사 구

---

31  물론 오프셋항을 포함하는 GLM의 추정 결과도 모형선택의 대상이 됩니다. 이 예제의 경우, 설명변수에 조사지의 밝기를 넣은 모형과 「절편」만의 모형의 AIC를 비교하는 식으로 모형 예측의 좋음을 평가할 수 있겠죠.

32  이 그림에서 예측된 평균 개체수 λ가 직선으로 나타나 있는 것은, 그림의 가로축이 설명변수 $x_i$가 아니고, 조사지의 면적 $A_i$이기 때문입니다.

역 A와 조사 구역 B 각각에서 단위 시간에 상공을 통과하는 새의 개체수를 세어, 조사 구역에 따라서 통과하는 새의 밀도에 차이가 있는지 조사하고 싶다고 합시다. 이 경우에 혹시라도 A와 B 구역에서 조사된 관찰 시간이 다르다고 해도, log(관찰시간)을 오프셋항으로, 통과한 새의 개체수를 반응변수, 조사 구역을 인자형 설명변수로 설정하면, 단위 시간당 통과 개체수의 차이를 추정할 수 있습니다.[33]

단위 면적·단위 시간당 카운트 데이터뿐만 아니라 개념적으로는 (연속값)/(연속값)과 같은 비율·밀도 등도 오프셋항을 사용한 통계모델링이 가능합니다.[34]

## 6.7  정규분포와 우도

포아송분포와 이항분포가 카운트 데이터를 다루기에 적절한 분포라면, 정규분포(normal distribution)는 연속값의 데이터를 통계모형으로 다루기 위한 확률분포입니다. 정규분포를 가우스분포(Gaussian distribution)라고 하기도 합니다.

정규분포는 포아송분포와 마찬가지로 평균을 나타내는 모수 $\mu$를 가지지만, 그 범위는 ±∞의 범위에서 자유롭게 변화할 수 있습니다.[35] 또, 포아송분포와는 다르게 오차를 나타내는 표준편차[36]를 나타내는

---

33  이와 같은 상황에서 로지스틱회귀를 하고 싶다 — 예를 들어 두 종류의 새의 비율을 조사하고 싶은 경우에는, complementary log−log링크함수와 관측 시간의 로그 오프셋항을 지정합니다.

34  더욱이, 분자·분모 양쪽 모두 오차가 있는 경우에는 제10장 이하에서 설명하는 베이즈 통계모형을 적용하면, 관측치끼리의 나눗셈을 피할 수 있습니다. 단, 이 책에서 거기까지는 설명하지 않습니다.

35  포아송분포의 평균 λ는 비음(非陰)의 값이어야만 하는 제약이 있습니다.

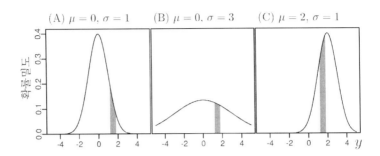

그림 6.11    정규분포의 확률밀도함수. 가로축은 확률변수 $y$, 세로축은 확률밀도함수. 회색 영역의 면적이 $1.2 \leq y \leq 1.8$가 되는 확률을 나타낸다.

모수 $\sigma$로 데이터의 오차를 지정합니다.

평균 모수 $\mu$와 표준편차 모수 $\sigma$의 정규분포의 수식 표현은

$$p(y|\mu,\sigma) = \frac{1}{\sqrt{2\pi\sigma^2}}\exp\left\{-\frac{(y-\mu)^2}{2\sigma^2}\right\}$$

입니다. 이 함수가 정규분포의 **확률밀도함수**입니다.[37]

이 확률밀도함수가 무엇인지 이해하기 위해서 위에 주어진 $p(y|\mu,\sigma)$의 식을 그래프로 나타내 봅시다. R에서 정규분포의 밀도함수를 도시하기 위해서는 다음과 같이 지정합니다.

```
> y <- seq(-5, 5, 0.1)
> plot(y, dnorm(y, mean = 0, sd = 1), type = "l")
```

위와 같이 하면, 그림 6.11(A)의 곡선이 그려집니다. 그림 6.11의 세로

---

36    표준편차$^2$ = 분산

37    이 책에서는 확률밀도함수를 확률과 동일하게 $p(y|\mu,\sigma)$로 쓰고 있습니다.

축은, 지금까지의 이산확률분포의 그래프38와는 달리, 확률이 아닌 확률밀도를 나타내고 있습니다.

이와 같은 연속확률분포에서는 확률밀도함수의 적분값을 확률로 정의하고 있습니다. 그림 6.11(A – C)에서 회색 영역의 면적이 확률변수 $y$가 $1.2 \le y \le 1.8$일 확률을 나타냅니다. 정규분포의 확률밀도함수가 $p(y|\mu,\sigma)$라면 확률 $P(1.2 \le y \le 1.8|\mu,\sigma)$는

$\int_{1.2}^{1.8} p(y|\mu,\sigma)dy$로 쓸 수 있습니다.

R로 확률을 계산할 때는 pnorm(x, mu, sd) 함수를 사용합니다. 인수 mu에 평균 $\mu$, sd 에 표준편차 $\sigma$를 지정하면,

$\int_{-\infty}^{x} p(y|\mu,\sigma)dy$를 계산할 수 있습니다.

예를 들어, 평균 $\mu = 0$, 표준편차 $\sigma = 1$인 정규분포39의 확률 $P(1.2 \le y \le 1.8|\mu,\sigma)$를 pnorm( ) 함수로 계산해 보면

```
> pnorm(1.8, 0, 1) - pnorm(1.2, 0, 1)
[1] 0.07914
```

확률은 0.079 정도라는 것을 알 수 있습니다.

그림 6.11의 회색 영역의 면적 계산의 또 다른 방법으로 $y = 1.2$와 $y = 1.8$의 중간값 $y = 1.5$에 대한 확률밀도함수 $P(y = 1.5|\mu = 0,\sigma = 1)$를 「높이」로, $1.8 - 1.2 = 0.6$을 폭 $\Delta y$로 하는 직사각형으로 근사해 보면,

---

38  엄밀하게 말하면 확률질량함수라고 합니다.
39  이것을 표준정규분포라고 합니다.

```
> dnorm(1.5, 0, 1) * 0.6
[1] 0.07771
```

　　확률은 0.078이 되는 것을 알 수 있습니다. 폭 $\Delta y$가 작을수록 좋은 근사가 됩니다.

　　확률＝확률밀도함수×$\Delta y$라는 사고방식에 근거하여, 정규분포의 **최우추정**에 대해서 간단히 설명하겠습니다. 예를 들어, 총 인원 $N$명인 집단의 신장 데이터를 $Y= \{y_i\}$라고 합시다. $y_i$는 $i$번째 사람의 키를 나타냅니다.

　　$y_i$가 $y_i - 0.5\Delta y \leq y \leq y_i + 0.5\Delta y$일 확률은 확률밀도함수 $p(y_i | \mu, \sigma)$와 구간폭 $\Delta y$의 곱으로 근사할 수 있으므로, 정규분포 통계모형의 우도함수는

$$L(\mu, \sigma) = \prod p(y_i | \mu, \sigma) \, \Delta y$$
$$= \prod_i \frac{1}{\sqrt{2\pi\sigma^2}} \exp\left\{ -\frac{(y_i - \mu)^2}{2\sigma^2} \right\} \Delta y$$

가 되고, 로그우도함수는 다음과 같이 됩니다.

$$L(\mu, \sigma) = -0.5 N \log(2\pi\sigma^2) - \frac{1}{2\sigma^2} \sum (y_i - \mu)^2 + N \log(\Delta y)$$

　　그러나, 정규분포와 같은 연속형 확률분포를 사용한 통계모형의 최우추정에서, 구간폭 $\Delta y$를 일일히 설정할 필요는 없습니다. 구간폭 $\Delta y$는 상수이기 때문에 모수 $\mu, \sigma$의 최우추정치를 구하는 데는 영향을 미치지 않기 때문입니다. 따라서 원래의 우도함수와 로그우도함수의 표기에서 $\Delta y$와 $\log(\Delta y)$를 생략하고, 다음과 같은 함수를

$$L(\mu, \sigma) = -0.5N \log(2\pi\sigma^2) - \frac{1}{2\sigma^2} \sum (y_i - \mu)^2$$

최대화시키는 모수를 찾는 방식으로 최우추정을 합니다.

연속확률분포 통계모형의 우도는 확률의 곱이 아니고 확률밀도함수의 곱으로 표현됩니다. 우도가 확률밀도함수의 곱인 경우에는 로그우도가 언제나 음의 값이 된다는 보장은 없기 때문에[40] 정규분포 등 연속확률분포를 사용한 통계모형에서는 로그우도가 양의 값이 되는 경우도 있습니다. 따라서 우도와 관련된 AIC와 일탈도도 음의 값이 나올 수도 있습니다.

그럼, 최소제곱법과 최우추정법의 관계를 확인해 보겠습니다. 위의 로그우도 식을 보면 알 수 있듯이, 표준편차 모수 $\sigma$가 $\mu$와는 전혀 관계없는 상수인 경우에는, 제곱오차의 합 $\sum_i (y_i - \mu)^2$을 최소화하는 모수 $\hat{\mu}$이 $\log L(\mu, \sigma)$를 최대화시킵니다. 바꿔 말하면 표준편차 $\sigma$가 일정한 정규분포 모수의 최우추정치는 최소제곱법의 추정치와 동일한 값입니다.

정규분포를 사용한 통계모형의 적합으로서 자주 사용되는 직선회귀에 대해서는 제3장의 3.8절에서 간단하게 설명했습니다. 회귀분석은 GLM의 특수한 경우로서, 확률분포는 정규분포, 연속형 설명변수 $x_i$를 사용한 선형예측식 $z_i = \beta_1 + \beta_2 x_i$, 항등링크함수를 사용해 평균을 $\mu_i = z_i$로 지정한 경우에 해당합니다. 이와 같이 「GLM의 최우추정법에 의한 모수의 추정」과, 「최소제곱법에 의한 직선의 적합」은 위에 설명한 관계에 의해서 동일한 것으로 간주할 수 있습니다.

---

40  예를 들어 $\sigma^2$이 0에 가까운 경우.

## 6.8 감마분포의 GLM

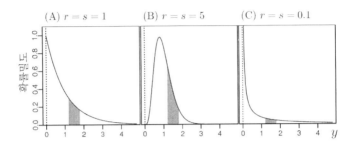

그림 6.12  감마분포의 확률밀도함수. 가로축은 확률변수 $y$, 세로축은 확률밀도, 회색 영역의 면적은 $1.2 \leq y \leq 1.8$인 확률을 나타낸다.

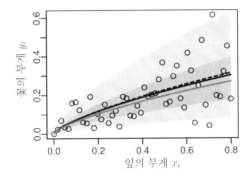

그림 6.13  감마분포를 사용한 GLM의 예제. 가로축은 가상 식물의 잎의 무게 $x$, 세로축은 그 식물의 꽃의 무게 $y$. 점은 관측치, 점선이 참 평균. 검은 곡선이 glm( ) 함수에 의한 평균의 예측. 회색 곡선이 예측 분포의 중앙값(50% 점). 옅은 회색과 더 옅은 회색의 영역은, 각각 50% 예측 구간(25–75% 구간)과 90% 예측 구간(5–95% 구간).

감마분포(gamma distribution)는 확률변수가 취하는 범위가 0 이상인 연속확률분포입니다.[41] 확률밀도함수는,

$$p(y|s,r) = \frac{r^s}{\Gamma(s)} y^{s-1} \exp(-ry)$$

로 정의하고 $s$는 shape 모수, $r$은 rate 모수[42]라고 합니다. $\Gamma(s)$는 감마분포함수입니다. 평균은 $s/r$, 분산은 $s/r^2$이 됩니다. 이것으로부터 분산 = 평균/$r$이 됩니다. 또, $s=1$인 경우는 **지수분포**(exponential distribution)가 됩니다.

R의 **gamma(y, shape, rate)** 함수를 사용하면 감마분포의 확률밀도를 계산할 수 있습니다. 감마분포의 확률밀도함수는 그림 6.12와 같습니다.

그러면 이 감마분포를 사용한 GLM의 예제를 다루어 보겠습니다. 그림 6.13에 산점되어 있는 데이터[43]를 해석해 나가겠습니다. 이 예제는 가상 식물 50개체의 잎의 무게과 꽃의 무게의 관계를 조사한 것입니다. 개체 $i$의 잎의 무게는 $x_i$, 꽃의 무게가 $y_i$이며, $x_i$가 커질수록 $y_i$도 커지는 경향을 볼 수 있습니다. 반응변수 $y_i$, 설명변수 $x_i$를 이용하여 두 변수의 관계를 GLM으로 기술해 봅시다.

여기서는, 꽃의 무게 $y_i$가 평균이 $\mu_i$인 감마분포에 따른다고 가정하겠습니다. 왜냐하면 반응변수 $y_i$는 연속값이면서 무게를 나타내기 때문에 양수만을 취합니다. 따라서 그 오차는 정규분포보다는 감마분포로 설명하는 것이 타당해 보입니다.

추가적으로 몇 가지의 생물학적인 이유로 인해 평균 꽃의 무게 $\mu_i$

---

41  단, 이후에 설명하는 감마분포의 GLM에서는 반응변수 $y$에 0이 포함되어 있는 경우, R의 glm( )을 사용하여 모수를 추정할 수 없습니다. 어떻게 해서든지 추정하고 싶다면, $10^{-10}$과 같은 아주 작은 수치를 반응변수에 더하는 편법을 쓰든가, R의 optim( ) 함수 등을 사용해서 최우추정의 프로그램을 만들면 되겠지요.

42  역수를 취한 $1/r$은 스케일 모수라고 불립니다.

43  데이터는 웹사이트로부터 다운로드할 수 있습니다.

와 잎의 무게 $x_i$는

$$\mu_i = A x_i^b$$

와 같은 단조증가 함수의 관계가 성립한다고 가정합시다. 이 우변에서는 $A = \exp(a)$라고 변형하여 전체를 지수함수의 형태로 정리하면 아래와 같습니다.

$$\mu_i = \exp(a) x_i^b = (a + b \log x_i)$$

이 양변의 로그를 취하면,

$$\log \mu_i = a + b \log x_i$$

와 같이 평균 $\mu_i$와 선형예측식 $a + b \log x_i$을 로그링크함수로 연결한 GLM의 형태가 됩니다. 이때 선형예측식으로 사용되는 설명변수는 $x_i$가 아니고 $\log x_i$이고, 추정해야 하는 모수는 절편 $a$와 기울기 $b$입니다.

　이 GLM의 모수를, R의 glm( ) 함수로 추정해 보겠습니다. glm( )에 의한 추정은 평균 $\mu_i$를 결정하는 선형예측식과 링크함수만을 지정하면 된다 ― 라는 편리함이 있습니다. 즉, 평균·분산에 해당하는 shape/rate 모수를 어떻게 지정해야 할지 전혀 신경 쓸 필요가 없습니다. 지금까지 등장했던 여러 가지 GLM의 추정 방법과 동일하게,

```
> glm(y ~ log(x), family = Gamma(link = "log"), data = d)
```

로 지정하면 됩니다. 추정 결과로부터 얻어진 예측을 그림 6.13에 나타 냈습니다.[44] 이번에는 꽃의 무게의 예측뿐만 아니라, 감마분포를 사용 해 평가된 50%와 90% 구간의 예측도 함께 그려 넣었습니다.[45]

## 6.9 이 장의 정리

이 장에서는 GLM의 여러 가지 확장과 응용을 소개하였습니다.

▶ GLM은 반응변수의 오차를 표현하는 데 있어서 정규분포뿐만 아니 라, 포아송분포·이항분포·감마분포 등의 확률분포를 선택할 수 있 다(6.1 다양한 종류의 데이터에 응용할 수 있는 GLM).

▶ 「$N$개의 관찰대상 중 $k$개가 반응했다」와 같은 형태의 데이터에 보 이는 오차를 나타내기 위해서 이항분포를 사용할 수 있다(6.3 이항 분포로 표현하는 「있음·없음」 카운트 데이터).

▶ 발생 확률과 선형예측식을 로지스틱함수로 연결하는 GLM의 적합 을 로지스틱회귀라고 한다(6.4 로지스틱회귀와 로짓링크함수).

▶ 설명변수의 곱의 효과를 보기 위해서는 선형예측식에 교호작용항을 포함시킨 모형을 사용할 수 있다(6.6 교호작용항을 넣은 선형예측식).

▶ 데이터 분석에 있어서 관측치끼리의 나눗셈에 의한 새로운 변수의 생성, 반응변수의 변수변환 등은 정보의 소실의 원인이 되기도 한 다. 로지스틱회귀와 오프셋항의 요령을 잘 활용하면 정보 소실의 원 인이 되는 「데이터의 가공」은 불필요하다(6.7 나눈 값의 통계모델링

---

44　이와 같은 그림을 작도하기 위해서는 glm( )의 추정 결과에 포함되어 있는 분산을 결정하는 모수의 추정치가 필요합니다.

45　이와 같은 예측 구간을 평가할 때에는 추정치의 오차도 고려하는 경우도 있습니 다. 그러나 여기서는 고려하지 않고 있습니다.

은 이제 그만).

▶ 연속확률변수의 오차를 표현하는 확률분포로는 정규분포·감마분포 등이 있다. 통계모형에 이런 분포를 도구로 사용하는 데 있어서, 이산확률분포와의 차이점에 주의해야만 한다(6.8 정규분포와 우도, 6.9 감마분포의 GLM).

지금까지 설명과정에서 수차례 언급하였지만, 실제 데이터 분석을 하기 위해서는 조금 더 복잡한 통계모형이 필요합니다. 다음 제7장 이하에서 GLM을 보다 더 확장해 나갑니다. 제6장까지 등장한 여러 가지 GLM의 이해는 지금부터 해나갈 GLM의 확장 과정을 이해하기 위한 기반이 될 것입니다.

# 일반화선형혼합모형(GLMM)
## -개체차의 모델링-

실제의 데이터 분석에서는 「GLM으로는 잘 설명되지 않는」 현상을 자주 접하게 됩니다. 이에 잘 대처하기 위해서 GLM을 강화합니다.

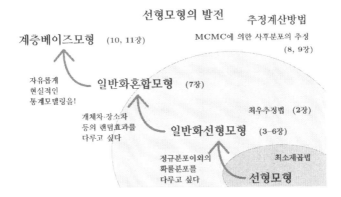

그림 7.1  이 책에서 선형모형을 발전시켜나가는 설명의 플랜. 이 장에서는 「데이터화되
         지 않은 개체차·장소차」 등을 나타내는 랜덤효과를 포함시킨 통계모형인 일
         반화선형혼합모형(GLMM)을 해설한다.

일반화선형모형(GLM)은  확률분포·링크함수·선형예측식을  조합
하여, 반응변수 $y_i$와 설명변수 $x_i$를 연결시키는 시스템입니다. 이 책의
전반부에서 GLM만 이용하여 자료를 적합하는 방법을 설명한 이유는,
「데이터에 어울리는 통계모형을 만들자」라는 사고방식을 독자에게 심
어주기 위해서였습니다. 그러나 지금까지 등장한 단순한 GLM으로는
현실의 데이터 분석의 응용에는 무리가 있습니다. 그 이유는 실험·조
사로 얻어진 카운트 데이터의 오차가 포아송분포와 이항분포만으로는
잘 설명되지 않는 경우가 대부분이기 때문입니다.

예를 들어, 제3장의 예제처럼 식물 개체의 종자수를 조사하는 상
황에서 생각해 봅시다. 조사 결과 모든 개체의 설명변수가 동일한 값으
로 관찰되었다고 해봅시다. 이런 조사 결과는 「관측된 개체차」인 설명
변수에 차이가 없었기 때문에 모든 개체의 종자수가 동일하게 평균 $\lambda$
인 포아송분포를 따라야만 한다는 것을 의미합니다. 그렇지만, 현실적
으로는 이처럼 「설명변수 이외에 나머지가 조건이 모두 동질」이라는

조건을 만족할 수 없기 때문에, 평균 λ를 모든 개체에 일관되게 적용하는 것은 무리가 있습니다. 이와 같이 설명변수 값이 같으면 평균도 같다는 GLM의 가정이 성립하기 힘들기 때문에, 집단에 따라서 개체 종자수의 분포는 포아송분포로 기대되는 것보다 큰 오차가 생깁니다.

위에 언급한 내용의 요점은, 데이터의 오차를 초래하는「개체간의 차이」라는 것을 정량화할 수 없다는 점입니다. 제1장에서도 기술했듯이 인간은 자연의 이것저것 모든 것을 측정할 수는 없습니다. 그러나「무언가 원인 불명인 개체차가 있다」라는 사실은 통계모형으로 표현할 수 있습니다.

이 장에서는 이와 같이「인간이 측정할 수 없는·측정하지 않았던 개체차」를 포함하는 GLM의 확장 버전인 일반화선형혼합모형(generalized linear mixed model, GLMM)을 설명합니다(그림 7.1). 대부분의 현실 데이터 분석에서는 이 GLMM의 통계모형을 사용하는 것이 보다 적절할 겁니다. GLMM의 원리는 데이터의 오차는 이항분포·포아송분포로, 개체의 오차는 정규분포로 나타내어 여러 개의 확률분포를 도구로 하는 통계모형입니다.

이 장 이후에 계속해서 등장하는 개체차·장소차라는 용어는 매우 제한적인 의미로 사용하고 있다는 것을 미리 말해 둡니다. 이 용어는 관측자가 데이터화하지 않았지만 개체와 조사지(調査地)에 기인하는 원인불명의 차이를 의미합니다. 관측 데이터로 표현되어 있는 개체의 속성, 즉 통계모형의 설명변수로 사용할 수 있는 수치·인자는 개체차로 부르지 않습니다.

## 예 : GLM으로는 설명할 수 없는 카운트데이터

제6장의 로지스틱회귀 예제와 동일하게[1] 가상 식물의 각 개체로
부터 8개의 종자를 취해, 그 중 몇 개가 생존했는지를 조사했다고 합
시다(그림 7.2).[2] 이 관측 데이터에 근거하여, 그림 7.2(B)에 점선으로
표시되어 있는 것처럼 생존 종자수가 잎의 수에 의해서 어떻게 증가하
는가를 해명하는 것이 이 데이터 분석의 목적입니다.

조사 대상인 가상 식물의 총 개체는 100입니다. 각 개체 $i$의 종자
수는 8개(전체 공통), 그 중 생존한 종자수는 $y_i$개입니다. 모든 종자가
생존한 경우는 $y_i = 8$이고, 전멸한 경우는 $y_i = 0$입니다. 종자의 생존
확률은 개체마다 다른 잎의 수 $x_i$에 의존한다고 가정합니다.

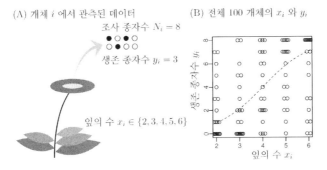

그림 7.2  GLM으로는 잘 다룰 수 없는 생존 종자수의 예제. (A) 가상 식물의 제$i$번째의
개체. 조사 종자수 $N_i = 8$개, 생존 종자수 $y_i$개. 식물 개체의 잎의 수 $x_i$는 2
개 부터 6개. (B) 설명변수 $x_i$(가로축)과 반응변수 $y_i$(세로축). 여기서는 개체
수를 나타내기 위해서 데이터 점을 겹치지 않도록 표시했다. 점선은 「참」 생
존 확률의 일례.

---

1   「생존 확률」 등 용어의 의미도 제6장과 동일합니다.
2   데이터는 웹사이트에서 다운로드할 수 있습니다.

조사 대상은 잎의 수 $x_i$를 최소값 2부터 최대값 6까지로 제한하였고 모두 100개체를 조사하였습니다.3 각 잎의 수에 할당된 개체수는 20입니다.

그럼 먼저 제6장과 동일한 방식으로 GLM을 사용하여 종자의 생존 확률을 추정해 봅시다. 선형예측식과 로짓링크함수4를 결합하여, 다음과 같이 개체 $i$의 종자수의 생존 확률 $q_i$이 잎의 수 $x_i$에 의존하도록 합니다.

$$\text{logit}(q_i) = \beta_1 + \beta_2 x_i$$

관측된 생존 종자수가 $y_i$일 확률이 이항분포에 따른다고 하면,

$$p(y_i|\beta_1, \beta_2) = \binom{8}{y_i} q_i^{y_i} (1-q_i)^{8-y_i}$$

로 표현되고,5 모든 개체의 로그우도는 $\log L = \sum_i \log p(y_i|\beta_1, \beta_2)$가 됩니다. 이 $\log L$을 최대화하도록 절편 $\beta_1$과 잎의 수 $x_i$의 기울기 $\beta_2$를 찾아내는 것이 이 통계모형에서의 최우추정입니다. R의 glm( ) 함수를 사용해 모수의 최우추정치를 구해보면, 절편 $\widehat{\beta_1} = -2.15$이고 기울기 $\widehat{\beta_2} = 0.51$이 됩니다.

이 추정 결과에 근거한 예측의 그림이 7.3(A)입니다. 생존 종자수의 곡선의 「참 기울기」인 $\beta_2 = 1$과 비교할 때, 추정된 기울기인 $\widehat{\beta_2} = 0.51$은 꽤 작은 값으로 추정된 것을 알 수 있습니다.

---

3  설명변수가 정수이지만 큰 문제없이 수치형의 변수로서 다룰 수 있습니다. $x_i$를 정수인 예제를 사용한 이유는 도시 등을 간단히 하기 위해서입니다.

4  로짓링크함수에 대해서는 제6장의 6.4절을 참조.

5  이것은 $\beta_1$과 $\beta_2$뿐만 아니라, 잎의 수 $x_i$에도 의존하고 있지만 표기는 생략했습니다.

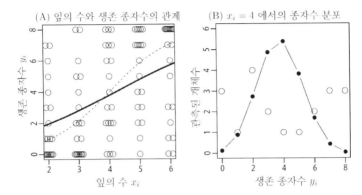

그림 7.3 로지스틱회귀가 부적절한 예제. (A) 그림 7.2(B)의 데이터 위에 GLM의 예측 결과(실선)를 겹친 것. 참의 잎의 수 의존성(점선)보다 작은 기울기가 추정되어 있습니다. (B) 잎의 수 $x_i = 4$에 있어서 종자수 분포(흰점)와, 추정된 GLM 으로부터 예측된 이항분포(검은 점과 실선).

원래 이 데이터 $\{y_i\}$의 분포는 이항분포였을까요? 그림 7.3(B)로 잎의 수 $x_i = 4$를 갖는 20개체의 생존 종자수를 확인해 보겠습니다. 추정 모형으로 예측해 보면 $x_i = 4$인 경우는 생존 확률이 $\mathrm{logistic}(-2.15 + 0.51 \times 4) = 0.47$인 이항분포가 됩니다. 그러나 그림 7.3(B)에서 보듯이 이 데이터는 이항분포를 따르는 것으로 판단하기는 힘들어 보입니다.

### 7.2 과분산과 개체차

지금 다루고 있는 자료는 「$N$개의 종자 중 $y$개가 생존했다」라는 카운트 데이터이긴 하지만, 오차를 단순히 이항분포로만 적합해서는 설명이 잘 되지 않을 것 같습니다. 그럼에도 불구하고 무리하게 이항분포를 가정하는 모형을 적합하면 올바른 추정이 되질 않습니다.

이와 같이 이항분포로서 기대되는 것보다 큰 오차를 **과분산**(또는 과대분산, overdispersion)이라고 합니다.[6]

### 7.2.1 과분산: 오차가 너무 크다

먼저 잎의 수 $x_i = 4$의 개체의 생존 종자수 데이터(그림 7.3(B))가 어떤 식으로「이항분포에 들어맞지 않는」지를 R로 조사해 봅시다. 이 예제 데이터가 데이터프레임 d에 저장되어 있습니다. 이 d는 제6장의 로지스틱회귀의 예제와 동일한 데이터 구조이고, N열에는 모두 8이라는 숫자가 저장되어 있고, y열은 반응변수인 생존 종자수, x열은 설명변수인 잎의 수가 저장되어 있습니다.

잎의 수가 $x_i = 4$를 만족하는 조건으로 서브 데이터 d4를 만들어 봅니다.

```
> d4 <- d[d$x == 4,]
```

생존수가 $y_i$개인 개체를 R로 세어보면,

```
> table(d4$y)
0 1 2 3 4 5 6 7 8
3 1 4 2 1 1 2 3 3
```

가 되고, 이것을 도시한 것이 그림 7.3(B)입니다. 이 데이터의 평균과 분산을 조사해봅시다.[7]

---

```
> c(mean(d4$y), var(d4$y))
[1] 4.05 8.366
```

잎의 수 $x_i = 4$로 제한해서보면 생존 확률의 평균은 $4.05/8 = 0.5$ 정도
가 됩니다. 생존 종자수 $y_i$가 이항분포를 따른다면 분산은
$8 \times 0.5 \times (1-0.5) = 2$ 정도 될 것입니다. 그러나 실제 분산은 8.37 정도
로, 기대되는 분산보다 4배 정도 크게 나타났습니다. 이 같은 상황이
이항분포에 있어서 과분산의 예입니다.[8] 즉, 이 데이터가 이항분포를
따른다고 가정하기에는 「오차가 너무 크기 때문에」, 이항분포를 사용
해서는 설명할 수 없다는 것입니다.

### 7.2.2 관측되지 않은 개체차가 초래하는 과분산

이항분포모형만으로 잘 적합되지 않는 원인으로 관측되지 않은
개체차를 들 수 있습니다. 예를 들어, 그림 7.4에 나타낸 것처럼 극단
적인 과분산의 예를 생각해 봅시다. 겉으로 보기에는 모두 「똑같아」보
이는 식물 개체들의 종자수를 조사한 결과, 절반의 식물은 생존 종자
수가 0, 나머지 절반의 식물은 모든 종자수가 생존한 것으로 관측된
상황입니다.

이와 같은 상황도 단순히 이항분포의 통계모형만으로는 설명할
수 없는 예입니다. 조사 집단의 종자 생존 확률의 평균은 (총 생존

---

7  이 예제의 경우는 설명변수가 $x_i$뿐이고 게다가 이산형 수치이기 때문에, 지금처럼
   간단하게 분산을 비교하거나 도시할 수 있습니다. 이처럼 간단하지 않은 구조의
   데이터에 대해서 과분산을 보이기 위해서는 여러 가지 요령이 필요합니다.

8  이항분포 이외에 과분산이 생기는 확률분포의 예로서는, 포아송분포를 들 수 있습
   니다. 포아송분포는 평균과 분산이 동일한 확률분포이지만 현실의 카운트 데이터
   는 평균보다 분산이 더 큰 경우가 대부분입니다. 포아송분포의 과분산에 대해서는
   이 장의 7.5절 등을 참조해 주세요.

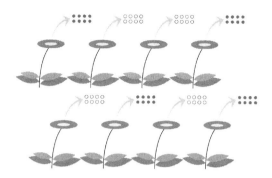

그림 7.4    극단적인 과분산 집단의 예. 검은점은 생존 종자, 흰점은 사망 종자. 잎의 수 $x_i = 4$. 평균 생존 종자수 4인 개체는 존재하지 않고, 전체 개체의 절반은 생존수가 8, 나머지 절반은 0이다.

수)/(총 종자수)=0.5이고, 각각의 개체가 8개의 종자수를 가지고 있으므로, 평균 생존 종자수는 4이지만 그림 7.4를 보면 생존 종자수가 4인 개체는 단 하나도 없습니다.

그림 7.4의 8개체의 분산은 $8 \times 4^2/8 = 16$이 됩니다. 반면, 이항분포로부터 기대되는 분산은 $Nq(1-q) = 8 \times 0.5 \times 0.5 = 2$이므로 과분산 상황이라는 것을 알 수 있습니다. 개체차를 무시하고 단순히 (총 생존수)/(총 종자수)만을 이용해서는 생존 확률 모수를 잘 설명할 수 없습니다.

그림 7.4와 같이 극단적인 예제를 통하여 개체차가 존재하면 과분산이 생긴다는 사실을 알았습니다. 원래 과분산이라는 것은, 어떤 현상의 상태를 기술하고 있는 것이 아니고, 통계모델링의 주체인 인간의 착오를 나타내 주는 것입니다. 「모든 개체들이 동질하다」 등과 같이 과도하게 단순화한 가정에 기반하여, 「모든 개체의 생존 종자수의 분포를 오로지 하나의 이항분포로 설명할 수 있다」고 기대하고 있었다는 것 자체가 실수였다 — 이것이 과분산입니다.[9]

### 7.2.3 관측되지 않은 개체차라는 것은 무엇인가?

이 장의 초반부에 언급했듯이 이 책에서 말하는 개체차라는 것은, 데이터로는 정량화도 식별도 되지 않지만, 「각 개체(관측의 단위)마다의 무엇인가에 기인되어 있는 듯이 보이는 차이」입니다.

이 종자 생존 데이터가 실제 자료라면 생물의 개체차를 초래하는 원인으로 적어도 2종류를 생각할 수 있습니다. 하나는, 생물적(biotic)인 원인으로, 예를 들어 개체의 유전자, 연령과 과거에 경험한 이력의 차이 등입니다. 또 하나는, 비생물적(abiotic)인 것으로 국소적인 영양염류량과 수분환경·광환경이 다르다는 생육 환경의 미묘한 차이 등을 들 수 있겠죠.

관측 대상이 식물이라면 주변의 환경에도 영향을 받고 있을 것입니다. 예를 들어, 식물들을 개체마다 별도의 화분에 심었다고 합시다. 아무리 사전에 실험 준비를 철저히 한다고 해도, 화분의 장소와 흙의 상태 변화에 차이가 생기기 마련이므로, 그로 인해 식물 종자의 생존 확률이 영향받고 있을 지도 모릅니다. 이와 같이 비생물적인 국소 환경 영향 등을 이 책에서는 **장소차** 또는 **블록차**라고 부르기로 하겠습니다.

그렇다면, 주어진 데이터를 이용하여 화분의 효과 같은 것을 추정할 수 있을까요? 7.5절에서도 설명하겠지만, 하나의 화분에 하나의 개체를 심은 경우에는 화분의 차와 개체차를 식별할 수 없습니다. 즉, 이 예제의 경우는 개체기인·화분기인의 오차를 합쳐서 「개체차」로 취급합니다.

개체차와 장소차가 식별을 할 수 있건 없건 관측자가 이 가상 식물에 영향을 주고 있는 모든 원인을 정량·특정하는 것은 **아무리 노력**

---

9  그림 7.7에서 개체차 오차 크기와 과분산의 관계에 대한 예시를 나타냈습니다.

해도 불가능한 것입니다. 따라서, 개체차와 장소차를 원인 불명인 것으로 간주하면서도 이들이 반응변수에 미치는 영향은 설명할 수 있는 통계모형이 필요하게 됩니다.

## 7.3 일반화선형혼합모형

일반화선형혼합모형(GLMM)은 개체차와 장소차의 효과를 GLM에 포함시키는 통계모형입니다. 이 절에서는, 종자의 생존 확률 예제 데이터를 보다 잘 표현할 수 있을 것 같은 개체차의 효과를 고려한 로지스틱회귀의 GLMM에 대해서 설명합니다.

### 7.3.1 개체차를 나타내는 모수의 추가

가상 식물의 종자 생존 확률 $q_i$를 나타내는 식에 개체 $i$의 개체차를 나타내는 모수 $r_i$를 추가해 보겠습니다.

$$\mathrm{logit}(q_i) = \beta_1 + \beta_2 x_i + r_i$$

여기서, $r_i$는 $-\infty$부터 $+\infty$까지의 범위를 취하는 연속값입니다. 이 모형에서 모든 $r_i = 0$으로 설정하면, 「관측되지 않은 개체차는 없다」고 가정하고 있는 GLM이 됩니다.

개체차 $r_i$의 크기가 생존 확률 $q_i$에 주는 영향을 그림 7.5에 나타냈습니다. 같은 잎의 수 $x_i$라도 개체차 $r_i > 0$인 경우에는 「평균적인 개체($r_i = 0$)보다」 생존 확률이 높고, $r_i < 0$은 낮게 됩니다.

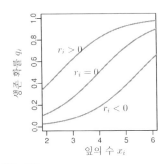

그림 7.5   개체차 $r_i$와 생존 확률 $q_i$.

## 7.3.2 개체차의 오차를 나타내는 확률분포

GLMM의 특징은 개체차를 나타내는 모수 $\{r_1, r_2, \cdots, r_{100}\}$가 어떤 확률분포를 따르고 있다고 가정하는 점입니다. 즉, 개체차의 오차를 확률분포로 나타낼 수 있을 뿐 아니라, 주어진 데이터를 이용하여 그 확률분포의 모수를 추정할 수 있다는 접근 방법입니다. 단, 모수인 절편 $\beta_1$과 기울기 $\beta_2$가 어떤 확률분포를 따른다고 가정하지는 않습니다.

일단, 개체차 $r_i$가 평균 0, 표준편차 $s$인 정규분포를 따른다고 가정해 봅시다. 하지만 $r_i$의 분포가 정규분포라는 어떠한 근거도 없을 뿐더러, 원래 개체차 $r_i$라는 것은 관측할 수 없는 또는 관측하지 않았던 값이기 때문에, 어떤 확률분포를 따를지는 전혀 알 수 없습니다. 정규분포를 가정하는 이유는 올바른 분포이기 때문이 아니고, 단지 이와 같은 통계모델링이 편리하다는 이유 때문입니다.[10] 보다 단순화하기 위해서 각 개체의 $r_i$는 개체간에 서로 독립확률변수[11]라고 가정하겠습

---

10 「변화」가 많은 집단을 대상으로 할 경우에는, $r_i$가 「좀 더 무거운 꼬리 」 확률분포를 따른다고 가정합니다. 예를 들어 $t$분포 등을 사용할 수 있습니다. 「$r_i$의 분포가 정규분포보다 복잡할 가능성」이 있다면, 제10장에 등장하는 계층베이즈모형을 사용하면 조금은 해결됩니다. $r_i$의 분포는 여러 가지 오차의 정규분포를 혼합한 형태가 되기 때문입니다.

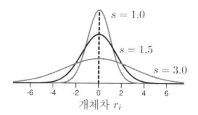

그림 7.6   개체차를 나타내는 평균 0의 정규분포의 확률밀도함수 $p(r_i|s)$

니다.

이런 가정들을 받아들이면 확률밀도함수 $p(r_i|s)$는 다음과 같습니다(그림 7.6).

$$p(r_i|s) = \frac{1}{\sqrt{2\pi s^2}} \exp\left(-\frac{r_i^2}{2s^2}\right)$$

이 확률밀도함수 $p(r_i|s)$는 $r_i$의 「출현 정도」를 나타내고 있다고 해석할 수 있습니다. 그림 7.6으로 확인해 보면 $r_i = 0$ 부근에서 $p(r_i|s)$가 높기 때문에, $r_i$가 0에 가까운 개체는 비교적 「있을 듯한」 것이고, $r_i$의 절대값이 큰 개체는 상대적으로 「별로 없을 것 같다」라는 것을 표현하는 밀도함수입니다.

여기서 새롭게 도입한 모수인 표준편차 $s$는 「$r_i$의 집단내 오차」를 나타냅니다. 그림 7.7에 나타낸 것처럼 $s$가 크면 개체차가 큰 집단이고, $s$가 작으면 개체차가 작은 균질한 집단이라고 표현할 수 있습니다. 개체차의 오차 $s$가 클수록 과분산이 심해질 것이라는 것을 알 수 있습니다.

---

11   $r_i$가 독립 동일분포(identical independent distribution)를 따른다는 것입니다.

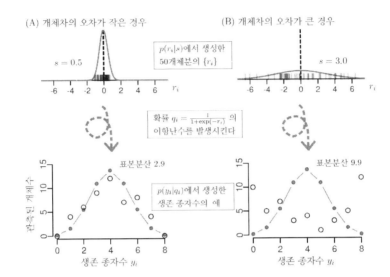

그림 7.7  개체 $r_i$ 의 오차의 크기 $s$ 와 과분산의 관계. $s$ 가 클수록 과분산이 된다. 첫 행은 50개분의 $r_i$(세로 선분). 이것은 평균 0, 표준편차 $s$인 정규분포(회색 곡선)에서 발생시켰다. 더욱이, 종자생존의 모형을 $\beta_1 = \beta_2 = 0$로 두고, 생존학률이 $r_i$에만에 의존하는 모형을 만들어, 예제의 통계모형을 사용해 각 개체 8개의 종자의 생존·사망을 시뮬레이션했다. 하단은 그 결과의 일례, 생존 종자수 마다의 빈도(흰점). 회색의 점과 실선은「모든 개체 균질($s = 0$)」로 가정한 모형의 예측을 나타낸 것. (A) 오차 $s$가 작은 경우 (B) 큰 경우.

### 7.3.3 선형예측식의 구성 요소: 고정효과와 랜덤효과

마지막으로 일반화선형혼합모형(GLMM)이라는 이름에서「혼합」이라는 것이 어떤 의미인지 간단히 설명하겠습니다. 통계모형에 선형예측식이 포함되어 있는 경우, 선형예측식의 구성요소는 전통적·편의적으로 **고정효과**(fixed effects)와 **랜덤효과**(random effects)로 분류되어 왔습니다.[12] 선형예측식에 고정효과와 랜덤효과를 포함하는 항을 가지고 있는 GLM을 혼합(mixed)모형, 또는 혼합효과모형(mixed effects model)

---

12  이들 용어에 대해서는 1.4절도 참조.

이라고 부릅니다.

　데이터의 오차를 정규분포, 항등링크함수로 지정한(즉, 링크함수 없음으로 지정한) 「일반화」가 아닌 선형모형에서는 고정효과는 전체의 평균을 변화시키는 역할을 하며, 랜덤효과는 평균은 변화시키지 않지만 전체의 오차를 변화시킨다고 설명되어 있습니다.[13] 예를 들어, 이 모형의 선형예측식 $\text{logit}(q_i) = \beta_1 + \beta_2 x_i + r_i$에서는 절편 $\beta_1$과 잎의 수의 영향 $\beta_2 x_i$는 고정효과, 개체차 $r_i$는 랜덤효과에 해당합니다.

　고정효과·랜덤효과의 분류는 그다지 쉬운 개념은 아니고, 이들 용어를 알고 있는 사람들도 통계모형의 설계에 이 개념을 올바르게 반영하지 않은 사례도 꽤 있습니다. 이와 같은 엄밀한 용어의 정의보다는, 모수에는 데이터의 꽤 넓은 범위를 설명하는 대역적(大域的, global)인 것과, 매우 일부만을 담당하고 있는 국소적(局所的, local)인 것이 있다고 정리해서 통계모형을 만드는 것이 좋을 지도 모르겠습니다. 제10장에서 이 문제를 계속해서 생각해 보겠습니다.

## 7.4 일반화선형혼합모형의 최우추정

　예제 데이터에 근거하여 종자의 생존 확률모형에 포함된 모수를 추정하려고 할 때 문제가 되는 것은 개체차 모수 $r_i$를 어떻게 처리해야 할지입니다. GLM의 로지스틱회귀에서는 모수 $\beta_1$과 $\beta_2$를 최우추정할 수 있었습니다. 그러나 GLMM에 포함되어 있는 개체차 $r_i$는 최우추정할 수 없습니다. 이유는 100개체분의 생존수 데이터 $y_i$를 설명하기 위

---

[13]　일반화선형혼합모형의 랜덤효과는 오차를 증가시킴에 따라서, 전체의 평균을 변화시키는 경우도 있습니다. 단, 중간값은 변화시키지 않습니다.

해 100개의 모수 $\{\widehat{r_1}, \widehat{r_2}, \cdots, \widehat{r_{100}}\}$의 값을 최우추정하는 것은 완전모형(full model)이 되기 때문입니다.[14] 100개의 모수 $r_i$에 $\{\beta_1, \beta_2, s\}$까지 합쳐서 도합 103개의 모수를 최우추정하는 데 그보다 적은 100개의 데이터를 사용한다는 것 자체가 넌센스입니다.

그렇다면 개체차 $r_i$의 최우추정은 포기하더라도 절편 $\beta_1$과 기울기 $\beta_2$만이라도 최우추정하고 싶다면 어떻게 하면 좋을까요? 이런 상황의 대처 방법 중 하나로서 개체마다 우도 $L_i$식에 포함되어 있는 $r_i$를 적분해버리는 것을 생각할 수 있습니다.[15]

$$L_i = \int_{-\infty}^{\infty} p(y_i|\beta_1, \beta_2, r_i)\, p(r_i|s)\, dr_i$$

이와 같은 조작에 의해서[16] 우도에서 $r_i$는 사라져버립니다. 이 적분식은 여러 가지 $r_i$의 값에서 우도를 계산하고 그 기댓값을 구하는 것을 의미합니다. 이때 모든 $r_i$가 동일한 중요도를 가지고 있는 것이 아니기 때문에 $p(r_i|s)$에 의한 「가중」 기댓값을 구한 것입니다.

---

14  제4장의 4.2절을 참조.

15  적분하지 않고 대처하는 방법은 제8장 이하에서 설명합니다.

16  위의 식에서는 개체마다의 $r_i$가 서로 독립이라고 가정하고 있습니다. 제11장에서는 개체차·장소차 등의 모수가 독립이 아닌 예를 다룹니다.

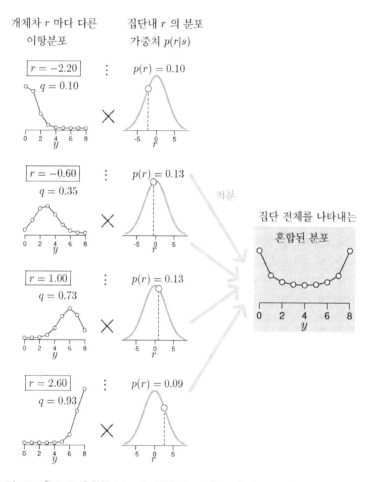

그림 7.8 「분포를 혼합한다」는 사고방식 (I). 이항분포와 정규분포의 무한혼합분포의 예. 그림 7.10(B)와 같은 확률분포가 어떻게 만들어지는지 도시하고 있다. 자세한 내용은 본문 참조.

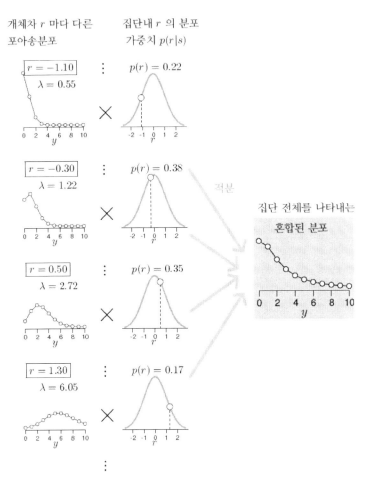

그림 7.9 「분포를 혼합한다」는 사고방식 (II). 포이송분포와 정규분포의 무한혼합포의 예.
그림 7.8의 포이송분포 버전. 자세한 내용은 본문 참조.

우도 $L_i$를 평가할 때, 이항분포 $p(y_i|\beta_1,\beta_2,r_i)$와 정규분포 $p(r_i|s)$를 곱해서 $r_i$로 적분하는 의미는 그림 7.8에 나타낸 것처럼, 이 두 종류의 분포를 혼합하는 것을 의미합니다.[17]

그림 7.8을 보는 방법에 대해 설명합니다. 확률분포를 이항분포 $p(y|q,N=8)$, 링크함수·선형예측식을 $\text{logit}(q)=\beta+r$인 GLMM을 고려한다고 합시다. 이 그림에서는 $\beta=0$으로 설정했고, 개체차 $r$은 평균 0, 표준편차 3인 정규분포를 따른다고 가정했습니다. 왼쪽 열은 개체차 $r$에 의존해 변화하는 이항분포들을 나타내고 있습니다. 이들의 분포에 해당하는 각각의 가중치 $p(r|s)$를 곱해서(중앙 열) 모두 더한 것이 「혼합된」 분포(오른쪽 열)가 됩니다.

이와 같이 무한개의 이항분포를 혼합하여,[18] 평균보다 분산이 큰 과분산 확률분포를 만들어 냅니다.

확률분포를 혼합하여 새로운 확률분포를 만드는 것은, 통계모형 작성의 기본적인 기법 중 하나입니다. 그림 7.9에서는 포아송분포와 정규분포를 혼합한 예를 나타내고 있습니다.[19] 이 그림은 방금 전 예를 들었던 모형에서 $\beta=0.5$로 설정하였고, 개체차 $r$은 평균 0이고, 표준편차 1인 정규분포를 따른다고 가정하였습니다. 혼합된 분포는 평균보다 분산이 크기 때문에 과분산인 카운트 데이터를 다루는 통계모형의 도구로서 적당하다고 할 수 있습니다.

그럼 이 장의 예제의 모수 추정으로 다시 돌아갑시다. 모든 데이

---

17  이 경우는 무한개의 이항분포를 섞는 것으로 이해할 수 있으며, 무한혼합분포 (infinite mixture distribution)라고 부릅니다. 사족이지만, 일반화선형혼합모형이라는 명칭 안에 「혼합」이라는 것은, 이 혼합분포와는 별개의 의미로서, 7.3.3항에서 설명한 것과 같이 고정효과와 랜덤효과가 함께 들어가 있다는 의미입니다.

18  샘플 사이즈는 유한개이지만, 무한개의 이항분포를 섞습니다.

19  포아송분포를 사용한 GLMM에 대해서는 7.5절에서 소개하고 있습니다.

터의 우도는 $L_i$의 100개체분의 곱이므로, $L(\beta_1,\beta_2,s) = \prod_i L_i$입니다. 개체차 $r_i$가 사라진 로그우도 $\log L(\beta_1,\beta_2,s)$를 최대화하는 모수 $\beta_1$, $\beta_2$, $s$의 최우추정치를 찾는 문제로 바뀌었습니다.[20]

## 7.4.1 R을 사용한 GLMM의 모수 추정

이와 같은 카운트 데이터의 GLMM을 최우추정하기 위해서는 R의 glmmML package를 사용합니다.[21] 이 glmmML package는 R 표준 package가 아니므로 CRAN 사이트[22]로부터 다운로드해서 설치해야 합니다.[23] 설치가 완료되면 library(glmmML)라고 지시해 glmmML package를 읽어들이면 glmmML( ) 함수를 사용할 수 있는 환경이 됩니다.

이 glmmML( ) 함수에 의한 추정은 glm( )의 사용법과 거의 동일하지만, $r_i$가 「개체마다 다른 독립 모수」라는 것을 cluster 옵션으로 지정할 필요가 있습니다. 이것은 데이터 프레임 d의 id열에 저장되어 있는 개체 번호를 사용해서 cluster=id와 같이 지정하는 것이 일반적입니다.[24]

---

20 이와 같이 최우추정하는 방법과는 별도로, 과거에는 준우도(quasi likelihood)를 사용해 과분산이 있는 데이터의 통계모델링을 했었습니다. 그러나, 현재는 사용할 이점이 없기 때문에 사용하지 않고 있습니다.

21 glmmML라고 하는 이름은 GLMM을 ML(최우추정)한다는 의미입니다. 데이터 확률분포로서 지정할 수 있는 것은, 이항분포와 포아송분포입니다.

22 R의 기능 확장용 추가 pacakge 저장소, The Comprehensive R Archive Network (CRAN) http://cran.r-project.org/

23 update.packages( )하여 install.packages("glmmML")라고 하면 됩니다.

24 glmmML( ) 함수의 cluster 인수로는 한 종류의 랜덤효과 발생원밖에 지정할 수 없습니다.

```
> glmmML(cbind(y, N - y) ~ x, data = d, family = binomial,
+ cluster = id)
```

결과는 다음과 같습니다.

```
            coef     se(coef)    z        Pr(>|z|)
(Intercept) -4.13    0.906      -4.56     5.1e-06
x            0.99    0.241       4.62     3.8e-06


Scale parameter in mixing distribution:  2.49 gaussian
Std. Error:                              0.309
Residual deviance: 264 on 97 degrees of freedom    AIC: 270
```

이 추정 결과의 해석 방법을 설명하겠습니다 :

▶ coef(계수)는 모수의 최우추정치[25]입니다: $\hat{\beta_1}=-4.13$(참 값은 $-4$), $\hat{\beta_2}=0.99$(참 값은 1)로 잘 추정되어 있습니다.

▶ Scale parameter ... 는 「개체차 $r_i$의 오차」인 $s$의 최우추정치, 그 아래 Std. Error는 $s$의 추정치의 오차(표준오차)입니다 : $\hat{s}=2.49$($s$ 의 참값은 3)으로 과소추정되었습니다.

▶ 100개의 데이터에 $\beta_1, \beta_2, s$의 3개의 모수를 사용하고 있으므로, (사용할 수 있는) 나머지 자유도는 $100-3=97$, 이 경우 Residual deviance는 264로 AIC는 270이 됩니다.[26]

---

25  그리고 근사 표준오차와 Wald의 $z$값 등입니다.

26  이 모형의 모형선택 기준 AIC를 평가할 경우, 모수의 수가 필요하게 됩니다. 이것 은 「최대우도 추정된 모수의 수」이므로, $\{\beta_1, \beta_2, s\}$의 3개가 됩니다. 최우추정하지 않은 100개의 $r_i$는 포함되지 않습니다.

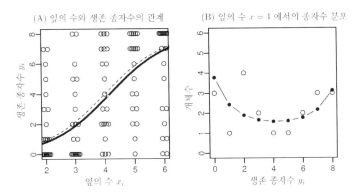

그림 7.10  GLMM화(化)한 로지스틱회귀의 추정에 기반한 예측. (A) 그림 7.2(B)의 데이터 위에 GLMM의 예측 결과(실선)를 겹친 것. 잎의 수 의존성의 참값(점선)을 추정하고 있다. (B) 잎의 수  $x_i = 4$에 있어서 종자수  분포(흰점)과, 추정된 GLMM으로부터 예측된 혼합이항분포(검은점).

위의 추정 결과로 얻어진 모형의 예측을 그림 7.10에 나타냈습니다.[27] 생존 확률  $q_i$의  $x_i$ 의존성과, 생존 종자수  $y_i$의 분포가 개선된 것을 알 수 있습니다.

## 7.5  현실의 데이터 분석에는 GLMM이 필요

이 장의 전반부에서 과분산 카운트 데이터인 경우, GLM으로 데이터의 오차를 설명할 수 없으므로 GLMM이 필요하다고 설명했습니다. 이와 같이 과분산의 유무를 조사해 GLMM의 적용 여부를 판단하는 것이 크게 틀린 방법은 아닙니다.

그러나, 보다 근본적으로 GLMM의 적용이 필요한가를 결정하는

---

27  그림 7.10에 나타난 것과 같은 예측을 하기 위해서는 추정 결과를 포함시킨 수치 계산이 필요합니다. 제10장의 10.3.2항을 참조해 주세요.

판단의 포인트는 「동일한 개체·장소 등으로부터 반복하여 샘플링되었는가」[28] 또는 「개체차와 장소차를 식별할 수 있도록 데이터를 수집했는가」라는 점에 있습니다.

### 7.5.1 반복·의사반복과 통계모형의 관계

어떤 식으로 데이터를 수집했는가 — 개체차·장소차를 어떤 방식으로 통계모형에 포함시킬지는 바로 이것에 의존합니다. 이 절에서는 그림 7.11의 예를 통해서 생각해 보겠습니다. 요점은 개체차·장소차가 「눈에 보이는」 데이터의 취득 방법인가 아닌가를 판단하는 것입니다.

이 장의 예제와 같이 종자의 생존 확률을 알기 위해서 식물로부터 종자를 취해서 생존 여부를 조사했다고 합시다. 지금까지는 장소라든가 화분이라든가 식물이 처한 환경에 대해서는 명시적으로 다루지 않았지만, 지금부터는 식물들을 화분에서 키웠다고 하겠습니다.

그림 7.11(A)와 같이 각 개체마다 단 하나의 종자에 대해서 생존 여부를 확인했다면, 과분산도 생기지 않고 개체차의 오차도 추정할 수 없습니다. 더군다나 하나의 화분에 단 하나의 개체만 있기 때문에, 개체차와 화분차를 구별할 수 없습니다. 즉, 이런 식으로 데이터를 수집하면, 통계모형에 개체차·장소차를 넣을 수가 없기 때문에, GLMM은 사용할 수 없습니다. 생존 확률을 $logit(q_i) = \beta_1 + \beta_2 x_i$로 지정하여 GLM으로 추정하면 됩니다.

이런 식의 데이터의 수집 방법을 반복(replication) 또는 독립 반복이라고 합니다. 그림 7.11(A)로 말하자면 개체와 화분 양쪽 모두 반복으로 되어 있어, 개체차와 장소차의 영향을 고려하지 않아도 되는 통

---

28 이 장에서는 개체차·장소차가 개체마다·장소마다 완전히 독립인 경우를 상정하고 있습니다. 독립이지 않은 경우의 통계모형의 작성 방법 중 하나의 예를, 제11장에서 설명합니다.

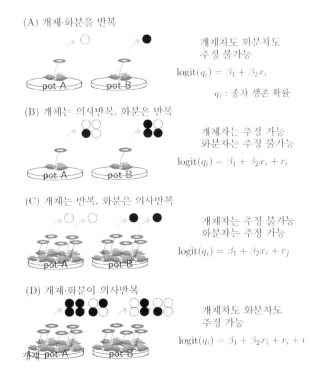

(A) 개체·화분을 반복

개체차도 화분차도
추정 불가능

$$\mathrm{logit}(q_i) = \beta_1 + \beta_2 x_i$$

$q_i$ : 종자 생존 확률

(B) 개체는 의사반복, 화분은 반복

개체차는 추정 가능
화분차는 추정 불가능

$$\mathrm{logit}(q_i) = \beta_1 + \beta_2 x_i + r_i$$

(C) 개체는 반복, 화분은 의사반복

개체차는 추정 불가능
화분차는 추정 가능

$$\mathrm{logit}(q_i) = \beta_1 + \beta_2 x_i + r_j$$

(D) 개체·화분이 의사반복

개체차도 화분차도
추정 가능

$$\mathrm{logit}(q_i) = \beta_1 + \beta_2 x_i + r_i + r_j$$

그림 7.11  반복·의사반복과 개체차·화분차의 추정 가능 여부의 관계. (A)와 (C)에서는 하나의 개체로부터 하나의 종자를 취하고, 그 생존 여부를 조사하는 반면, (B)와 (D)에서는 $N$개의 종자수를 조사하고 있다(흰점은 사망 종자, 검은 점은 생존 종자). 또 (C)와 (D)에서는 하나의 화분에서 복수의 개체를 기르고 있다.

계모형을 사용할 수 있습니다. 반복 실험을 하는 하나의 목적은 데이터로부터 개체차·장소차의 효과를 제거하여 이와 같은 간단한 통계모형을 만들기 위한 것입니다.

　다음으로 그림 7.11(B)와 같은 경우를 생각해 봅시다. 이 경우가 이번 장의 예제에 해당한다고 할 수 있습니다. 동일한 개체로부터 취한 $N$개($N>1$)의 종자의 생존 여부를 조사한다면 「이 개체에서는 종자가 심하게 죽고 있구나」 「이 쪽의 개체는 동일한 $x_i$이지만, 생존 확률이 높은 것 같다」라고 하는 사실을 데이터로부터 파악할 수 있고, 개체차를 넣은 GLMM을 사용하면 「개체차의 오차 $s$」를 추정할 수 있습니다.[29]

이와 같이 「하나의 개체로부터 다수의 데이터 취득」이라는 실험설계는 반복이 아니고, **의사반복**(pseudo replication)이라고 합니다. 「의사」라는 것은, 반복하듯이 보이지만 개체차의 효과를 제거하는 반복이 아니다 — 정도의 의미로 이해하면 됩니다. 의사반복 실험 데이터의 경우는 개체차가 추정 가능합니다. 바꿔 말하면, 개체차의 영향을 고려하지 않은 채로 추정하면 결과에 편향이 생겨버립니다. 즉, 개체차가 추정 가능한 경우는 항상 통계모형 안에 생존 확률을 $\mathrm{logit}(q_i) = \beta_1 + \beta_2 x_i + r_i$와 같은 식으로 개체차 $r_i$를 명시적으로 넣어야만 합니다. 이것이 GLMM이 필요한 이유입니다.

이 (B)의 경우에서도, 화분은 반복되어 있고, 개체에 차이가 있는지 화분에 차이가 있는지는 구별을 할 수 없기 때문에, 화분차만을 분리해서 추정할 수는 없습니다.

다음으로 개체차·장소차에 대해서 각각 반복·의사반복된 경우를 생각해 봅시다. 그림 7.11(C)와 같은 경우에는, (A)와 동일하게 1개체로부터 1종자만 취했으므로, 개체는 여전히 반복되어 있습니다. 그러나 하나의 화분에 다수의 개체가 심어져 있으므로, 「이 화분에서는 사망 확률이 높다」라는 등의 추정이 가능합니다. 이와 같은 경우는, 개체 $i$가 심어져 있는 화분의 효과를 $r_j$로 하여, 생존 확률이 $\mathrm{logit}(q_i) = \beta_1 + \beta_2 x_i + r_j$가 되는 GLMM으로 모수를 추정해야만 합니다.

마지막 그림 7.11(D)는, 개체도 화분도 의사반복인 상황입니다.

---

29  GLMM에서는 개체차 $r_i$를 직접적으로 최우추정하는 것은 아니지만, $r_i$의 영향을 고려해서 다른 모수를 추정하고 있으므로, 이하에서는 이와 같은 경우 「개체차를 추정할 수 있다」라고 표현하겠습니다.

종자의 생존 확률을 $\mathrm{logit}(q_i) = \beta_1 + \beta_2 x_i + r_i + r_j$와 같이 지정해야만 합니다. 이와 같이 개체차·장소차도 고려하면서 $\beta_1$, $\beta_2$에 추가로 개체차·장소차 각각의 오차까지 최우추정하는 것은, 수치계산상 상당히 어려운 문제입니다. 그래서, 이와 같은 경우에는 GLMM의 최우추정으로 해결하지 않고, 계층베이즈모형과 MCMC를 사용한 통계모형을 데이터에 적합하면 됩니다. 이 내용은 다음 장부터 전개됩니다.[30]

　　의사반복이라고 하는 것은 왠지 실험계획의 실패와 같은 인상이 있습니다. 그러나, 여기서 서술한 것처럼 올바르게 통계모델링만 한다면, 개체차·장소차 등을 정량화할 수 있는 데이터의 획득방법이라고 생각할 수도 있습니다. 문제가 되는 것은, 의사반복 데이터를 마치 반복인 듯 통계모델링을 해버리는 것입니다.

## 7.6  여러 가지 분포의 GLMM

　　반응변수의 오차가 이항분포가 아닌 GLMM에 대해서 간단히 소개합니다.

　　포아송분포로 설명 가능해 보이는 카운트 데이터라도 이 장의 예제와 같이 과분산을 조사해 보면, 개체차의 상대적인 크기를 알 수 있습니다. 제2장에서도 서술한 바와 같이, 포아송분포는 평균과 분산이 동일하지만 과분산 데이터는 평균보다 분산이 훨씬 큰 값이 됩니다. 이와 같은 과분산 카운트 데이터를 분석하기 위해서는[31] GLMM이 필

---

30　그림 7.11(D)와 같이 개체차와 장소차를 동시에 포함시킨 모형은, 제10장의 10.5 절에서 다룹니다.

31　식물 개체의 종자수와 같은 카운트 데이터는, 항상 의사반복이 됩니다. 데이터를 보면, 「이 개체는 포아송분포로 기대되는 것보다 명백하게 종자수가 많다」라는 것

요합니다. 이 GLMM은 포아송분포와 정규분포를 혼합한 형태의 통계모형이 자주 사용됩니다(그림 7.9). 이항분포 GLMM의 경우도 마찬가지로 모형의 모수 추정은 glmmML( ) 함수를 사용합니다.

또 반응변수의 오차를 **음이항분포**(negative binomial distribution)로 가정하는 GLMM도 있습니다.[32] 음이항분포는 포아송분포 $p(y|\lambda)$와 감마분포의 무한혼합분포이고 $\lambda$가 임의의 오차를 갖는 감마분포를 따릅니다.

관측데이터의 오차가 정규분포와 감마분포인 경우에는 과분산을 정의할 수 없습니다. 제6장에서 설명한 것처럼 이들 확률분포는 평균과 독립적으로 분산이 결정되기 때문입니다. 그러나, 앞의 절에서도 설명한 것과 같이 GLMM이 필요할지 판단하는 핵심은 과분산의 유무가 아니고, 「하나의 개체로부터 수차례 반복해서 데이터를 취한다」와 같은 의사반복이 포함되어 있는지 아닌지로 결정됩니다.

따라서 데이터의 오차가 정규분포와 감마분포인 경우에도 의사반복으로 샘플링되었을 가능성이 있는 경우는, GLMM과 같이 개체차·장소차를 고려한 모형을 적합해야만 합니다. 감마분포와 정규분포의 GLMM적합은 lme4 package의 glmer( ) 함수 등을 사용할 수 있습니다.[33] 또, 정규분포와 항등링크함수를 이용한 통계모형은 **선형혼합모형**(linear mixed model)이라고 불리기도 합니다. 이것도 glmer( ) 함수 등에서 다룰 수 있습니다.

---

을 금방 알 수 있기 때문입니다. 단, 이전에도 언급했지만 의사반복이라고 해도 항상 과분산이 되는 것은 아닙니다.

32  이 모형의 추정 함수로서는 MASS package의 glm.nb( ) 등이 있습니다.

33  glmmML( ) 함수는 이항분포·포아송분포에 대한 모형 적합밖에 사용할 수 없습니다. 또, 모형이 복잡한 경우는 lmer( )를 사용하지 말고, 다음 장 이하에서 설명하는 방법을 사용해 주세요.

## 7.7 이 장의 정리

이 장에서는 「관측되지 않은 개체차」를 포함하는 GLM인 일반화선형혼합모형(GLMM)이 등장했습니다. 제6장까지가 GLM의 기본적인 사고방식을 설명하기 위한 부분이었다고 하면, 제7장은 GLM을 현실의 데이터 분석에 사용할 수 있도록 강화한 부분의 시작이고, 이 책 안에서 내용의 전환점이라고 말할 수 있습니다.

▶ 이전 장까지의 예제와 같은 가상 데이터라면, 간단하게 GLM을 사용하여 데이터에 보이는 패턴을 설명할 수 있었지만, 현실의 데이터는 GLM이 잘 적합이 안 되는 경우가 있다(7.1 예제 : GLM으로는 설명할 수 없는 카운트데이터).

▶ GLM은 「설명변수가 같으면 개체도 동질」이라고 가정하고 있지만, 관측되지 않은 개체차가 있으므로, 집단 전체의 생존 종자수의 분포는 이항분포에서 기대되는 것보다 과분산의 형태가 된다(7.2 과분산과 개체차).

▶ 이와 같은 상황에 대처할 수 있는 GLMM은 선형예측식에 개체차의 오차를 나타내는 모수 $r_i$를 추가하여, 모든 개체 $r_i$가 어떤 확률분포를 따른다고 가정한 통계모형이다(7.3 일반화선형혼합모형).

▶ 적분에 의해 $r_i$를 소거한 상태의 우도를 최대화하면 GLMM의 절편·기울기 그리고 개체차 $r_i$의 오차라고 하는 모수를 최우추정할 수 있다(7.4 일반화선형혼합모형의 최우추정).

▶ 하나의 개체로부터 여러 번 데이터를 취하거나, 하나의 장소에 다수의 조사 대상이 있는 상황을 의사반복이라고 하고, 이와 같은 구조의 데이터에 통계모형을 적합할 때에는 개체차·장소차 등을 포함하는 GLMM이 필요하다(7.5 현실의 데이터 분석에는 GLMM이 필요).

▶ 데이터 오차를 나타내는 확률분포의 종류에 관계없이, 개체차·장소
차 등에 영향받는 데이터의 부분 집합이 있다면, 이것의 효과를 랜
덤효과로서 포함하는 통계모형으로 추정해야만 한다(7.6 여러 가지
분포의 GLMM).

「관측 불가 또는 미관측되었지만 데이터의 오차에 영향을 줄 수
있는 요인」을 포함하여 통계모델링하는 것이 중요합니다. 어쩌면 처음
부터 관측해버리면 된다라고 생각하는 연구자가 있을 지도 모르겠습니
다. 하지만 막대한 노력을 지불하여 다소 데이터를 증가시켰다고 해서
모든 「오차」 요인을 특정할 수 있는 것은 아닙니다.

따라서, 실제 데이터 분석에서는 개체차뿐만 아니라, 다양한 장소
차 등을 고려한 통계모형을 만들 필요가 있습니다. 예를 들어 개체차
＋장소차의 통계모형은 제10장에서 다룹니다. 또, 공간상관이 있는 장
소차를 고려한 통계모형도 설계할 수 있는데 이에 대해서는, 제11장에
서 다룹니다.

사실 이처럼 복잡하게 만든 GLMM의 모수의 추정은 그리 간단하
지는 않습니다. 다음 제8장 이하에서는 이 장벽을 뛰어넘는 추정 방법
을 소개합니다.

또, 이와 같은 복잡화한 통계모형에서는 국소적인 모수 — 이 장
의 예제에서는 개체차 $r_i$ 와 같이 「적분으로 없애버리는 모수」 — 의 추
정·예측이 「데이터 분석을 통하여 명확히 확인하고 싶은 것」 중 하나
인 경우가 있습니다. 이와 같은 국소적인 모수에 대해서도 다음 제8장
에 등장하는 통계모형의 틀 속에서 검토됩니다.

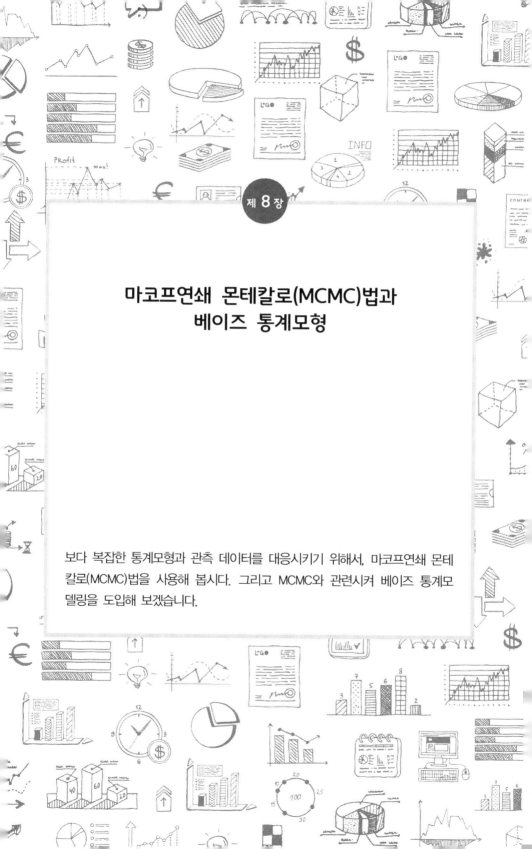

제 8 장

# 마코프연쇄 몬테칼로(MCMC)법과
# 베이즈 통계모형

보다 복잡한 통계모형과 관측 데이터를 대응시키기 위해서, 마코프연쇄 몬테칼로(MCMC)법을 사용해 봅시다. 그리고 MCMC와 관련시켜 베이즈 통계모델링을 도입해 보겠습니다.

제7장에서는 관측할 수 없는 불균질성을 포함하고 있는 데이터에 대처하기 위해 일반화선형혼합모형(GLMM)을 도입했습니다. 그러나 실제 데이터 분석에는, 제7장의 예보다 더 복잡한 통계모형, 예를 들어 개체차뿐 아니라 장소차 등도 동시에 고려해야 할 경우가 있습니다.

통계모형 안에 랜덤효과를 표현하는 요인의 종류가 증가함에 따라서, 모수의 추정은 더 곤란해집니다. 제7장의 예제에서는 랜덤효과의 요인이 개체차 $r_i$뿐이었으므로, 이 $r_i$를 적분하는 식으로 로그우도를 계산할 수 있었습니다. 그러나 그 종류가 $K$개라면 $K$번의 다중적분이 필요하게 됩니다. 이 $K$가 클수록 수치적인 최우추정에 필요한 계산시간이 길어지게 되고, 최우추정치의 탐색 그 자체가 곤란해집니다.

이와 같이 복잡한 통계모형의 적합에 위력을 발휘하는 것이, 마코프연쇄 몬테칼로(Markov chain Monte Carlo, MCMC method)입니다. 이하 MCMC의 여러 가지 절차를 통칭하여 MCMC 알고리즘이라고 하겠습니다. 또, 데이터에 MCMC 알고리즘을 적용하면, 추정 결과는 어떤 확률분포로부터 추출된 랜덤 샘플의 형태로 얻어집니다 — 이 내용은 나중에 자세히 설명합니다. 이 같은 조작을 MCMC 샘플링, 얻어진 결과를 MCMC 샘플이라고 부르기로 하겠습니다. 일단은 MCMC 알고리즘이란 다변량 확률분포로부터 난수를 발생시키는 방법이고, 통계모형을 관측 데이터에 적합하면 MCMC 샘플을 얻을 수 있다고 이해하기 바랍니다.

이 장의 전반부에서는,

▶ (효율이 좋지 않은) 시행착오에 의한 최우추정법을 소개한다.

▶ 이를 다시 MCMC 알고리즘으로 개선하여 MCMC 샘플링한다.

라는 순서로 MCMC 방법을 소개하겠습니다. MCMC 방법의 본래 사용처는 전술했듯이 다변량 확률분포로부터 난수발생이지만, 이 장에서는 쉬운 설명을 위해서 일변량의 예제를 취급하겠습니다.

이장의 후반에서는 MCMC 샘플링으로 얻어진 결과와 통계모형을 대응시키는 하나의 방법으로, 베이즈 통계모형(Bayesian statistical model)이라는 사고방식을 소개합니다.[1]

## 8.1 예제 : 종자의 생존 확률(개체차 없음)

이 장에서는 그림 8.1과 같은 데이터를 다룰 수 있는 통계모델링을 심도 있게 다루겠습니다. 사실 이 예제는 MCMC 방법을 적용할 필요가 전혀 없는 간단한 예이지만, MCMC 알고리즘의 이해를 돕기 위해 사용했습니다.

제6장의 6.2절의 예제와 마찬가지로 각 식물 개체 8개의 종자의 생존 여부를 조사했다고 합니다. 총 개체는 20개체이고 개체 $i$의 생존 종자수는 $\{y_1, y_2, \cdots, y_{20}\} = \{4,3,4,5,5,2,3,1,4,0,1,5,5,6,5,4,4,5,3,4\}$와 같습니다.

이 데이터를 히스토그램으로 나타내면 그림 8.1(B)와 같습니다. 이것을 보면 특별히 과분산이 발생한 것으로는 보이지 않기 때문에 생존 확률 $y_i$가 이항분포를 따른다고 가정하겠습니다. 20개체에 동일하게 적용되는 종자 생존 확률을 $q$라고 하면, 개체 $i$의 종자수가 $y_i$일 확률은

---

1  이 책에서는 MCMC법(모수 추정법의 하나)과 베이즈통계모형(통계모델링의 한 양식)의 연결의 중요성을 강조하고 있습니다. 그렇지만 역사적으로는, 이들은 서로 아무런 연관성 없이 따로 발명된 것이고, 한쪽이 다른 쪽에 의존하고 있는 관계는 아닙니다. 즉, 「베이즈는 MCMC와 불가분」이라든가 「MCMC는 베이즈의 사고방식에 기반을 두고 있다」라는 생각은 바르지 않다는 것을 분명히 해둡니다. 베이즈 관련 문헌을 참고해 주세요.

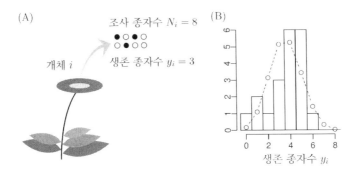

그림 8.1   (A) 가상 식물의 제*i*번째의 개체. 이 식물의 종자의 생존 확률을 추정하고 싶
         다. 각 개체의 종자수 $N_i$는 8개. (B) 예제 가상 데이터의 히스토그램. 세로
         축은 개체수, 샘플사이즈는 20개이다. 점과 점선은 이 가상 데이터를 생성한
         「참」 분포로, $q = 0.45$의 이항분포이다.

$$p(y_i|q) = \binom{8}{y_i} q^{y_i} (1-q)^{8-y_i}$$

가 됩니다. 우도 $L(q)$는 20개체분의 「데이터가 얻어질 확률」의 곱이므
로(2.4절을 참조),

$$L(q) = p(q \,|\, \boldsymbol{Y}) = \prod_i p(y_i|q)$$

이 됩니다. 다시 양변의 로그를 취하면,[2]

$$\log L(q) = \sum_i \{y_i \log q + (8 - y_i) \log(1-q)\} + (상수)$$

가 됩니다. 이 로그우도 $\log L(q)$를 최대화하는 $q$가 최우추정치 $\hat{q}$입니다.

---

2 (상수)항은 모수 $q$를 포함하지 않는 부분입니다. 제6장의 6.4.2항을 참조.

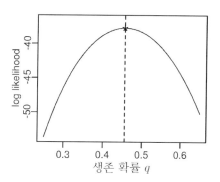

그림 8.2 생존 확률 $q$와 로그우도 $\log L(q)$. $q = 0.46$ 근처에서 로그우도가 최대가 된다. 제2장의 가상 관측 데이터.

　로그우도의 기울기가 0인(그림 8.2 참조), 즉 $d\log L(q)/dq = 0$이 되는 $\hat{q}$을 구하면, 데이터 $Y$에 근거한 최우추정치는 다음과 같이 됩니다.

$$\hat{q} = \frac{\text{생존 종자수의 합계}}{\text{조사 종자수의 합계}} = \frac{73}{8 \times 20} = 0.45625$$

　이 데이터로부터 생존 확률은 0.46 정도로 추정되었습니다.[3]

## 8.2 비틀비틀 시행착오에 의한 최우추정

　만약 최우추정량 $\hat{q}$을 해석적으로 구할 수 없다면, 어떻게 하면 좋을까요? 그때는 컴퓨터를 이용하면 반복적인 시행착오에 의해 $q$를 조금씩 변화시켜 나가면서 로그우도를 최대화하는 $\hat{q}$을 찾을 수 있습니다.

　수치적인 최우추정치 계산을 위해서 효율적인 알고리즘이 여럿

3　가상 식물 데이터를 생성했을 때 사용한 「참」 생존 확률은 0.45입니다.

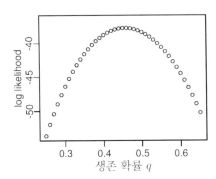

그림 8.3   수치적인 시행착오에 의한 모수 추정을 위해서, 생존 확률 $q$를 범주화하였다.
생존 확률 $q$를 0.01부터 0.99까지 0.01간격으로 분할(가로축), $q$에 대해서
$\log L(q)$을 플롯한 것.

제안되어 있습니다.[4] 그러나 여기서는, 다음 절에 등장하는 MCMC 알
고리즘을 설명하기 위한 전 단계로 효율도 나쁘며, 정도(精度)도 나쁜
「시행착오에 의한」 최우추정법을 소개합니다. 이것은 정말로 추천하고
싶지 않은 방법이므로 수치적인 최우추정을 할 경우는 다른 방법을 사
용하기 바랍니다.

우선 그림 8.3에 나타난 것처럼 생존 확률 $q$를 범주화합니다. 범
주화란 연속값인 $q$를 일정 간격의 값만을 취해서 집합으로 변환하는
것입니다.[5] 여기서는 $q = 0.01$부터 $q = 0.99$까지 0.01단위 간격의 값을
취해 봅시다.[6]

---

4  R의 glm( ) 함수도 수치적인 최우추정법으로 모수를 추정하고 있습니다. 알고리즘
의 종류를 명시적으로 지정하고 싶을 때는 method 인수를 사용합니다.

5  $q$를 범주화하는 이유는 설명을 간단히 하기 위한 것으로 원래 이 작업은 필요 없
습니다. MCMC 알고리즘은 추정하려는 모수가 연속형·이산형에 상관없이 적용할
수 있습니다.

6  그림 8.3과 같이 범주화한 $q$에 대하여 로그우도를 계산할 수 있다면, 최우추정을 위
한 시행착오는 할 필요가 없습니다. 그냥 로그우도가 최대가 되는 $q$를 찾기만 하면
됩니다. 여기서는 그 방법을 몰랐기 때문에 시행착오를 하고 있다고 생각합시다.

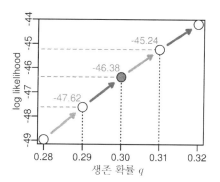

그림 8.4　그림 8.3의 $q = 0.30$ 부근을 확대한 그림. 각 점의 왼쪽 위의 수치는 로그우도. 시행착오에 의한 로그우도 최대화의 출발점으로서 $q = 0.30$을 선택하였다. 만약, $q = 0.29$으로 이동하면 로그우도는 1.24 감소하고, $q = 0.31$으로 이동하면 로그우도는 1.14 증가한다. 회색 화살표는 이 알고리즘으로 $q$가 변화하는 방향.

　다음으로 임의의 초기치 $q$를 선택하고, 그 로그우도를 계산합니다. 그림 8.4에 나타난 것처럼 $q = 0.30$을 선택하면 로그우도는 $-46.38$이 됩니다.

　시행착오에 의한 최우추정법은 이와 같이 적당한 $q$를 정한 후 $q$를 증감시켜 나가면서 로그우도를 높게 만드는 $q$를 축차적으로 찾아가는 것입니다. 그 절차 예는 다음과 같습니다.

　우선 $q$는 「이웃의 값」으로 밖에 변화할 수 없다고 합시다. 이때 「이웃」이란 그림 8.4로 말하면, $q = 0.30$의 이웃은 0.29와 0.31입니다. 다음으로 $q$를 변화시키는 규칙을 「랜덤으로 이웃을 선택하고,[7] 로그우도가 지금의 $q$보다 높으면 그 쪽으로 이동한다」로 정하겠습니다. 이 기준하에서 $q = 0.31$이 선택되었다면 $q = 0.30$일 때보다 로그우도가 높기 때문에(그림 8.4 참조), 모수의 값을 $q = 0.31$로 변화시킵니다. 한편, $q = 0.29$가 선택되었다면 로그우도는 $q = 0.30$일 때보다 작아집니다. 따

---

7　위의 예의 경우에는 $q = 0.29$가 될 확률이 0.5, $q = 0.31$이 될 확률이 0.5입니다.

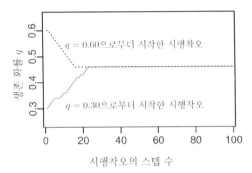

그림 8.5 시행착오에 의한 로그우도를 최대화하는 $q$의 변화. 가로축은 시행착오의 스텝 수. 세로축은 각 스텝에서의 $q$의 값. 「로그우도가 높아지는 방향으로만 이동한다」라는 규칙으로 시행착오를 하면, $q$의 초기치와는 관계없이, 로그우도 $L(q)$가 최대가 되는(그림 8.3) $q = 0.46$으로 이동한다.

라서 이 경우는 $q = 0.29$로 이동하지 않고 원래의 자리인 $q = 0.30$에 머무르게 됩니다.

R을 이용하여 $q$를 탐색하는 시행착오 알고리즘의 예를 그림 8.5에 나타냈습니다. 이 그림의 가로축은 스텝의 수로서, 시행착오의 1 스텝이란 「랜덤으로 이웃을 선택하고, 그 곳에 머무를지 이동할지를 결정」하는 것을 의미합니다.

이와 같은 규칙에 따라서 $q$를 변화해 나가면 그림 8.5에 나타낸 것처럼, 머무는 스텝도 있지만 최종적으로 $q$의 초기치에 상관없이 로그우도의 「산」(그림 8.3)을 향해서 올라가서 결국 $q$의 값은 최우추정치($q = 0.46$)의 방향으로 변화해 갑니다.[8]

---

8 반복되는 얘기이지만, 예를 들어, R의 glm( )에서 사용하고 있는 수치적인 최우추정법의 알고리즘은, 이것보다는 훨씬 세련된 것입니다. 여기서 예시를 든 방법과 같이 모수를 범주화할 필요도 없으며, 더 적은 시행착오 스텝 수만으로, 즉 효율이 좋게 최우추정치에 근접해 갑니다.

## 8.3 MCMC 알고리즘의 하나: 메트로폴리스법

그럼 지금부터 본격적으로 MCMC 알고리즘의 설명입니다. 「MCMC 라는 것에 의해 무엇을 얻을 수 있나?」라는 의문은 다음 절로 돌리기로 하고, 우선은 MCMC의 알고리즘 중 가장 간단한 메트로폴리스법 (Metropolis method)의 절차를 설명합니다.

8.2절에 등장했던 「비틀비틀 시행착오에 의한 최우추정」의 절차를 약간 수정한 것이 메트로폴리스법입니다. 비틀비틀 최우추정은,

❶ 모수 $q$의 초기치를 선택

❷ $q$의 증가·감소를 랜덤으로 결정(새롭게 선택된 $q$의 값을 $q^{新}$라고 합시다).[9]

❸ $q^{新}$의 우도가 더 크면(즉, 적합이 좋으면) $q$의 값을 $q^{新}$으로 갱신

이라는 규칙으로, $q$의 값에 변화가 없을 때까지 ❷에 다시 돌아가 $q$를 계속해서 변화시켜 나가는 알고리즘이었습니다. 여기까지는 메트로폴리스법도 동일합니다. 메트로폴리스법은 위의 규칙에 추가적으로,

❹ $q^{新}$의 우도가 작아지는(즉, 적합이 나쁜) 경우라도, $r$의 확률로 $q$의 값을 $q^{新}$로 갱신한다.

라는 규칙을 추가합니다. 이때 나쁘게 되는 방향에 $q$를 변환시킬 확률 $r$은 우도비 $r = \dfrac{L(q^{新})}{L(q)}$로 설정합니다.

적합이 나쁜 방향으로 이동할 확률 $r$의 계산 예를 들어 보겠습니

---

9  이 방법의 경우, $q = 0.01$와 $q = 0.99$라고 하는 「극단」에서 문제가 생깁니다. 이 장에서는 이것을 대충 다루고 있기 때문에, 나중에 사전분포 등을 결정할 수 없게 되었습니다.

다. 만약 현재 $q = 0.30$이고 다음으로 이동 가능한 후보 중에서 $q^{新} = 0.29$가 선택되었다고 합시다. 그림 8.4를 보면 로그우도가 $\log L(q) = -46.38$이었던 것이 $\log L(q^{新}) = -47.62$로 변화하므로 이동확률은 $r = \exp(-47.62 + 46.38) = 0.29$가 됩니다. 원래 「비틀비틀 시행착오에 의한 최우추정」의 경우는 $\log L(q) > \log L(q^{新})$라면 이동 확률은 0이었지만, 메트로폴리스법의 경우는 이동 확률을 0으로 하지 않고, 로그우도차가 작을수록(우도비가 1에 가까울수록) 이동하기 쉽다고 생각하는 규칙입니다.

이런 규칙에 근거하여 값을 변화시켜가는 방법을 MCMC 즉, 마코프연쇄 몬테칼로라고 부르는 이유에 대해서 설명해 두겠습니다. MCMC 알고리즘에서는 현재 스텝의 바로 전 상황 $q$에 근거하여 새로운 상태 $q^{新}$를 만들어 내고 있으므로, 마코프연쇄(Markov chain)가 됩니다. 또한 일반적으로 난수를 이용한 통계 알고리즘을 몬테칼로법(Monte Carlo method)이라고 부릅니다. 메트로폴리스법의 수순 ❷와 ❹에서 난수를 사용하고 있으므로, 마코프연쇄적인 몬테칼로법의 하나라는 것을 알 수 있습니다.[10]

### 8.3.1 메트로폴리스법으로 샘플링해보다

메트로폴리스법의 규칙을 따르는 생존 확률 $q$와 로그우도 $\log L(q)$의 10 스텝의 변화를 그림 8.6에 나타냈습니다. 비틀비틀 시행착오에 의한 최우추정과는 다르게 $\log L(q)$는 증가 또는 그대로 정체하는 것뿐 아니라, 오히려 감소하는 스텝도 있습니다.

이번에는 스텝 수를 100으로 증가시켜 보겠습니다(그림 8.7). 전반

---

10 마코프연쇄가 아닌 몬테칼로법만을 사용해 통계모형의 모수를 추정하는 것이 불가능한 것은 아니지만, 그것은 랜덤으로 탐색하는 방식으로 MCMC와 비교하면 현격히 효율이 나쁩니다.

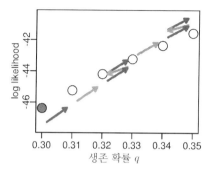

그림 8.6　메트로폴리스법에 의한 샘플링의 과정(10 스텝)의 예. 가로축은 생존 확률 $q$이고, 세로축은 로그우도 $\log L(q)$. 0.30부터 시작하여 $q$의 값을 변화시켜 나가는 양상을 회색 화살표로 표시하고 있다.

적인 경향은 로그우도가 작은 $q$로부터 시작하면 $\log L(q)$가 커지는 방향으로 움직이는 것처럼 보입니다. 이것은 비틀비틀 시행착오에 의한 최우추정과 비슷하면서도, 일단 로그우도가 최대가 되는 $q$에 도달하더라도 다시 흘러내려갈 수 있다는 차이가 있습니다.

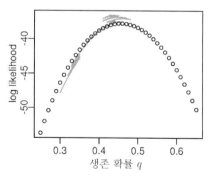

그림 8.7　그림 8.6과 대응하는 메트로폴리스법에 의한 샘플링의 과정(100 스텝)의 예. 가로축은 생존 확률 $q$, 세로축은 로그우도 $\log L(q)$. 최우추정과는 달리, 우도가 작아지는(적합이 나빠지는) $q$로 변화하는 경우도 있다.

그림 8.8(A)는 스텝 수가 증가함에 따라 $q$의 변화 양상을 나타내고 있습니다. 비틀비틀 시행착오에 의한 최우추정(그림 8.5)과 비교해 보면, 우도가 큰(적합이 좋은) 지점에 도달하기까지는 시간이 걸리고, 게다가 일단 로그우도 최대 지점에 도달해도 그곳에 머물지 않고 $q$가 아무렇게나 계속해서 변화하고 있는 듯이 보입니다. 즉, 최우추정법의 경우와 같이 「어딘가에 있는 가장 좋은 값」에 도달하는 것이 아니라는 겁니다.

메트로폴리스법 등 MCMC 알고리즘의 목적은 무언가 특정한 값을 탐색하는 것이 아니고 스텝 수와 함께 변화하는 모수의 값을 생성하는 것입니다. 이것을 샘플링(sampling)이라고 합니다. 그림 8.8의 우측에는 샘플링된 값을 히스토그램으로 나타냈습니다.

스텝 수를 증가할수록 이 히스토그램의 모양이, 그림 8.8의 우측에 나타낸 확률분포(확률밀도함수)에 닮아 가는 듯이 보입니다. 곡선으로 나타낸 이 확률분포는 이 예제의 통계모형과 메트로폴리스법에 의해 결정되는 마코프연쇄의 정상분포(定常分布, stationary distribution)입니다. 그림 8.8을 보면 알 수 있듯이 메트로폴리스법을 적용하면 이 분포를 따르는 랜덤 샘플링을 얻을 수 있을 것 같습니다. 8.4절에서 다시 설명하겠지만, 이와 같은 샘플링이 결국 MCMC를 사용하여 통계모형을 적합하는 것을 의미합니다.

### 8.3.2 마코프연쇄의 정상분포

바로 전 항의 마지막에 등장했던 정상분포(stationary distribution)란 어떤 변수 $q$의 마코프연쇄가 적절한 조건을 만족할 때, 그 마코프연쇄로부터 발생하는 $q$의 값이 따르는 확률분포를 말합니다. 이 적절한 조건에 대해서는 베이지안 관련 참고문헌을 참조해 주세요.

이 장의 예제 메트로폴리스법에 의해 만들어낸 마코프연쇄는 그

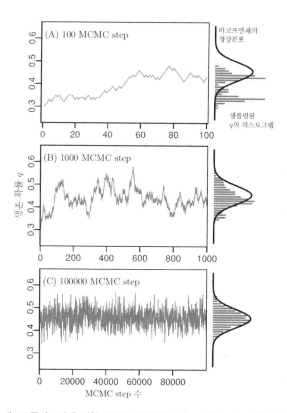

그림 8.8　메트로폴리스법에 의한 MCMC 샘플링의 예. 그림 8.5와 마찬가지로, 가로축은
　　　　시행착오의 스텝 수, 세로축은 그 스텝에 있어서 $q$의 값. 그림의 우측의 히스
　　　　토그램, 샘플링된 $q$의 빈도의 분포를 나타내고 있다. 이 히스토그램과 함께
　　　　표시된 곡선은, 이 마코프연쇄의 정상분포(定常分布). (A) 100 스텝 (B) 1000
　　　　스텝 (C) 100000 스텝(샘플링의 간격은 매 100 스텝마다)

조건을 만족했다고 가정하고, 그림 8.8의 우측에 나타낸 것과 같은 정
상분포를 가진다고 생각하기 바랍니다. 여기서는 정상분포를 $p(q|Y)$로
표기하겠습니다.

　　메트로폴리스법에 의한 MCMC 샘플링을 나타낸 그림 8.8을 보면,
MCMC 스텝 수가 적을 때는 샘플링된 $q$의 분포가 정상분포와는 상이

하지만, 스텝 수를 증가시킴에 따라서 정상분포와 비슷해지는 것 같다 — 라는 것을 알 수 있습니다. 이런 현상의 원인은 MCMC 샘플링 초기값 $q$를 정상분포와는 관계없이 대충 정했기 때문입니다.[11] 더군다나 $q$의 값이 조금씩 밖에 변화하지 않기 때문에 정상분포에 근사해 가는 데 시간이 걸리기 때문입니다.

MCMC 샘플링과 정상분포의 관계를 알아보기 위해서, 서로 다른 초기값 $q$에서 시작되는 여러 개의 메트로폴리스법의 실행 예를 그림 8.9에 나타냈습니다. 이것을 보면 어떤 초기값에서 시작하더라도 MCMC 샘플링된 $q$의 값의 집합은 최종적으로 정상분포를 따르고 있는 것을 확인할 수 있습니다.

단, 정상분포 $p(q|Y)$를 근사하기 위한 $q$의 표본을 얻기 위해서는 충분히 많은 스텝의 MCMC 샘플링이 필요합니다. 그림 8.8(A)의 100스텝의 MCMC 샘플링에서는 정상분포와는 상당히 다른 형태의 분포로 보입니다. 그림 8.8(B)와 같이 1,000스텝까지 증기시켜도 아직 불충분한 듯합니다. 메트로폴리스법을 사용해 $q$를 변화시키면, 어떤 $q$와 그것으로부터 생성된 새로운 $q$ 사이에는 상관이 존재합니다.[12] 즉, 「천천히」 변화하고 있으므로 이 정도 길이의 샘플링수로는 정상분포로부터의 랜덤 샘플링으로 간주하기 힘들어 보입니다. 실제로 이 예제의 경우에서는 그림 8.8(C)에 나타난 것처럼 100,000 스텝 정도의 MCMC 샘플링이 필요했습니다.[13]

---

11  그렇다면 「대충 정하지 않는」 결정 방법이 있을까요? 일단 그런 방법은 없다고 생각해 주세요.

12  메트로폴리스법에서는 $q$가 전혀 변화하지 않는 경우도 있기 때문입니다. 더구나 이 예제의 경우 $q$는 「이웃」으로 밖에 이동할 수 없기 때문에, 변화하더라도 바로 한 스텝 전의 $q$와 비슷한 값이 됩니다.

13  필요한 스텝 수를 사전에 미리 알 수는 없습니다. 사후적으로 샘플링 수가 충분한지 아닌지 판정하는 것입니다. 또 그림 8.8(C)에서는 한 스텝마다가 아니고 100 스

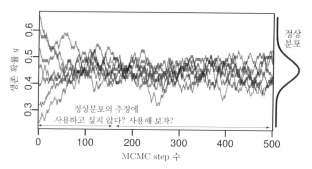

그림 8.9  여러 가지 $q$의 값에서서 시작한 메트로폴리스법에 의한 샘플링의 반복(제9장
에서는 샘플열이라고 부른다)의 예. 그림 8.8과 마찬가지로, 가로축은 시행착
오의 스텝 수, 세로축은 각 스텝에서의 $q$값

　　무작정 길게 MCMC 샘플링을 하면 $q$의 정상분포 $p(q|Y)$를 추정할
수는 있지만 이 예제와 같은 간단한 추정문제를 위한 방법으로서는 오
히려 헛수고처럼 보이기도 합니다. MCMC 샘플링을 보다 효과적으로
실현하기 위한 방법은 여러 가지 있습니다. 그 중 하나의 방법은 메트
로폴리스법보다 「좋은」 MCMC 알고리즘을 사용하는 것입니다. 여기서
「좋은」이란 어떤 스텝과 다음 스텝에 샘플링되는 값 간의 상관을 적게
해주는 알고리즘을 말합니다.

　　또 다른 방법은 그림 8.9에 MCMC 샘플링을 사용하여 효과적으로
정상분포를 추정하기 위해서 그림 중의 「(정상분포의 추정에) 사용하고
싶지 않다?」라고 표기한 부분을 버리는 것이 좋을 것입니다. 이 구간은
임의로 정해진 $q$의 초기치의 영향을 많이 받고 있는 것으로 보이기 때
문입니다. 추가적으로 MCMC 시행을 한번 수행한 그림 8.8과 다수의
시행인 그림 8.9를 비교하면 후자가 「정상분포에의 근사 정도」를 알기

---

텝마다 값을 「솎아내는」 샘플링을 하고 있습니다. 판정과 솎아내는 방법에 대해서
는 다음 장의 내용도 참고해 주세요.

쉽습니다.

여기서 열거한 다른 MCMC 알고리즘을 선택하거나 초기 일정 부분을 버리거나 다수의 MCMC 샘플링을 비교한다거나 하는 등의 정상분포의 추정의 개선과 관련된 방법에 대해서는, 제9장 이하에서도 검토를 계속해 나가겠습니다. 이 장에서는 그림 8.8(C)처럼 충분히 100,000 스텝 반복하였기 때문에 정상분포를 추정할 수 있는 $q$값의 샘플을 얻을 수 있었다고 이해하고 넘어갑시다.

### 8.3.3 이 정상분포는 무엇을 나타내는 분포인가?

MCMC 알고리즘의 하나인 메트로폴리스법에 의하여 생존 확률 $q$의 값을 샘플하여 정상분포 $p(q|Y)$의 추정이 가능해졌습니다. 그럼 정상분포란 무엇일까요? 이 예제로 말하자면 정상분포 $p(q|Y)$는 우도 $L(q)$에 비례하는 확률분포입니다(그림 8.10).[14] 우도 $L(q)$에 비례하는 범주화한 $q$의 확률분포라는 것은,

$$p(q|Y) = \frac{L(q)}{\sum_q L(q)}$$

와 같이 정의 됩니다. 분모는 모든 $L(q)$를 합한 값으로 데이터 $Y$에만 의존하는 상수이기 때문에 $p(q|Y) \propto L(q)$라는 비례관계가 성립합니다. 이와 같은 메트로폴리스법의 규칙과 정상분포 $p(q|Y)$의 관련성에 대해서는 8.5.1항에서 조금 더 보충설명을 하겠습니다.

메트로폴리스법에 의해 얻어진 충분히 긴 MCMC 샘플은 정상분

---

14 모수 $q$가 연속값인 경우에는 $L(q)$에 비례하는 연속확률밀도함수의 분포로부터 샘플링하는 것이 됩니다. 연속값인 모수의 메트로폴리스법은 $q^{new}$의 후보를 찾는 방법에 있어서 보다 더 요령이 필요하므로 이 책에서는 해설하지 않습니다.

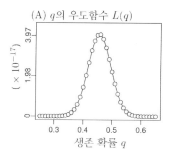 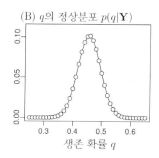

그림 8.10 우도함수와 정상분포의 관계. (A) 그림 8.2의 로그우도 $\log L(q)$ 에서 세로축을 우도 $L(q)$ 로 바꾼 것 (B) 이 마코프연쇄에 있어서 $q$ 의 정상분포 $p(q|\mathbf{Y})$. 이것은 우도 $L(q)$ 에 비례하는 확률분포.

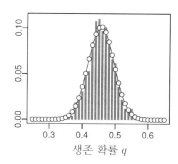

그림 8.11 메트로폴리스법에 의한 데이터로의 적합으로 얻어진 모수 $q$ 의 확률분포. MCMC 샘플링에 의해서 얻어진 표본의 히스토그램(그림 8.8(C)에 대응). 흰점은 우도 $L(q)$ 에 비례하는 정상분포 $p(q|\mathbf{Y})$.

포 $p(q|\mathbf{Y})$ 로부터의 랜덤샘플입니다.[15]

지금까지 내용을 정리해 보겠습니다. 관측 데이터 $\mathbf{Y}$ 를 설명하기 위해 이항분포를 도구로 사용하는 통계모형을 만들었습니다. 이 모형과 메트로폴리스법을 사용하여 MCMC 샘플링을 하는 것으로 우도에

---

15 단, 샘플링된 순시는 무시합니다. 8.3절에서 기술한 것처럼 어떤 $q$ 와 메트로폴리스법으로 생성된 다음의 $q$ 사이에는 상관이 있습니다.

비례하는 $q$의 확률분포 $p(q|Y)$를 추정할 수 있는 샘플을 얻을 수 있었습니다(그림 8.11).

이와 같이 추정된 $p(q|Y)$라는 확률분포는 $q$의 (그럴듯한 정도를 나타내는) 우도 $L(q)$에 비례하므로, 주어진 데이터 $Y$로 통계모형을 적합해서 구한 $q$의 확률분포라고 해석해도 됩니다. 즉, 지금까지의 MCMC 샘플링이라는 것은 통계모형의 적합의 일종이었다는 것입니다.

또, 이 표본분포의 평균·중앙값·표준편차·95% 구간 등의 통계량을 계산하면, 적합의 결과로서 얻어진 $q$의 분포를 요약하여 나타낼 수 있습니다. 통계량을 알 수 있다는 것은 다시 말하면 추정된 모수의 분포와 현상의 대응관계를 검토하거나, 통계모형에 의해 여러 가지 예측이 가능하다는 것을 의미합니다.

## 8.4 MCMC 샘플링과 베이즈 통계모형

MCMC 샘플링은 통계모형을 관측 데이터에 적합하는 하나의 방법이고, 그 결과로서 주어진 데이터와 모형을 바탕으로 모수의 확률분포를 얻을 수 있었습니다.

여기서 모수의 확률분포라고 표현을 사용했지만, 이 표현을 아무런 언급 없이 그냥 사용하면 안 될 것 같습니다. 이 책에서 소개한 최우추정법에 의한 모수 추정은 빈도주의(frequentist)라는 통계학적 사고를 전제로 하고 있습니다. 이런 전제하에서는 「모수 $q$의 분포」라는 표현은 존재할 수 없습니다.

빈도주의에서 생각하는 모수는 확률변수가 아니기 때문에 확률분포를 정의할 수가 없습니다. 예를 들어 $q = 0.45000\cdots$라는 식으로 하나의 고정된 상수로 취급되는 「참 값」이라고 가정합니다. 모수의 추정치도 데이터에 근거하여 결정되는 하나의 수치일 뿐 확률변수는 아닙니다.[16]

이에 반해서 베이즈 통계학에서는 통계모형의 모수를 확률변수로 취급합니다. 따라서 베이즈 통계학을 이용하는 통계모형에서는 추정된 모수를 확률분포로서 표현할 수 있습니다.

그럼 — 사실 초반부에 언급했어야 할 내용이긴 하지만, 이 장이 메트로폴리스법에 의한 통계모형의 적합은, 사실은 베이즈 통계학의 틀 안에서 생각하고 있다 — 라는 사고 방식을 전제하도록 합시다. 이같이 접근하기 위해서는 이항분포를 사용한 생존 종자수의 통계모형도 베이즈 통계모형으로서 재검토하지 않으면 안 됩니다.

베이즈 통계는 베이즈 공식의 형식으로 추론을 행하는 통계학입니다. 베이즈 공식이란 조건부확률의 성질을 기술한 간단한 등식에 지나지 않습니다. 이에 대해서는 8.5.2항에서 설명하기로 하고 여기서는 일단 이 장의 예제를 통계모형에 베이즈 공식을 대응시켜보겠습니다. 종자수의 생존 확률 $q$를 베이즈 공식의 형식으로 쓰면 아래와 같이 됩니다.

$$p(q|Y) = \frac{p(Y|q)\,p(q)}{\sum\limits_{q} p(Y|q)\,p(q)}$$

먼저 좌변의 $p(q|Y)$는 데이터 $Y$가 얻어졌을 때 $q$가 따르는 확률분포이고, 베이즈 통계학에서는 이것을 **사후분포**(posterior distribution 또는 posterior)라고 부릅니다. 그림 8.11에 나타난 것처럼 $q$의 확률분포에

---

16　예를 들어, 제3장의 그림 3.6은 모수의 확률분포라고 해석할 수 없습니다. 또, 추정치의 신뢰구간도 모수의 분포를 나타내는 것이 아닙니다.

해당합니다.

　다음으로 우변의 분자를 봅시다. $p(Y|q)$은 $q$의 값이 결정되었을 때 데이터 $Y$가 관측될 확률입니다. 이 예제의 경우 이항분포의 곱인 우도 $L(q)$가 그것에 해당하므로, $p(Y|q) = L(q)$가 됩니다.

　이 우도의 뒤에 붙어 있는 $p(q)$는 데이터 $Y$가 주어지지 않았을 때의 $q$의 확률분포이고, 베이즈 통계모형에서는 이것을 **사전분포**(prior distribution 또는 prior)라고 부릅니다.[17] 데이터가 주어지지 않았을 때 종자 생존 확률 $q$의 사전분포란 대체 어떤 확률분포를 말하는 것일까요? 이 문제는 조금 뒤로 돌리겠습니다.

　우변의 분모는 단순히 확률함수로 만들기 위한 상수, 즉, 좌변의 $p(q|Y)$를 모든 $q$에 대해 합하면 $\sum_q p(q|Y) = 1$이 되도록 하는 역할을 하는 것입니다. 또, 이것은 조건부확률의 합이므로 $p(Y) = \sum_q p(q|Y)$이 됩니다. 분모 $p(Y)$는 $q$의 값이 불명할 때에 $Y$라는 데이터가 얻어질 확률이라는 것을 알 수 있습니다. 이것은 $q$의 값과는 관계없는 상수입

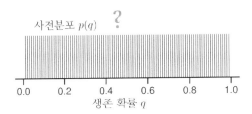

**그림 8.12**　모수 $q$의 사전분포 $p(q)$의 후보 예시. 이 예제의 경우, $q$가 0.01부터 0.99까지 0.01간격으로 이산균일분포를 사전분포로 정하면 좋을 것 같은 기분이 들지만, 이번 장에서는 설명을 많이 생략하고 있기 때문에 $p(q)$를 특정할 수 없다.

---

17　조금 더 정확하게는 **사후확률**(posterior probability)·**사전확률**(prior probability)이라는 용어를 사용해 설명해야 할지도 모르겠습니다. 그러나, 이 책에서는 여러 가지 이산형 또는 연속형의 모수가 어떤 값을 취할 확률이라는 문제만을 다루고 있으므로, 사전분포·사후분포라는 용어를 사용해 설명하고 있습니다.

니다. 즉, 베이즈 통계모형이란,

$$\text{사후분포} = \frac{\text{우도} \times \text{사전분포}}{\text{데이터가 얻어질 확률}} \propto \text{우도} \times \text{사전분포}$$

와 같은 구조를 가지는 통계모형입니다.

　그럼, 앞의 8.3.3항에서는 MCMC 샘플링에 의해 정상분포 $p(q|Y)$ 가 우도에 비례하는 확률

$$p(q|Y) = \frac{L(q)}{\sum_{q} L(q)}$$

로 되어있을 것이라는 것을 수치 실험으로 나타냈습니다(그림 8.11). 이 것과 베이즈 공식으로부터 얻어진,

$$p(q|Y) = \frac{L(q)\, p(q)}{\sum_{q} L(q)\, p(q)}$$

를 비교해 보면,[18] 사전분포 $p(q)$가 $q$의 값에 관계없이 $p(q) = (\text{상수})$가 되면, 이치가 맞는 것처럼 보입니다(그림 8.12).[19]
　이 장의 설명에 사용한 그림을 나열하여 베이즈 통계모형을 나타 내면, 그림 8.13과 같이 됩니다. 이항분포의 곱인 우도 $L(q) = p(q|Y)$와

---

18　$p(Y|q) = L(q)$입니다.

19　여기까지의 수치계산에서는, 「$q$를 0.01부터 0.99까지 0.01 간격으로 잘라서」 범주 화하고 있으므로, 사전분포를 $p(q) = 1/99$이 되도록 이산균일분포라고 설정해도 좋을지 모르겠습니다.

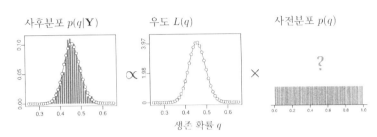

그림 8.13  사후분포 $p(q|Y)$, 우도 $L(q)$, 사전분포 $p(q)$ 관계의 개념도.

그 모형의 모수 $q$의 사전분포 $p(q)$의 곱에 비례하는 것이 통계모형의 데이터를 조합해서 결정된 $q$의 사후분포 $p(q|Y)$라는 것입니다.

　당연한 것이지만 실제 베이즈 통계모델링에서는 나중에 「사전분포는 이렇게 되어 있었다」 등으로 억지로 갖다 붙이지 않고, 모형설계의 단계에서 우도·사전분포를 먼저 정하고, 그것에 따라서 MCMC 샘플링을 실시하여 사후분포를 추정합니다. 베이즈 통계모형의 구체적인 내용은 다음 장 이하에서 다룹니다.

## 8.5 보충설명

### 8.5.1 메트로폴리스법과 정상분포의 관계

　이 절에서는 MCMC 샘플링에 대해 보충 설명합니다. 이 장의 8.3절에서 소개한 MCMC 알고리즘의 하나인 메트로폴리스법에 의해서 모수 $q$를 샘플링한 것이 왜 정상분포 $p(q|Y)$로부터 랜덤 샘플링이 되는 것일까 — 이것에 대해 조금 생각해 봅시다.

　메트로폴리스법으로 얻어진 $q$의 샘플이 정상분포 $p(q|Y)$로부터의 랜덤샘플이 되기 위해서는 다음의 두 가지 조건이 성립해야 합니다.

❶ $q$가 임의의 초기치에서 정상분포 $p(q|Y)$에 수렴한다.

❷ $q$가 $p(q|Y)$를 따르면, 메트로폴리스법으로 얻어진 $q^{新}$도 $p(q|Y)$를 따른다.

지금의 경우는 이 두 가지 모두 성립하지만 여기서는 조건 ❷만을 검토해 봅시다.[20]

어떤 시점에서 모수 $q$가 $p(q|Y)$로부터 랜덤으로 얻어진 값이고, 메트로폴리스법에 의해 그 다음의 값으로 $q^{新}$가 선택되면 우도가 $L(q) < L(q^{新})$와 같이 개선된다고 합시다. 이때 $q \rightarrow q^{新}$이 될 확률 $p(q \rightarrow q^{新})$은 이 변화에 의해 우도가 개선되므로,

$$p(q \rightarrow q^{新}) = 0.5 \times 1$$

이 됩니다. 이 0.5는 두 가지 「새로운 $q$의 선택방법」(증가 또는 감소) 중 한쪽이 될 확률입니다. 역으로 $q^{新} \rightarrow q$이 될 확률 $p(q^{新} \rightarrow q)$이고,[21] 이 경우는 우도가 나쁘게 되므로(감소하므로),

$$p(q^{新} \rightarrow q) = 0.5 \times \frac{L(q)}{L(q^{新})}$$

이 됩니다. 위의 두 식을 동시에 나누어 정리하면,

$$L(q^{新})p(q^{新} \rightarrow q) = L(q)p(q \rightarrow q^{新})$$

---

20　❶의 문제에 대해서는 참고문헌을 참조해 주세요.

21　왜 새로운 쪽이 오래된 방향으로 이동하는지 이상하게 생각할지도 모르겠습니다만, ─이것은 예를 들어, 지금의 MCMC step에 있어서 $q^{新}$의 값으로 되어 있는 것으로, 다음에 갈 방향으로서 $q$의 값으로 이동하는 경우에 대해서 생각하고 있습니다.

이라는 관계가 성립합니다. 그럼, 여기서 정상분포 $p(q|Y)$가,

$$p(q|Y) = \frac{L(q)}{\sum\limits_{q} L(q)}$$

라는 사실을 이용하면, 위의 관계식은

$$p(q^{新}|Y)p(q^{新}{\rightarrow}q) = p(q|Y)p(q{\rightarrow}q^{新})$$

이라고 다시 고쳐 쓸 수 있습니다.

이번에는 $q{\rightarrow}q^{新}$이 우도의 개선이 되지 않는 경우에 대해서도 생각해 봅시다. 이 경우는,

$$p(q{\rightarrow}q^{新}) = 0.5 \times \frac{L(q^{新})}{L(q)}$$

$$p(q^{新}{\rightarrow}q) = 0.5 \times 1$$

이 되고, 역시 $p(q^{新}|Y)p(q^{新}{\rightarrow}q) = p(q|Y)p(q{\rightarrow}q^{新})$이 성립합니다. 즉 $q{\rightarrow}q^{新}$이 우도의 개선이 되는가 안 되는가에 관계없이,

$$p(q^{新}|Y)p(q^{新}{\rightarrow}q) = p(q|Y)p(q{\rightarrow}q^{新})$$

으로 되어있습니다. 이것을 **상세균형조건**(detailed balance)이라고 부릅니다.

이 상세균형조건의 양변에 $q$의 합을 취해 봅시다.

$$\sum\limits_{q} p(q^{新}|Y)p(q^{新}{\rightarrow}q) = \sum\limits_{q} p(q|Y)p(q{\rightarrow}q^{新})$$

이 식의 좌변에는,

▸ $p(q^{新}|Y)$가 $q$에 관한 합과는 무관계(상수와 같이 행동)

▸ 확률의 정의로부터 $\sum_q p(q^{新}{\to}q) = 1$

이므로 정리하면,

$$p(q^{新}|Y) = \sum_q p(q|Y)p(q{\to}q^{新})$$

이 됩니다.

이 등식은 무엇을 표현하는 것일까요? 우변은 $q$가 정상분포 $p(q|Y)$를 따를 때, 메트로폴리스법에 의해 $q^{新}$이 될 확률을 나타내고 있습니다. 이것이 등호로 좌변 $p(q^{新}|Y)$와 연결되어 있으므로, $q$가 정상분포 $p(q|Y)$를 따르면, 메트로폴리스법에 의해 선택된 $q^{新}$ 또한 정상분포 $p(q^{新}|Y)$를 따른다는 것입니다.[22] 이것은 메트로폴리스법에 한정되지 않고 모든 MCMC 알고리즘의 공통된 성질입니다. 또, 여기서 설명한 모든 내용은 $q$의 사전분포 $p(q)$를 고려한 통계모형의 MCMC 알고리즘에서도 동일하게 성립합니다.

### 8.5.2 베이즈정리

이 장의 8.4절에 등장한 사후분포 $p(q|Y)$와 사전분포 $p(q)$ 등의 관계를 기술한 식

$$p(q|Y) = \frac{p(Y|q)p(q)}{\sum_q p(Y|q)p(q)}$$

---

22  단, 이미 지적한 것과 같이, $q^{新}$와 $q$는 일반적으로 독립이 아닙니다.

을 베이즈 정리(Bayes' theorem)라고 합니다. 「베이즈의 정리」라고 하면 대단히 심도 있는 명제와 같이 생각될지도 모르겠지만, 실은 **조건부확률과 결합확률의 관계**를 정리한 것에 지나지 않습니다. 그 관계란 $p(A|B)p(B) = p(A,B)$라는 정의입니다.[23]

그러면, 이 장의 예제를 이용해 $q$와 $Y$의 조건부확률과 동시확률의 관계를 정리해봅시다. 이 예제의 모수 $q$는 $\{0.01, 0.02, 0.03, \cdots, 0.99\}$로 범주화된 값이고, 또 데이터 $Y$는 그림 8.1(B)에 나타난 것입니다. 우선 조건부확률과 동시확률의 정의로부터 데이터 $Y$가 정해졌을 때, $q$가 0.42라든가 0.47라든가, 어떤 특정한 값을 취할 조건부확률은 $p(q|Y) = p(Y,q)/p(Y)$입니다. 여기서 분자인 $p(Y,q)$는 데이터가 그림 8.1(B)와 같고, $q$가 무언가의 값을 취할 확률로서, 이것 또한 $p(Y,q) = p(Y|q)p(q)$인 조건부확률 $p(q|Y)$와 확률 $p(q)$의 곱이 됩니다. 이것을 사용해,

$$p(q|Y) = \frac{p(Y|q)p(q)}{p(Y)}$$

로 표기한 것이 흔히 접하게 되는 「베이즈의 공식」이 됩니다. $p(q|Y)$는 사후분포, $p(Y|q)$는 우도에 비례하는 확률, 그리고 $p(q)$는 $q$의 사전분포입니다. 우변의 분모인 $P(Y)$는 데이터가 얻어질 확률이고, 이것은 동시확률 $P(Y,q)$를 모든 $q$에 대해서 합한 것이므로,

$$p(Y) = \sum_q p(Y|q)p(q)$$

---

23  이 표기법의 의미를 모르는 사람은 제1장의 1.4절을 참조.

로도 쓸 수 있습니다. 이 장에 등장한 베이즈 정리의 분모는 이 식의 우변을 사용해 표기한 것입니다.

## 8.6 이 장의 정리

이 장에서는 다수의 모수를 추정하는 방법인 MCMC법, 그리고 MCMC 추정 방법과 대응되는 **통계모형**의 하나의 예로서 베이즈 통계 모형을 소개했습니다.

▸ 최우추정법은 우도가 최대가 되도록 모수를 탐색하는 최적화이다 (8.2 비틀비틀 시행착오에 의한 최우추정).

▸ 이에 반해 MCMC 알고리즘은 정상분포로부터 랜덤 샘플링이 목적 이다 — 이 장의 예제의 경우 정상분포는 우도에 비례하는 확률분포 이다(8.3 MCMC 알고리즘의 하나 : 메트로폴리스법).

▸ 다루고 있는 통계모형이 베이즈 통계모형이라면 정상분포는 사후분 포라고 간주할 수 있다(8.4 MCMC 샘플링과 베이즈 통계모형).

이 장에서는 처음으로 베이즈 통계모형이 등장했습니다. 이전 장 에 등장했던 통계모형은 적합의 좋음을 우도로 평가하기 때문에 우도 를 최대화하도록 모수를 추정했습니다. 반면, 베이즈 통계모형은 우도 뿐 아니라 모수의 사전분포도 함께 고려하여 모수의 사후분포를 추정 합니다.

현실의 데이터 분석에서는 제10장 이하에서 다루게 될 다수의 모 수를 취급하는 베이즈 통계모형이 필요합니다. 다수의 모수를 취급한 다는 것은 모형의 사전분포로서 다변량 확률분포가 필요하다는 의미이 며, 이때야 말로 MCMC 샘플링은 그 진가를 발휘하게 됩니다.

# 제 9 장

# GLM의 베이즈 모형화와 사후분포의 추정

여러 개의 모수를 포함하는 GLM의 베이즈 모형화와 모수의 사후분포의 추
정 방법을 설명합니다.

이 장에서는 일반화 선형모형(GLM)의 확장과 관련된 제7장까지의 내용과 제8장에서 새롭게 도입한 MCMC에 의한 모수 추정·베이즈 통계 모델링을 동시에 고려하겠습니다. 주된 내용은 통계모형의 선형예측식에 대한 베이즈화와 모수가 여러 개인 경우 사후분포[1]로부터의 MCMC 샘플링하는 내용입니다. 쉬운 설명을 위하여 R의 glm( ) 함수를 사용해서 빠르고 간단히 추정할 수 있는, 즉 일부러 베이즈 통계모형으로서 다룰 필요가 전혀 없는, 매우 단순한 포아송회귀의 예제를 다루겠습니다. 베이즈 통계모형의 설계와 WinBUGS라는 소프트웨어로 사후분포를 추정하는 방법도 소개합니다. WinBUGS에서 사용하고 있는 MCMC 알고리즘 등에 대해서도 설명하겠습니다.

## 9.1 예제: 종자수의 포아송회귀(개체차 없음)

GLM의 베이즈 모형화의 데이터로 그림 9.1과 같은 예제를 생각해 봅시다. 이 가상 식물의 개체 $i$는 사이즈 $x_i$에 의존하여 종자수 $y_i$의 평균이 변화합니다. 가상 식물의 개체수는 20입니다. 이 관측 데이터를 도시하면 그림 9.1(B)와 같습니다.

---

1  이 책에서는 확률분포의 형태·모양을 결정하는 상수를 모수라고 표현했습니다. 그러나, 「모수의 사후분포」 등으로 표현한 경우는 베이즈 통계모형 안에서 모수로 취급되는 평균·절편·기울기·계수·오차 역시 확률변수라고 생각을 확장하기 바랍니다. 또한 「다수 모수의 사후분포」 「여러 개의 모수의 사후분포」 등의 표현은 다변량 확률분포를 의미합니다. 예를 들어 모수 $\beta_1$과 $\beta_2$의 이변량 확률분포로 표현되는 $p(\beta_1\beta_2|Y)$은 「확률변수인 모수 $\beta_1$과 $\beta_2$의 사후분포」를 의미합니다.

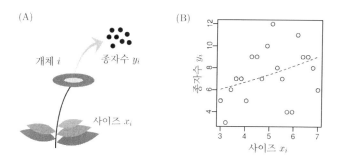

그림 9.1　(A) 가상 식물의 제$i$번째 개체. 개체 마다 관측된 종자수 $y_i$ 가 개체 사이즈 $x_i$ 에 어느 정도 의존하는지를 조사하고 싶다. 제3, 5장과 같은 예제. (B) 가상 식물 20개체의 사이즈 $x_i$ 와 종자수 $y_i$ 의 관계. 점선은 이 데이터를 생성할 때 사용한 포아송분포의 평균 $\lambda = \exp(1.5 + 0.1x)$.

이 가상 데이터를 이용하여 개체마다 평균 종자수가 사이즈 $x_i$ 에 어떻게 의존하고 있는지를 조사하는 것이 목적입니다. 제7장과 같은 개체차는 존재하지 않기 때문에 이 데이터의 오차는 포아송분포로 표현할 수 있습니다. 따라서 제3장의 예제와 같이 R을 이용하면 다음과 같이 절편과 기울기의 최우추정치를 구할 수 있습니다.

```
> glm(y ~ x, family = poisson, data = ...)
```

다음 절부터는 이 예제를 이용하여 GLM의 베이즈 통계모형화 방법에 대해서 검토하고, 그 모수의 사후분포의 추정에 대해 알아보겠습니다.

## 9.2 GLM의 베이즈 모형화

　　베이즈 모형화한 GLM에서도 모형의 가장 핵심 부분은 앞절의 포아송회귀의 GLM입니다. 개체 $i$의 종자수 $y_i$가 평균 $\lambda_i$인 포아송분포 $p(y_i|\lambda_i)$를 따른다고 합시다. 선형예측식과 로그링크함수를 연결하면 평균은 $\lambda_i = \exp(\beta_1 + \beta_2 x_i)$로 표현됩니다.[2] 이 예제에서는 개체 $i$마다 개체차는 없다는 가정이므로 랜덤효과의 항은 없습니다. 이 모형의 우도함수 $L(\beta_1, \beta_2)$는,

$$L(\beta_1, \beta_2) = \prod_i p(y_i|\lambda_i) = \prod_i p(y_i|\beta_1, \beta_2, x_i)$$

가 됩니다($X = \{x_i\}$). 이 예제에서도 설명변수 $x_i$는 상수로 취급하겠습니다.[3] 우도함수는 이산확률분포로 정의되어 있으므로, 모수 $\{\beta_1, \beta_2\}$가 특정 값을 취할 때 $Y$가 얻어질 확률은 $p(Y|\beta_1, \beta_2) = L(\beta_1, \beta_2)$가 됩니다.

　　베이즈 모형의 사후분포는 (우도)×(사전분포)에 비례하는 관계이므로, 이 예제의 경우라면 다음과 같은 관계식을 세울 수 있습니다.[4]

$$p(\beta_1, \beta_2|Y) \propto p(Y|\beta_1, \beta_2)\, p(\beta_1) p(\beta_2)$$

좌변의 사후분포 $p(\beta_1, \beta_2|Y)$는 데이터 $Y$가 주어졌을 때 $\{\beta_1, \beta_2\}$의 결합

---

2　식물의 사이즈 $x_i$와 평균 종자수 $\lambda_i$를 관계시키는 모델링에 대해서는, 제3장을 참조해 주세요.

3　설명변수 $x_i$도 확률변수로서 다루는 베이즈 모형도 설계할 수 있지만, 이 책에서는 설명하지 않습니다.

4　여기서는 절편 $\beta_1$과 기울기 $\beta_2$가 각각 독립적으로 별도의 사전분포를 따른다고 가정하고 있습니다. 만일 사전분포가 이변량 결합분포 $p(\beta_1, \beta_2)$인 경우에도 베이즈 통계모형화가 가능하지만 이 책에서는 다루지 않습니다.

확률분포를 나타냅니다. 우변의 $p(\beta_1)$과 $p(\beta_2)$는 각각 절편 $\beta_1$과 기울기 $\beta_2$의 사전분포입니다. 이것들을 적절하게 지정하면 베이즈 모형화한 GLM이 됩니다.

## 9.3 무정보사전분포

그렇다면 베이즈화 GLM의 모수 $\beta_*$(절편 $\beta_1$ 또는 기울기 $\beta_2$)의 사전분포 $p(\beta_*)$를 어떻게 설정하면 될까요? 베이즈 통계모형에 있어서 사전분포 $p(\beta_*)$란 관측 데이터 $Y$가 얻어지기 전에 사전에 알려진 모수 $\beta_*$의 확률분포로 정의되지만, 지금과 같은 가상 식물의 평균 종자수에 영향을 주는 절편 $\beta_1$과 사이즈 $x_i$의 효과를 나타내는 기울기 $\beta_2$ 등의 확률분포에 대한 정보를 당연하지만 미리 알고 있을 리가 없습니다.

따라서 선형예측식의 모수 $\beta_*$의 값은 $[-\infty, \infty]$의 범위에서 「어떤 값을 취해도 상관없다」라는 의도를 표현하는 사전분포 $p(\beta_*)$를 설정합니다. 이와 같은 사전분포가 **무정보사전분포**(non-informative prior)입니다.[5]

그렇다면 무정보사전분포라는 것은 어떠한 확률분포일까요? 무한구간의 균일분포라는 확률분포가 존재하면 편리하겠지만,[6] 전체 구간에 대하여 밀도 함수를 적분해도 1이 되지 않는다는 점이 문제가 됩니다.

---

5   제8장에서도 이 같은 생각에 근거하여 생존 확률을 나타내는 모수 $q$에 대해서, $0.01 \leq q \leq 0.99$의 범위를 취하는 이산형 균일분포(그림 8.12)를 사전분포 $p(q)$로 지정하면 좋을 것 같다 — 라고 지정해 두었습니다.

6   $p(\beta_*)$ = 상수가 되는 사전분포도 사용할 수가 있습니다. 이와 같이 $\beta_*$의 전 구간의 적분이 무한대가 되는 사전분포를 improper prior라고 합니다. improper prior는 편리하기 때문에 후술하는 WinBUGS 등 MCMC용 소프트웨어에서도 이용할 수 있습니다.

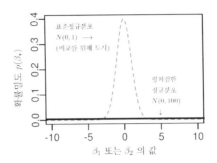

그림 9.2  절편 $\beta_1$과 기울기 $\beta_2$의 무정보사전분포(실선). 정확히 말하자면 정보가 전혀 없는 분포는 아니지만 평균 0, 표준편차 100인 정규분포를 사용하고 있다. 비교를 위해서, 회색 점선으로 표준정규분포를 나타냈다(평균 0, 표준편차 1).

그래서 무정보사전분포 대신에 「무정보 비슷한」 사전분포로서 다음과 같은 두 종류의 확률분포가 자주 사용됩니다. 하나는 $-10^9 < \beta_* < 10^9$와 같이 「매우 넓은 범위를 갖는 균일분포」를 설정하는 방법입니다. 또 다른 하나는 그림 9.2에 나타난 것처럼 평균 0, 엄청나게 큰 표준편차를 갖는 「납작한 정규분포」를 사전분포 $p(\beta_*)$로 정하는 방법입니다. 두 방법 모두 각각 값의 범위와 표준편차의 크기에 의존하지만, $\beta_*$가 취하는 범위가 충분히 넓으면 추정 결과에는 거의 영향이 없습니다. 이 책에서는, 모수 $\beta_*$의 사전분포 $p(\beta_*)$로서 「납작한 정규분포」를 사용하겠습니다.

## 9.4  베이즈 통계모형의 사전분포의 추정

모수 $\beta_*$의 사전분포 $p(\beta_*)$로 무정보사전분포를 사용하기로 결정했으므로, 지금부터 베이즈 통계모형과 예제 데이터(그림 9.1)를 이용하여, 절편 $\beta_1$과 기울기 $\beta_2$의 사후분포 — 즉, 두 개의 연속형 모수를 포함

하는 사후분포 $p(\beta_1,\beta_2|Y)$를 MCMC 샘플링을 사용해 추정하겠습니다.

다수 모수의 결합분포(즉, 다변량 분포)로 주어진 사후분포를 추정할 때도, 모형에 걸맞는 메트로폴리스법 등의 MCMC 알고리즘을 실행할 수 있습니다. 그러나 모형 등의 상황이 조금 복잡해지면, R과 그 확장 package를 사용해 직접 프로그래밍을 해야만 하는데 이는 상당히 귀찮은 작업이 됩니다.

그래서 이 책에서는 WinBUGS라는 소프트웨어7를 사용해서 베이즈 통계모형 모수의 사후분포를 추정하겠습니다. WinBUGS는, 베이즈 통계모형을 BUGS 언어를 이용하여 BUGS 코드로 정의하여, 관측 데이터에 근거하여 도출된 사후분포로부터 MCMC 샘플링을 실시해주는 소프트웨어 중 하나입니다.8 이 BUGS 언어에 대해서는 뒤에서 다시 설명하겠지만, 여러 베이즈 모형을 유연하게 기술할 수 있는 일종의 프로그래밍 언어와 같은 것이라고 생각하면 됩니다.9

WinBUGS를 사용하면 여러가지 베이즈 통계모형을 간단하게 이용할 수 있을 뿐만 아니라, 사용할 MCMC 알고리즘에 대해 구체적으로 지정하지 않아도 됩니다.

### 9.4.1 베이즈 통계모형의 코딩

그럼 먼저 이 장의 예제를 베이즈 모형화한 GLM을 BUGS 코드로 표현해 보겠습니다. 나중에 WinBUGS에 BUGS 코드를 건네주기 위해서 다음과 같은 내용을 텍스트 파일에 기술합니다.10

---

7 설치 방법은 웹사이트를 참조해 주세요.

8 그 밖에도 범용성이 있는 MCMC 샘플링을 위한 소프트웨어가 있습니다. 장말을 참조해 주세요.

9 뒤에서 다시 설명하겠지만 엄밀한 의미에서 프로그래밍 언어라고는 할 수 없습니다. 참고로 BUGS 는 Bayesian Using Gibbs Sampling의 약어입니다.

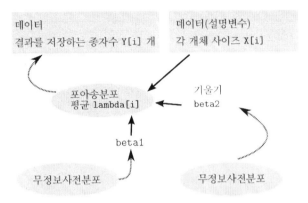

그림 9.3 이 장의 예제의 (계층이 아닌) 베이즈모형의 개요. 실선은 결정론적 관계, 점선은 확률론적 관계를 나타내고 있다.

```
model
{
for (i in 1:N) {
Y[i] ~ dpois(lambda[i])
log(lambda[i]) <- beta1 + beta2 * (X[i] - Mean.X)
}
beta1 ~ dnorm(0, 1.0E-4)
beta2 ~ dnorm(0, 1.0E-4)
}
```

이 BUGS 코드를 해독해 봅시다(그림 9.3[11]도 참조해 주세요). 전체적으로 model { ... }로 묶여있고 그 안에 통계모형을 기술하였습니다. 처

---

10  BUGS 코드 또는 후술하는 WinBUGS 를 불러오는 R 코드는 임의의 테스트 편집기를 사용해서 쓰면 됩니다. 특별한 전용 소프트웨어는 필요하지 않습니다. R의 R2WinBUGS package에 정의되어 있는 write.model( ) 함수를 사용하면, R 코드 안에 BUGS 코드를 넣을 수 있습니다.

11  이와 같은 통계모형 안에 의존관계를 나타내는 식을 유향비순회(有向非巡回)그래프 (directed acyclic graph, DAG)라고 합니다.

음에,

```
for (i in 1:N) {
Y[i] ~ dpois(lambda[i])
log(lambda[i]) <- beta1 + beta2 * (X[i] - Mean.X)
}
```

라는 부분이 있습니다. 이와 같이 for { … } 로 둘러 쌓여있는 부분을 블록이라고 하고 WinBUGS에서는

```
Y[1] ~ dpois(lambda[1])
log(lambda[1]) <- beta1 + beta2 * (X[1] - Mean.X)
Y[2] ~ dpois(lambda[2])
log(lambda[2]) <- beta1 + beta2 * (X[2] - Mean.X)
… 중략 …
Y[20] ~ dpois(lambda[20])
log(lambda[20]) <- beta1 + beta2 * (X[20] - Mean.X)
```

와 동일하게 인식합니다. Y와 lambda 옆의 숫자 [1]과 [20]은 $y_1$과 $\lambda_{20}$ 이라는 변수의 첨자를 의미합니다.

이 for { … } 블록의 제1행은

```
Y[i] ~ dpois(lambda[i])
```

로 되어 있습니다. 이것은 개체 i의 종자수 Y[i]가 평균 lambda[i]인 포아송분포 dpois(lambda[i])를 따른다는 것을 나타내고 있습니다. 여기서 등장한 ~는 「좌변은 우변의 확률분포를 따른다」라고 하고, **확률론적 관계**(stochastic relationship)를 나타내는 이항연산자입니다.

다음 행인

```
log(lambda[i]) <- beta1 + beta2 * (X[i] - Mean.X)
```

의 내용은 개체 i의 평균 종자수 lambda[i]의 지정에 로그링크함수를 사용할 것을 나타내며, 우변에는 선형예측식을 기술했습니다. 여기서 beta1과 beta2는 각각 절편 $\beta_1$과 기울기 $\beta_2$, X[i]는 설명변수인 개체 $i$의 사이즈 $x_i$, 그리고 Mean.X는 $x_i$의 표본평균입니다.[12] 여기서 등장하는 이항연산자 <-는 좌변의 내용이 우변과 동일하다는 결정론적 관계(deterministic relationship)를 나타내고 있습니다.

세부적인 기법을 설명하자면, 이 BUGS 코드에서는 설명변수 $x_i$를 지금까지 장과는 조금 다르게 취급합니다. 주어진 데이터를 그대로 사용해 평균 종자수 $\lambda_i$를 예측하는 것이 아니고, $x_i$로부터 표본평균(BUGS 코드에서는 Mean.X)을 뺀 중심화(centralization)를 선행합니다. 이것은 단지 WinBUGS 내에서 계산을 빠르게 하기 위한 수단에 지나지 않는 것이고, 추정 결과는 중심화의 여부와는 관계없이 본질적으로 동일합니다.[13]

통계모형과 데이터의 관계를 기술하고 있는 for { ... } 블록의 아래에는,

```
beta1 ~ dnorm(0, 1.0E-4)
beta2 ~ dnorm(0, 1.0E-4)
```

라고 기술되어 있어 이들은 확률론적인 관계를 나타내는 이항연산자 ~을 사용해 모수 $\beta_1$, $\beta_2$의 사전분포 $p(\beta_1)$, $p(\beta_2)$를 지정하고 있습니다. 두 개의 모수 모두 동일한 타입의 무정보사전분포를 따르는 것으

---

12 X[i] - Mean.X들의 평균이 0에 가까운 값이 된다면 Mean.X는 어떤 값도 상관없습니다. 나중에 설명하겠지만 이 Mean.X는 데이터로서 WinBUGS에 전달됩니다.

13 사실, 실무적인 관점에서 볼 때 계산 속도는 시뮬레이션의 반복과 관련되어 중요한 문제입니다. 그래서, WinBUGS에 의한 MCMC 샘플링에서는, 설명변수의 범위 등에 따라서 중앙화뿐만 아니라, 중앙화한 값을 다시 표준편차로 나눈 표준화(standardization)를 하는 것이 좋은 경우도 있습니다.

로 하였습니다. 함수 dnorm(mean, tau)는 평균 mean, 분산의 역수 tau 를 지정한 것으로 표준편차는 $1/\sqrt{\tau}$가 됩니다. 여기서는 tau를 1.0E−4(즉, $10^{-4}$)으로 지정했기 때문에, 모수 $\beta_1$과 $\beta_2$의 무정보사전분포는 모두 평균 0, 표준편차 100인 정규분포(그림 9.2)를 따르는 것으로 지정됩니다.[14]

WinBUGS로 사후분포를 추정하기 위해서는, 이처럼 프로그래밍 언어와 비슷한 BUGS 코드를 사용해 베이즈 통계모형을 코딩하면 됩니다. 그러나, BUGS 언어와 보통의 프로그래밍 언어는 다소 차이가 있습니다. 예를 들어 BUGS 코드 내에서는 정의식을 임의의 순서로 나열해도 추정 계산의 결과에는 거의 영향이 없습니다.[15]

### 9.4.2 사후분포추정의 준비

이 WinBUGS로 사후분포를 추정하기 위해서는, 통계모형을 BUGS 코드로 기술하는 것뿐만 아니라, 데이터와 모형에 포함되는 모수의 초기치, 샘플링 회수 등을 지시할 필요가 있습니다.

이와 같은 설정·조작을 쉽게 할 수 있도록 WinBUGS에는 그래픽 유저인터페이스가 준비되어 있기는 하지만, 그다지 사용하기 쉽지는 않습니다. 이 책에서는 그것을 사용하지 않고 R을 사용해 WinBUGS를 조작하도록 하겠습니다. 이와 같이 R을 사용하는 것이 추정에 필요한 데이터를 준비, 추정 후의 MCMC 샘플링의 조사 등 작업을 하는 데 있

---

14 표준편차 100 정도를 「무정보」라고 말할 수 있는 것일까? — 라는 의문이 생길 지도 모르나, 이 경우는 로그링크함수를 사용하고 있기 때문에 $\lambda \propto \exp(\pm 100)$라고 하는 관계를 생각하면 충분히 무정보로 간주 할 수 있습니다. 만약 링크함수가 없는 경우, 즉 항등링크함수의 경우는 더욱 큰 표준편차를 지정할 필요가 있을지도 모르겠습니다. 모수가 계수(coefficient)일 때는 공변량의 범위에도 의존합니다.

15 그 밖에 차이점으로는 제어구문이 없다, 자작 함수를 정의할 수 없다, 어떤 변수를 이항연산자의 좌우에 둘 수 있는 회수에 제약이 있다 — 등입니다.

어서 훨씬 편리합니다. 기본적인 절차는 다음과 같습니다.

❶ R에서 추정에 필요한 데이터를 준비한다.

❷ R에서 추정 모수의 초기치를 지정한다.

❸ R에서 WinBUGS 를 불러들이고, 데이터·초기치·MCMC 샘플링
의 회수와 BUGS 코드 파일명 등을 전달한다.

❹ R로부터 전달받은 대로 WinBUGS가 MCMC 샘플링을 수행한다.

❺ MCMC 샘플링이 종료되면[16] 결과가 WinBUGS로부터 R에 전달된다.

❻ MCMC 샘플링의 결과를 R로 조사한다.

R과 WinBUGS를 연동시켜 사용하기 위해서는 R의 R2WinBUGS package를 사용하면 됩니다. 하지만 이 R2WinBUGS package 또한 초심자가 그대로 사용하기 난해한 부분이 있어, 이 책에서는 R2WBwrapper.R 파일[17]이라고 정의한 랩퍼 함수를 사용하기로 하겠습니다. 이 랩퍼 함수를 사용해 WinBUGS를 불러내는 R코드는 다음과 같습니다.

```
source("R2WBwrapper.R")    # 랩퍼함수를 읽어들임
load("d.RData")       # 데이터를 읽어들임
clear.data.param()     # 데이터와 초기치 설정의 준비

# 데이터의 설정
set.data("N", nrow(d))      # 샘플사이즈
set.data("Y", d$y)     # 반응변수: 종자수 Y[i]
set.data("X", d$x)     # 설명변수: 식물의 사이즈 X[i]
set.data("Mean.X", mean(d$x))      # X[i] 의 표본평균

# 모수의 초기치의 설정
set.param("beta1", 0)
```

---

```
set.param("beta2", 0)

# WinBUGS 를 불러들여, 샘플링 결과를 post.bugs에 저장
post.bugs <- call.bugs(
 file = "model.bug.txt",
 n.iter = 1600, n.burnin = 100, n.thin = 3
)
```

코드 안의 주석을 참고해가면서 해독하기 바랍니다. 예를 들어 「# 모수의 초기치 설정」 섹션은 MCMC 샘플링을 개시할 때 $\beta_1$과 $\beta_2$의 초기값을 지정하고 있습니다.[18]

위의 R 코드의 마지막에 call.bugs( ) 함수로 WinBUGS를 불러내고 있습니다. 이때 다음과 같이 MCMC 샘플링의 절차를 지시하고 있습니다.

▶ file = "model.bug.txt": 베이즈 통계모형을 BUGS 코드로 쓴 파일의 이름을 지정하고 있다.

▶ n.iter = 1600: MCMC 샘플링을 1600 스텝 실시한다.

▶ n.burnin = 100: 단, 최초의 100 스텝의 결과는 사용하지 않는 것으로 지정하고 있다 ─ 이것은 MCMC 샘플링에 있어서 burn-in(적절한 역어가 없습니다)이라고 부른다.

▶ n.thin = 3: 이것으로 인해 101 스텝부터 1600 스텝까지의 1500 스텝 사이를 2개씩 건너뛰어 샘플링 결과를 기록하여 500개의 샘플을 얻는다.

위와 같은 설정은 도대체 무엇을 의미하는 것일까요? 이 모든 것은 사

---

18 사용자가 초기치를 지정하지 않은 모수에 대해서는 WinBUGS가 초기치를 설정합니다. 이렇게 해도 크게 문제없는 경우도 있지만 경우에 따라서 수렴에 시간이 걸리거나, 샘플링 도중에 정지하기도 합니다. 따라서, 각 모수의 초기치로서 문제가 없을 듯한 적당한 값을 지정하는 것이 무난할 것입니다.

후분포(정상분포)가 잘 추정되도록, MCMC 샘플링의 절차를 지시하는 내용들입니다. 다음의 항에서 자세히 설명하겠습니다.

### 9.4.3 어느 정도 길게 MCMC 샘플링을 해야 할까?

MCMC 샘플링의 결과로부터 정상분포(이 예제의 경우는 사후분포)를 추정하기 위해서는, 샘플링 길이와 값의 기록 간격에 주의가 필요합니다. 전 항에서는 call.bugs( ) 함수의 인수로서 이 값들을 특별한 근거없이 지정했습니다 — 실제 상황에서 어떤 값이 올바른지는 사실 아무도 모릅니다.

어떤 데이터와 통계모형이 주어졌을 때, 타당한 사후분포를 추정할 수 있을 것 같은 MCMC 샘플링의 절차를 결정하는 방법은 얻어진 결과를 봐가면서 시행착오를 반복할 수밖에 없습니다. 여기서는, WinBUGS를 사용하는 MCMC 샘플링을 시작하기 전에, 그 시행착오로서 주의해야만 하는 점을 검토해 보겠습니다.

우선, 제8장의 그림 8.8에서 보았듯이, 샘플링의 수가 적으면 사후분포를 정확하게 추정하기가 어렵습니다. 위의 R코드에서는 n.iter가 샘플링의 수를 지정하고 있습니다. 그림 8.8(A)와 같은 결과가 얻어졌다면 n.iter의 값을 증가시키지 않으면 안 됩니다.

MCMC 샘플링의 길이를 결정할 때 도움이 되는 것이, 제8장의 그림 8.9와 같이 여러 개의 샘플링[19]을 비교하는 것입니다. 예를 들어, 그림 8.9에 나타난 것처럼 샘플링 개시부터 일정한 구간은 초기치의 영향이 있으므로, 사후분포 추정용으로 사용하지 않는 것이 좋습니다.[20] 이 「사용하고 싶지 않은 구간」의 길이를 n.burnin으로 지정합니다. 그

---

19  가능하면 초기치를 바꾸어 주세요.

20  예를 들어, 그림 8.9의 「(정상분포의 추정치로) 사용하고 싶지 않은」 구간.

러면 MCMC 스텝 1부터 n.burnin까지의 값은 기록되지 않습니다.

위의 call.bugs( )에서는 지정하지 않았지만, n.chain 옵션을 사용하면 MCMC 샘플링의 반복수를 바꿀 수 있습니다. 위와 같이 아무것도 지정하지 않은 경우 디폴트는 n.chain=3입니다. 즉 3회 반복됩니다. 매 반복마다 생성된 MCMC 샘플링을 **샘플열**(sample sequence)이라고 부르기로 합시다. WinBUGS 등에서는 이 샘플열을 chain이라고 부릅니다.

여러 개의 샘플열을 비교하면 필요한 burn−in의 구간의 길이뿐만 아니라, MCMC 샘플링의 절차와 통계모형의 문제의 타당성도 알 수 있습니다. MCMC 샘플열의 몇 가지 형태의 예(이 장의 예제 데이터와는 무관한 예입니다)를 그림 9.4에 나타냈습니다. 예를 들어 그림 9.4(A)와 같이 모든 샘플열이 비슷한 구간 안에서 오르락내리락 하고 있다면, 이 샘플열들을 사용해 사후분포를 추정해도 문제없다는 것을 의미합니다.[21] 그렇지만 (C)와 같이 각 샘플열의 움직임이 제 각각으로 보일 때는, 데이터·통계모형·MCMC 샘플링 어딘가 문제가 있다고 생각해야 합니다. 즉 이 결과를 사용해 사후분포를 추정하면 안 됩니다.

그림 9.4에 나타난 것처럼 샘플열 간의 괴리의 대소를 조사하는 것을 **수렴진단**(convergence assessment)이라고 합니다. 그림 9.4(A)와 같은 경우는 수렴하는 것이고, (C)는 수렴하지 않는 상황이라고 말할 수 있습니다. 수렴진단에는 여러 방법이 있지만 그 중에서 $\hat{R}$지수로 나타내는 것이 가장 쉽습니다. 그림 9.4(A)—(C) 각각에 대응되는 $\hat{R}$지수의 추정치를 그림 안에 표시하였습니다.

이 $\hat{R}$지수는 3개(또는 그보다 많은 수)의 샘플열을 비교 평가합니다. 이 지수는 사후분포에 포함되어 있는 각 모수당 하나씩 추정되고[22]

---

[21] 단, 그림 9.4의 경우 샘플사이즈가 100×3개인데 이것만으로 95% 구간 등을 추정하기에는 너무 작은 개수입니다. 샘플사이즈를 500×3개 정도로 증가시키는 것이 좋아 보입니다.

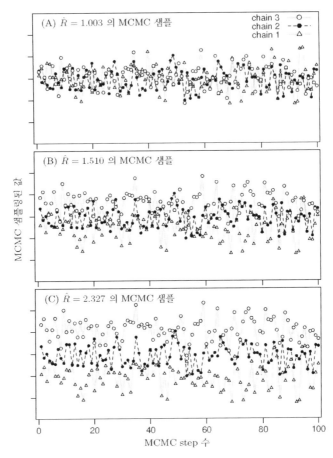

그림 9.4 수렴진단 $\hat{R}$지수와 MCMC 샘플열(sample sequence, chain)의 산점 형태. 이 그래프는 이 장의 예제와는 직접적으로 관계없는 것에 주의. $\hat{R}$이 작을수록 반복간의 차가 작다. 경험적으로 $\hat{R} > 1.1$인 경우 샘플열간의 차가 너무 크다고 판단하여, 모형과 샘플링법에 무언가 문제가 있고 정상분포의 추정은 불가능하다고 판단한다.

---

22 이 장의 예제로 말하면, 절편 $\beta_1$과 기울기 $\beta_2$각각에 해당되는 $\hat{R}$이 추정됩니다.

$\hat{R} = \sqrt{\widehat{var^+}/W}$ 로 정의됩니다. 여기서 $W$는 어떤 샘플열 내의 분산이고, $\widehat{var^+}$는 **주변사후분포**[23]의 분산으로서

$$\widehat{var^+} = \frac{n-1}{n} W + \frac{1}{n} B$$

와 같이 정의됩니다. $B$는 샘플열 간의 분산입니다.[24]

이 지수 $\hat{R}$의 추정치가 1.0에 가까우면 샘플열 간($B$)보다 샘플열 내($W$)의 오차가 크다는 의미이므로 수렴되었다고 간주합니다. 반면, $\hat{R}$이 1.0보다 크고 — 경험적으로는 $\hat{R} > 1.1$일 때는 샘플열 간의 오차가 크므로 정상분포·사후분포를 추정할 수 없다고 판단합니다.[25] 이와 같이 MCMC 샘플열이 수렴하지 않는 경우는 통계모형과 샘플링법에 문제가 있다고 생각할 수 있습니다.

샘플열이 수렴하지 않는 원인은 여러 가지가 있습니다. 위의 n.iter 와 n.burnin가 너무 작을 지도 모르겠습니다(그림 8.8(A)와 같은 상황). 당연하지만 MCMC 샘플링의 반복수를 길게 하려면 n.iter의 값을 크게 하여 샘플의 수를 늘리면 됩니다. 그렇다고 무작정 늘리면 이 후의 데이터 처리에 부담이 될 수 있으므로, n.thin로「솎아 내는 정도」을 조절하여 샘플의 수를 줄일 수 있습니다.

어쩌면 샘플사이즈를 크게 해도 수렴하지 않는 경우도 있을 겁니다. 그 경우에는 다음과 같은 사항을 검토하고 시행착오를 통하여 수

---

23  다음 절에서 설명합니다.

24  자세한 해설은 관련 문헌을 참조해 주세요.

25  $\hat{R} \leq 1.1$은 필요조건의 하나 정도로 생각해 주세요. 예를 들어, 사후분포의 95% 구간을 추정할 때에 $\hat{R} \leq 1.1$라고 해도, MCMC 샘플사이즈 합계 $1000-2000$ 정도로는 샘플링을 다시 시행할 때마다 결과가 제각각으로 나오기 때문입니다. 이때는 샘플사이즈를 증가시키는 방법 등으로 대처해 주세요.

정해 갈 수밖에 없습니다.

- ▶ 부적절한 통계모델링[26]
- ▶ BUGS 코딩의 오류
- ▶ 데이터의 오류
- ▶ 모수의 초기치가 매우 부적절

## 9.5 MCMC 샘플링으로부터 사후분포를 추정

9.4절과 같이 BUGS와 R코드를 준비한 후 R을 통하여 WinBUGS를 실행시키면,[27] 500개×3스텝의 샘플열이 얻어집니다. 이것은 R코드의 마지막 부분에 지시한 대로 post.bugs라는 이름의 오브젝트에 저장되어 있습니다. 그럼 결과를 살펴봅시다.

우선 post.bugs에 저장된 정보를 도시해 보겠습니다. 가장 간단한 방법은 plot(post.bugs)로 지시하는 것입니다. 출력된 각 모수[28]별 수렴지수인 $\hat{R}$과 사후분포의 개요가 표시됩니다. 그렇지만, 이것만으로는

---

26 이 장의 예제로 말하면, 절편의 개수를 2개로 한다 — 즉, 불필요한 모수를 포함하는 너무 장황한 통계모형을 만든 경우입니다.

27 9.4.2항에서 설명한 것과 같이 R로 WinBUGS를 불러들여 실행한 경우, 이 WinBUGS가 종료될 때까지는 R 세션상에서 작업할 수 없습니다. R2WBwrapper.r을 사용해 WinBUGS에 MCMC 샘플링시킨 경우, 샘플링 종료(WinBUGS 윈도우 내에 그래프 등을 표시)와 동시에 WinBUGS가 종료되고 그 결과가 R에 전달됩니다. 이 같은 자동 종료를 원치 않을 경우는 call.bugs( )의 인수에서 debug=TRUE를 지정하면 됩니다. 이처럼 지정하면 사용자가 수동으로 WinBUGS의 윈도우를 닫아야 합니다.

28 9.4.2항의 WinBUGS를 불러들이는 R 코드 안에 set.param( )에서 초기치로 지정된 모든 모수. save 옵션으로 TRUE·FALSE를 지정하면, 그 MCMC 샘플의 출력·미출력을 설정할 수 있습니다.

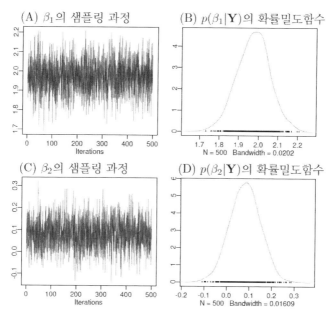

그림 9.5  R을 사용하여 WinBUGS에 의한 MCMC 샘플링 결과를 도시. (A) MCMC 샘플
링 스텝 값의 변화. 가로축은 MCMC 샘플링의 번호, 세로축은 모수 $\beta_1$의 값.
(B) 주변사후분포 $p(\beta_1|\mathbf{Y})$의 커널밀도함수정량(근사 확률밀도함수). 가로축
은 모수 $\beta_1$의 값, 세로축은 확률밀도. (C) (D)는 각각 $\beta_2$에 대한 (A) (B)에 해
당한다.

개개 모수의 사후분포 모양을 잘 파악할 수가 없습니다.

좀 더 알기 쉬운 도시를 위해서 R로 bugs 클래스 오브젝트인
post.bugs를 mcmc 클래스로 변환하겠습니다. 이와 같이 변환하면 같
은 데이터라도 클래스마다 저장·꺼내는 방법이 다르므로, 다음과 같이
각각 알맞게 경우에 따라 나누어 사용한다면, MCMC 샘플링된 값의
획득과 도시가 간단해 집니다.

R에 다음과 같이 지시하면,

```
> post.list <- to.list(post.bugs)  # mcmc.list 클래스로 변환
> post.mcmc <- to.mcmc(post.bugs)  # mcmc 클래스로 변환
> s <- colnames(post.mcmc) %in% c("beta1", "beta2")
> plot(post.list[,s,])  # "beta1", "beta2" 열을 선택해서 도시
```

그림 9.5와 같은 출력을 얻을 수 있습니다.[29] 여기서는 R2WBwrapper.r 파일 내에 정의되어 있는 to.list( ) 함수와 to.mcmc( ) 함수를 사용해, post.bugs 오브젝트를 각각 mcmc.list 클래스와 mcmc 클래스 오브젝트로 변환했습니다. mcmc.list 클래스 오브젝트는 그림 9.5와 같은 그림을 작성하고자 할 때 편리합니다.

각 샘플열의 결과가 저장된 mcmc.list 오브젝트를 plot( ) 하면 그림 9.5가 표시됩니다. 이 그림 (A)와 (C)는 각각 절편 $\beta_1$과 기울기 $\beta_2$ 각각 3개의 샘플열을 한꺼번에 표시하고 있기 때문에 겹쳐서 명료하지 않지만 샘플열 간의 큰 차이는 없어 보입니다. 뒤에서 확인되겠지만 $\hat{R}$도 거의 1입니다.

동시 출력된 그림 9.5(B)와 (D)는 총 1,500개의 샘플로부터 추정된 $\beta_1$과 $\beta_2$ 각각의 **주변사후분포**(marginal posterior distribution)입니다. 이 그림은 커널밀도추정으로 근사된 확률밀도함수로 표현된 것입니다.[30] 이변량 결합사후분포 $p(\beta_1,\beta_2|Y)$를 $\beta_2$에 대해서 적분하면 $\beta_1$의 주변사후분포 $p(\beta_1|Y) = \int p(\beta_1,\beta_2|Y)d\beta_2$를 얻을 수 있습니다.

---

29 현재는 흑백으로 도시되어 있지만, 실제 R에서는 컬러 출력되므로, 그림 9.5(A)와 (C) 등을 더 알기 쉽게 비교할 수 있습니다.

30 R의 density( )함수를 사용한 커널밀도함수 추정. 이것은, MCMC 샘플열과 같은 확률변수 수열이 주어졌을 때, 확률변수가 따르는 확률분포를 비모수적으로 추정하는 방법 중 하나입니다. 그림 9.5(B) 아래의 "Bandiwidth = ..."는 density( ) 함수가 추정한 커널의 폭을 의미하는 바인드 폭입니다. 이런 지정들은 도시를 위한 것으로, 통계모형의 적합에 의한 사후분포 추정과는 전혀 관계없습니다.

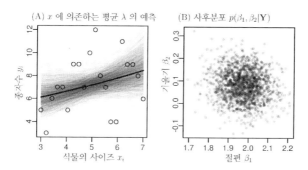

그림 9.6  (A) 모수의 사후분포로부터 샘플 $\{\beta_1, \beta_2\}$ 의 각 조합마다의 평균 $\lambda$ 의 예측. $500 \times 3$쌍의 $\{\beta_1, \beta_2\}$ 의 샘플열을 사용한 평균 $\lambda = \exp(\beta_1 + \beta_2 x)$ 를 회색의 투과색선으로 그렸다. 검은 곡선은 사후분포의 중앙값을 사용한 예측. (B) 결합사후분포 $p(\beta_1, \beta_2 | \boldsymbol{Y})$ 로부터 MCMC 샘플된 $\{\beta_1, \beta_2\}$.

MCMC 샘플링에 근거하여 $\beta_1$의 주변사후분포에 대해서 조사하고 싶은 경우는, 단순히 $\beta_2$를 무시하고 $\beta_1$의 샘플링값만을 사용해 표본통계량 등을 계산하면 됩니다. 이 책에서는 모든 모수의 결합사후분포와 각 모수의 주변사후분포를 따로 구별하지 않고, 양쪽 모두 「사후분포」라고 하겠습니다.

또 mcmc 클래스 오브젝트에서는 샘플열을 구별하지 않고 있습니다. 즉, 길이 500의 3개의 샘플열이 아니고, $\beta_1$과 $\beta_2$각각 길이 1,500의 MCMC 샘플링을 단순히 행렬(R의 matrix 클래스 오브젝트)로서 저장하고 있습니다. 이와 같이 단순한 형식으로 변환되어 있기 때문에, 각 모수에 해당하는 샘플을 간단하게 추출할 수 있습니다.

이 post.mcmc를 사용해 작도해 봅시다. 모수 $\beta_1$과 $\beta_2$의 사후분포의 1,500개 MCMC 샘플링은 각각 post.mcmc[, "beta1"]와 post.mcmc[ ,"beta2"]에 저장되어 있습니다. 이 1,500쌍의 $\{\beta_1, \beta_2\}$ 하나 하나를 사용해 평균 종자수 $\lambda$를 예측해 보면 그림 9.6(A)와 같이 도시됩니다.

또, plot(as.matrix(post.mcmc)[ , c("beta1", "beta2")]로 지시하면, 그

림 9.6(B)와 같이 $\{\beta_1, \beta_2\}$의 분포를 도시[31]할 수 있습니다. 이것을 보면, $\{\beta_1, \beta_2\}$의 MCMC 샘플 간에는 강한 상관이 없어 보인다 — 라는 것을 알 수 있습니다.

### 9.5.1 사후분포의 통계량

WinBUGS로 얻어진 MCMC 샘플링의 결과를 좀 더 자세히 조사하기 위해서, R의 print( ) 함수로 post.bugs에 저장되어 있는 정보의 요약을 보겠습니다.[32]

```
> print(post.bugs, digits.summary = 3)
… (생략) …
 3 chains, each with 1600 iterations (first 100 discarded), n.thin = 3
 n.sims = 1500 iterations saved
         mean    sd    2.5%   25%    50%    75%    97.5%  Rhat   n.eff
beta1   1.973  0.083  1.805  1.918  1.975  2.028  2.143  1.001  1500
beta2   0.082  0.067  -0.050 0.038  0.082  0.126  0.209  1.002  1200
… (생략) …
```

이와 같이 각 행마다 모수의 평균·표준편차, 분포의 분위점, 수렴의 좋음 정도를 나타내는 지수가 나타납니다.[33]

---

31 그림 9.6(A) (B)와 같이, 다수의 점·선을 그래프로 표현할 때 투과색(transparent color) 또는 반투과색(semitransparent color)을 사용해서 농담을 표현하면 알아보기 쉽습니다. 자세한 것은 웹사이트를 참조해 주세요.

32 print( )는 포괄적 함수(generic function)입니다(그림 9.5를 생성한 plot( )도 포괄적 함수입니다). 포괄적 함수의 인수로 bugs 오브젝트를 지정하면, bugs 오브젝트의 내용을 요약하는 함수인 print.bugs( )가 자동적으로 호출되어 출력결과를 생성합니다. 이와 같이 주어진 인수의 클래스에 따라서 처리 형태가 변하는 함수를 포괄적 함수라고 합니다.

33 이 밖에, 일탈도(deviance)와 일탈도 모형선택기준(deviance information criterion, DIC)에 대해서도 표시됩니다. DIC에 대해서는 관련 문헌을 참조해 주세요.

모수 $\beta_1$에 대한 정보를 봅시다. 절편인 $\beta_1$의 사후분포의 평균은 1.973, 중간값은 1.975이고, 95%신용구간(credible interval)[34]은 1.805부터 2.143입니다. 지금부터는 신용구간을 줄여서 「구간」이라고 하겠습니다. 이와 같은 구간을 얻었다면, 「$\beta_1$의 범위는 95%의 사후확률로 (대략) 1.805부터 2.143이 된다」고 해석할 수 있습니다.[35]

　　기울기 $\beta_2$의 사후분포의 95% 구간은 -0.005부터 0.209가 됩니다. 이 $\beta_2$가 「0으로부터 멀리 떨어져 있다」고 주장하고 싶으면 어떻게 하면 될까요? 예를 들어 사후분포 $p(\beta_2|Y)$의 95% 구간에 0이 포함되어 있지 않다면 그와 같이 주장할 수 있다고 해봅시다 ─ 이 방법은 대략적인 해석[36]으로서는 많이 사용되는 방법입니다. 이런 식으로 해석하면 $\beta_2$는 0으로부터 충분히 떨어져 있다고는 말할 수 없습니다.[37]

　　사후분포의 95% 구간을 추정하고 싶다면 상하의 양끝 2.5% 사이에 충분한 개수의 (거의) 독립인 MCMC 샘플링이 들어갈 수 있도록 샘플링 회수를 설정할 필요가 있습니다. 이 예제와 같이 샘플링 수 1,500의 결과로부터 95% 구간을 추정하면, 구간 내에는 1,425개, 구간 밖에는 75개의 MCMC 샘플이 확보됩니다. 최소한 이 정도는 필요하겠죠.[38]

---

34　베이즈판 신뢰구간(confidence interval)을 신용구간(credible interval)이라고 합니다. 또는 베이즈 신용구간(Bayesian confidence interval)으로 불리는 경우도 있습니다.

35　빈도론적 신뢰구간에서 「값이 해당 구간에 있을 확률은 95%」라고 신뢰구간을 해석하는 것은 올바르지 않습니다. 또한, 이 모형에서는 중앙화된 $x$를 사용하고 있는 것에도 주의하기 바랍니다.

36　이와 같이 95%라는 구간의 폭 자체에는 특별한 의미는 아무것도 없습니다. 비슷한 예로서, Neyman-Pearson의 틀 안에서의 검정에서 미리 결정해 두는 유의수준을 5%로 하는 사람이 많지만, 이것 또한 마찬가지로 아무런 의미가 없습니다.

37　이 가상 데이터를 생성한 「참 모형」은 $\beta_2 = 0.1$로 설정했습니다. 즉, 참은 $\beta_2 \neq 0$이지만, 데이터의 수가 작아서 모수의 추정결과에 「확신」을 가지지 못하는 결과가 나왔습니다.

38　발생확률 0.05인 베르누이분포에서 1,500개의 샘플을 취한 경우, 그에 근거하여 추

구간 외에 $\beta_2$값의 범위를 나타내는 방법으로서는 $\beta_2 > 0$이 될 확률이 0.89라는 식으로39 확률을 제시하는 것도 하나의 방법입니다. 샘플열 간의 수렴을 나타내는 지수40 $\hat{R}$은 Rhat열에 나타나 있습니다. 그 옆에 있는 **n.eff**는 유효 샘플사이즈(number of effective samples)입니다.41 서로 이웃하는 MCMC 스텝의 샘플 간의 상관이 높으면 이 유효 샘플사이즈는 작아집니다.

이것으로 이 장의 예제 데이터를 사용한 포아송회귀 GLM의 베이즈 모형화, 사후분포의 추정, 결과의 도시는 완료했습니다.

## 9.6 다수 모수의 MCMC 샘플링

이 절에서는 제8장에 이어서 MCMC 알고리즘에 대해서 간단히 설명합니다. 이 내용은 WinBUGS 등 MCMC 샘플링 소프트웨어를 사용할 때 많은 도움이 됩니다.

먼저 다수 모수의 사후분포로부터 MCMC 샘플링 방법을 생각해 봅시다. 이 장의 예제 사후분포 $p(\beta_1, \beta_2 | Y)$는 두 개의 모수 $\beta_1$과 $\beta_2$의 결합 확률분포입니다. MCMC 샘플링이란 조금씩 수치를 변화시켜 나가는 방식인데, 이와 같이 다수의 모수를 동시에 변화시켜 가는 것은 그리 간단하지 않습니다. 그래서 $\beta_1$과 $\beta_2$의 값을 교대로 갱신하는 방법을 사용해 봅시다.42 간단히 말하면,

---

정된 발생확률의 추정오차는 0.006 정도가 됩니다. 단, n.eff가 샘플 수열의 길이보다 짧은 경우에는 더욱 많은 샘플이 필요하게 됩니다.

39  mean(post.mcmc[,"beta2"] >0)로 하면 확률의 추정치를 얻을 수 있습니다.

40  9.4.3항을 참조.

41  참고문헌을 참조해 주세요.

▸ 일단 $\beta_2$를 상수로 간주하고 $\beta_1$을 갱신

▸ 갱신된 $\beta_1$을 상수로 간주하고 $\beta_2$를 갱신

이라는 조작을 반복하여 $p(\beta_1, \beta_2 | Y)$로부터 랜덤샘플을 발생시키는 방법입니다. 이와 같은 조건부 샘플링이 허용되는 이유는 MCMC 샘플링 알고리즘에 의해서 결정된 정상분포는 이 같은 조작을 하더라도 변하지 않기 때문입니다.

### 9.6.1 깁스샘플링: 이 장의 예제의 경우

WinBUGS 같은 MCMC 샘플링 소프트웨어는 베이즈 통계모형의 세부 내용을 BUGS 코드로 지정하여, 여러 가지 알고리즘을 이용해 MCMC 샘플링을 수행합니다. 그 중에서도 효율성과 범용성 면에서 특히 중요한 알고리즘이 깁스샘플링(Gibbs sampling)입니다.

깁스샘플링과 메트로폴리스법의 차이점은 각 MCMC 스텝에 있어서 값을 갱신하는 방법에 있습니다. 메트로폴리스법에서는 「새로운 값의 후보를 정하고, 그 후보값으로의 이동 여부를 결정하는」 방식이었습니다. 반면 깁스샘플링은 「새로운 값을 추출할 확률분포를 만들고, 그 확률분포에서 난수를 발생하는」 방식이라고 할 수 있습니다. 여기서 말하는 「새로운 값을 추출하는 확률분포」라는 것은 다변량 확률분포에서 하나의 변수를 제외한 나머지 모든 변수를 상수로 취급하는 일변량 확률분포를 말합니다. 이런 분포를 전조건부분포(full conditional distribution, FCD)라고 합니다.

이 장의 예제 데이터를 사용하여 깁스샘플링의 알고리즘을 구체적인 수치 예로 설명하겠습니다. 우선 모수의 초기치로서 적당한 값,

---

42 다변량확률분포를 이용해서 복수의 모수를 동시에 갱신을 하는 방법도 있습니다.

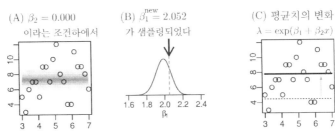

그림 9.7 MCMC 스텝 1에 있어서 $\beta_1$의 깁스샘플링. 또 하나의 모수는 $\beta_2 = 0.0$인 상황을 생각한다. (A) 가상 식물의 사이즈 $x$와 종자수 $y$의 그래프 위에, $\beta_1$의 조건부 사후확률밀도를 회색의 그림으로 도시한 것 $\exp(2) = 7.4$ 주변의 확률밀도함수가 높게 나타나 있다. (B) $\beta_1$의 조건부사후확률밀도와 이 MCMC 스텝에서 샘플링된 $\beta_1^{new} = 2.052$. (C) $\beta_1$의 초기치가 1.50에서 2.052로 변함에 따라서, 사이즈 $x$에 의존하는 평균 종자수 $\lambda$도 변화한다.

예를 들어 $\{\beta_1, \beta_2\} = \{1.5, 0\}$이라는 값을 정합시다.

먼저 $\beta_1$의 샘플링으로부터 시작합시다. 모수 $\beta_2$의 초기치를 0으로 두었기 때문에, 사전분포 $p(\beta_2 = 0)$도 상수가 되어 $\beta_1$의 FCD는 다음과 같이 됩니다(그림 9.7).

$$p(\beta_1 | \boldsymbol{Y}, \beta_2 = 0.0) \propto \prod_i \frac{\lambda_i^{y_i} \exp(-\lambda_i)}{y_i!} p(\beta_1)$$

단, $\lambda_i = \exp(\beta_1 + 0)$입니다.

그 다음, 어떤 수단을 통하여 이 FCD를 따르는 단 하나의 난수를 발생시켜,[43] 그 값으로 $\beta_1$을 새롭게 갱신하여 $\beta_1^{new} = 2.052$가 얻어졌다고 합시다. 그림 9.7(C)는 $\beta_1$의 갱신에 의해 평균 종자수 $\lambda_i$가 어떻게 변했는지를 나타내고 있습니다.[44]

---

43 난수발생 수단에 대해서는 다음 항에서 설명합니다.

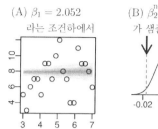
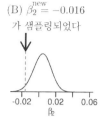
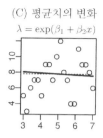

그림 9.8  MCMC 스텝 1에서 $\beta_2$의 깁스샘플링. 그림 9.7에 나타낸 깁스샘플링에 의해서, 또 하나의 모수 $\beta_1$이 2.052로 변화한 후의 상황을 생각한다. (A)–(C)는 그림 9.7과 동일하지만, $\beta_2$에 관한 것. 이 예제 데이터의 경우는 $\beta_2$의 변화 폭이 작다.

이제 깁스샘플링이 첫 번째 조작을 통해 $\beta_1 = 2.052$라는 값을 얻었으므로, 다음은 이를 이용하여 $\beta_2$의 샘플링을 합니다. 이번에는 평균 종자수 $\lambda_i = \exp(2.052 + \beta_2 x_i)$가 되는 FCD,

$$p(\beta_2 | \boldsymbol{Y}, \beta_1 = 2.052) \propto \prod_i \frac{\lambda_i^{y_i} \exp(-\lambda_i)}{y_i!} p(\beta_2)$$

로부터 난수를 발생시킵니다. 이 과정을 나타낸 것이 그림 9.8입니다.

모수 $\beta_2$까지 샘플링 하고나면 MCMC의 첫 번째 스텝이 완료된 것입니다. 다음부터는 같은 방식으로 $\beta_1$과 $\beta_2$를 교대로 샘플링합니다(그림 9.9).

이 예제의 깁스샘플링의 절차를 정리하면 다음과 같습니다:

❶ 먼저 $\{\beta_1, \beta_2\}$의 적당한 초기치를 설정해 둔다.

❷ $p(\beta_1 | \boldsymbol{Y}, \beta_2)$로부터 발생시킨 난수를 새로운 $\beta_1$으로 갱신한다(그림

---

44  제8장에서 서술한 것과 같이 MCMC 샘플링은 최적화가 아니기 때문에, 가장 적합이 좋은 $\{\beta_*\}$를 탐색하고 있는 것이 아닙니다. 적합이 좋게 되는 MCMC 스텝이 있으면, 나쁘게 되는 스텝도 있습니다.

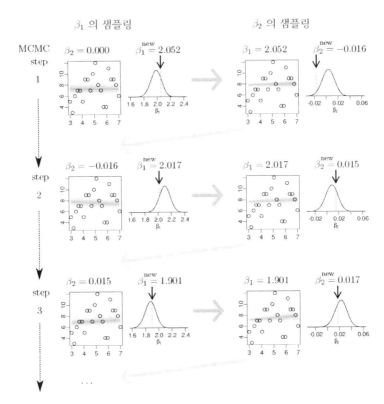

그림 9.9  $\beta_1$ 과 $\beta_2$ 의 깁스샘플링. MCMC 스텝 1–3. 그림 9.7, 9.8로 나타낸 스텝 1에 있
어서 변화가 계속. 스텝 3 이후도 마찬가지로 $\beta_1$ 과 $\beta_2$ 가 변화해 간다.

9.7).

❸ $p(\beta_2|Y, \beta_1)$ 로부터 발생시킨 난수를 새로운 $\beta_2$ 로 갱신한다(그림
9.8).

❹ 현재 MCMC 스텝의 $\beta_1$ 과 $\beta_2$ 를 기록해 둔다.

❺ 충분한 개수의 $\beta_1$ 과 $\beta_2$ 의 샘플이 얻어질 때 까지 위의 ❷~❹를
반복한다.

다른 MCMC 알고리즘을 사용하는 경우도 위와 같은 절차로 복수

모수의 MCMC 샘플링을 할 수 있습니다. 메트로폴리스법에 비해서 깁스샘플링을 사용할 때의 이점은 각 MCMC 스텝에 있어서 기존 값과 갱신된 값 사이의 상관이 상대적으로 적다,[45] MCMC 샘플링의 세부 사항을 지정하지 않아도 좋다 — 라는 이유를 들 수 있습니다.[46]

### 9.6.2 WinBUGS 의 거동은 어떻게 되어 있을까?

WinBUGS 등 MCMC 샘플링 소프트웨어는 어떤 방식으로 FCD를 따르는 난수를 발생시키고 있는 것일까요? 여기서는 WinBUGS의 매뉴얼을 참고해 「이렇게 되어 있는 듯하다」라는 추측을 써보겠습니다. WinBUGS는 내부가 공개되어 있지 않기 때문에 정확하지는 않습니다.

WinBUGS는 다음과 같이 주어진 분포를 조사하여 처리하고 있는 듯합니다. 우선 모수 $\beta_*$의 사전분포 $p(\beta_*)$가 우도비에 비례하는 확률분포 $p(Y|\beta_*)$의 **공역사전분포**(conjugate prior)(共役事前分布)인지 아닌지를 조사합니다. 사전분포와 사후분포(또는 FCD)가 같은 종류의 확률분포가 될 경우, 그 사전분포를 공역사전분포라고 합니다. 공역사전분포의 몇 가지를 표 9.1에 나타냈습니다.

표 9.1에 나타낸 것과 같이 성질이 잘 알려진 확률분포라면, 각각의 확률분포에 대응하는 난수발생방법이 있으므로[47] 그것을 사용해 깁스샘플링할 수 있습니다. 예를 들어, 이전 제8장의 예제로 말하면 종자의 생존수가 이항분포를 따를 때, 생존 확률 $q$의 사전분포를 베타분

---

45　제8장에서도 서술했지만, 메트로폴리스법에서는 어떤 스텝의 값과 다음 스텝의 값이 완전히 같은 값이 되는 경우가 있습니다.

46　WinBUGS에서 사용하는 MCMC 샘플링 방법은 깁스샘플링을 포함하여 모두 메트로폴리스 — 헤스팅스법(Metropolis — Hastings method)에서 파생한 것이라고 간주할 수 있습니다. 이것은 제8장의 8.3절에 등장했던 메트로폴리스법을 보다 일반화하여 확장한 것입니다. 자세한 내용은 장말의 참고문헌을 참조해 주세요.

47　예를 들어 정규난수라면 Box－Muller법 등이 있습니다.

표 9.1 공역사전분포의 예

| 모수 | 공역사전분포 |
| --- | --- |
| 정규분포의 평균 | 정규분포 |
| 정규분포의 분산 | 역감마분포 |
| 다변량정규분포의 분산공분산행렬 | 역위사트분포 |
| 감마분포의 모수 | 감마분포 |
| 포아송분포의 평균 | 감마분포 |
| 이항분포의 발생확률 | 베타분포 |
| 다항분포의 발생확률 | 디리클레분포 |

포48라고 가정하면, $q$의 사후분포는(사전분포와는 모수는 다르지만) 베타 분포가 됩니다. 따라서 베타분포에서 난수를 발생시키는 방법만 알고 있다면, 간단히 FCD로부터 깁스샘플링을 할 수 있습니다.

실제의 베이즈 통계모형을 다루는 데 있어서 항상 공역 사전분포 의 설정이 가능한 것은 아닙니다. 예를 들어, 이 장이 예제 데이터인 종자수는 포아송분포 $p(Y|\lambda_i)$를 따른다고 가정했지만, 평균 $\lambda_i$인 사전 분포는 공역 감마분포가 아닙니다. 평균 종자수는 $\lambda_i = \exp(\beta_1 + \cdots)$로, $p(\beta_*)$는 정규분포로 지정하고 있습니다. 이와 같이 모형을 설계한 이 유는 선형예측식과 로그링크함수를 사용해 평균 $\lambda_i$가 결정되도록 GLM을 설계하는 것이 알기 쉽고 편리하기 때문입니다. 이와 같은 경 우, $\beta_1$ 등 모수의 무정보사전분포로서는 $[-\infty, \infty]$의 범위를 취하는 정 규분포 등으로 지정하는 것이 타당하겠죠.

사전분포가 공역인 경우, WinBUGS는 이런 상황을 고려하여 다양 한 수치적인 방법에 의해서 MCMC 샘플링49에 대처합니다. 베이즈 통 계모형의 사전분포를 공역사전분포로 지정하면, 해석적인 사후분포를

---

48  베타분포는 [0, 1]의 연속값을 확률변수로 취하는 확률분포입니다.
49  문헌을 참조해 주세요.

도출할 수도 있고, 수치 계산 시간을 단축할 수 있는 이점이 있을 수는 있습니다. 그러나 간단하고 알기 쉬운 모형을 추구하는 목적이라면 무리하게 공역사전분포를 사용하지 않아도 크게 문제되지 않습니다.

## 9.7 이 장의 정리

이 장의 주제는 GLM의 베이즈 모형화, 다수 모수를 포함하는 사전분포로부터의 MCMC 샘플링이었습니다.

▶ 모든 개체에 공통인 모수의 사전분포로서 「어떤 값을 가져도 상관없다」라는 것을 표현하기 위해서는 무정보사전분포를 지정한다(9.3 무정보사전분포).

▶ MCMC 샘플링 소프트웨어 WinBUGS를 사용하기 위해서는 BUGS 언어로 베이즈 모형화한 GLM을 기술한다(9.4 베이즈 통계모형의 사전분포의 추정).

▶ WinBUGS에 BUGS코드를 부여하여 MCMC 샘플링을 실행할 수 있고, R을 이용해 사후분포 통계량의 분포와 MCMC 샘플열의 수렴진단을 할 수 있다(9.5 MCMC 샘플링으로부터 사후분포를 추정).

▶ MCMC 샘플링 알고리즘은 여러 가지가 있지만, 그 중에서도 특히 깁스샘플링은 효율이 좋은 방법 중 하나이다(9.6 복수 모수의 MCMC 샘플링).

베이즈 통계모형도 제4장에서 설명한 것 같이 모형선택을 할 수 있으면 좋겠지만, 어떤 방법이 좋은가는 현재에도 결말이 나지 않은 상황인 것 같습니다. 교차검정법(cross validation)이라는 방법도 제안되어 있습니다. 또, deviance infromation criterion(DIC)라고 하는 모형선택기준도 제안되어 있지만, 어떤 경우에 적용 가능한지에 대해서는 논의가 계속되고 있습니다.

이 책에서는 현 시점에서 가장 손쉽게 사용할 수 있는 MCMC 샘플링 소프트웨어인 WinBUGS를 사용했습니다. 아쉽게도 WinBUGS는 2004년에 이미 개발이 종료되었으며, 현재는 버그수정 패치의 갱신만 진행되고 있습니다. 그럼에도 불구하고 현재 시점에서 WinBUGS는 관련 학술분야에서는 가장 많이 사용되고 있는 MCMC샘플링 소프트웨어입니다.

WinBUGS와 유사하게 BUGS 언어로 기술된 베이즈 모형의 MCMC 샘플링이 가능한 소프트웨어로서는 OpenBUGS와 JAGS가 있습니다. 이것들은 현재에도 개발이 계속되고 있으며 간헐적으로 새로운 버전이 공개되고 있습니다. 앞으로는 이처럼 WinBUGS를 대체할 소프트웨어가 많이 사용될 것으로 예상됩니다. 웹사이트에서는 이 OpenBUGS와 JAGS에 대해서도 소개하고 있으니 참고하기 바랍니다.

# 제 10 장

# 계층베이즈모형: GLMM의 베이즈 모형화

무정보사전분포와 계층사전분포, 이 두 종류의 사전분포를 사용하여 GLMM의 베이즈판인 계층베이즈모형을 만듭니다.

앞의 제9장에서는 무정보사전분포를 사용하여 베이즈 통계모형을 설계했습니다. 이 장에서는 **계층사전분포**(hierarchical prior)를 사용해 일반화선형혼합모형(GLMM)을 **계층베이즈모형**(hierarchical Bayesian model)[1] 으로서 다루는 방법을 설명합니다. 이 같은 모형이 필요한 이유는 제7장에서 설명한 개체차 등도 포함시켜 보다 현실적인 통계모형을 구축하기 위해서는, 무정보사전분포만으로 충분하지 않기 때문에 추가적으로 계층사전분포까지 사용해야 하기 때문입니다.

현실의 데이터 분석에서는 개체차뿐만 아니라 「조사된 장소의 차이」 등도 모형 안에 포함시킬 필요가 있습니다.[2] 그러나 이처럼 다른 요인을 통계모형에 포함시키는 것은 모형을 더 복잡하게 만들어, 그로 인해 모수 추정도 어려워지게 됩니다. 이와 같은 상황에서 계층베이즈모형과 MCMC 샘플링을 활용하면 모수 추정 문제에 있어서 상당한 위력을 발휘하게 됩니다. 이 장의 마지막은 개체차와 장소차를 동시 추정할 수 있는 계층베이즈모형도 소개하겠습니다.

## 10.1 예제: 개체차와 생존 종자수(개체차 있음)

제6~8장의 예제를 다시 사용하여 종자의 생존 확률 문제에 베이즈판 GLMM인 계층베이즈모형 적용하여 설명하겠습니다. 그림 10.1(A)에 나타난 것처럼, 각 개체로부터 8개의 종자를 취하여, 개체 $i$ 에서 생존 종자수 $y_i$를 조사했습니다.[3] 총 개체수는 100개체입니다. 이

---

1  계층모형(hierarchy model) 또는 멀티레벨모형(multilevel model)이라고 부르기도 합니다.

2  실험실에서 얻어진 데이터의 경우에도 「사육조·배양용기의 차」 등을 포함시킨 통계모델링이 필요한 경우가 있습니다.

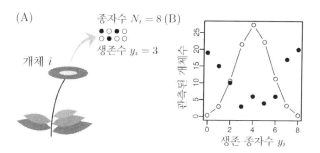

그림 10.1    (A) 가상 식물의 제$i$번째 개체, 각 개체로부터 8개의 종자를 조사하여, 생존수 $y_i$개를 카운트했다. 이 예제에서는 설명변수가 될 만한 요인에 대해서는 어떤 관측도 하지 않았다. (B) 검은점은 관측 데이터, 흰점은 생존 확률 0.504의 이항분포. 이항분포로는 관측 데이터의 오차를 전혀 설명할 수 없어 보인다.

100개체의 생존 종자수 $y_i$의 히스토그램을 그림 10.1(B)에 나타냈습니다. 목적은 이 관측된 100개의 데이터의 패턴을 잘 표현할 수 있는 통계모형을 구축하는 것입니다.

이 데이터는「개체 $i$에서 조사된 8개의 종자 중 $y_i$개가 생존」이라는 구조이므로, 데이터의 오차를 설명하기 위한 통계모형의 도구로는 이항분포가 적절할 것 같습니다.

하지만 생존 종자수의 히스토그램 그림 10.1(B)를 보면, 제7장의 예제와 같이 과분산이 발생한 것으로 보입니다. 과분산(overdispersion)은 개체마다의 고유 원인으로부터 기인하는 랜덤효과에 의해 발생한다는 점을 다시 상기해 주세요. 만약 이 100개체의 모든 데이터가 공통된 생존 확률 $q$를 따른다고 가정하는 이항분포로서 설명하려고 한다면, 지금 예제는 설명변수에 해당되는 데이터가 없기 때문에 최우추정치는 각 개체의 평균 생존 확률 $\hat{q} = 0.504$로 계산됩니다.[4] 발생 확률이

---

3    데이터 등은 웹사이트로부터 다운로드할 수 있습니다.

4    이항분포의 최우추정량에 대해서는 제6장을 참조.

0.504, $N=8$인 이항분포의 분산은 2.00 정도 기대되지만, 현재 관측 데이터의 분산을 조사해 보면 약 5배 가까이 큰 9.93이 되어 과분산이라는 것이 확인됩니다.

## 10.2 GLMM의 계층베이즈 모형화

종자 생존 확률 $q$가 모든 개체에 일관적으로 공통된다고 가정하는 통계모형으로는 그림 10.1(B)와 같은 패턴을 설명할 수 없습니다. 또한, 현재 자료로는 설명변수가 없기 때문에 이와 같은 과분산이 생기는 요인을 특정할 수도 없습니다. 이 상황에서 각 개체에서 기인하는 원인 불명한 개체차 등을 포함시키는 GLM이 GLMM입니다. 그러나 개체차뿐만 아니라 장소차까지도 포함하는 GLMM을 고려한다면 모수의 최우추정이 곤란해집니다.

이 문제를 해결하기 위해서는 베이즈 모형과 MCMC 샘플링을 통한 사후분포의 추정이라는 방법이 유효할 것 입니다 ─ 라는 것이 제 7~9장의 전개였습니다. 이 장에서는 GLM이 아니고 GLMM의 베이즈 모형화에 몰두하겠습니다.

이 장에 등장하는 GLMM에서도 제7장과 마찬가지로 링크함수와 선형예측식을 $\mathrm{logit}(q_i) = \beta + r_i$로 지정합니다.[5] 절편 $\beta$는 모든 개체에 공통되는 모수이고, 개체차를 나타내는 $r_i$는 평균 0, 표준편차 $s$인 정규분포를 따른다고 가정합시다. 데이터가 얻어질 확률 $p(Y|\beta, \{r_i\})$는 100개체 각각의 이항분포의 곱이므로,

---

5  로짓링크함수와 로지스틱함수에 대해서는 제6장을 참조해주세요.

$$p(\boldsymbol{Y}|\beta,\{r_i\}) = \prod_i \binom{8}{y_i} q_i^{y_i}(1-q_i)^{8-y_i}$$

가 됩니다. 추정하고자 하는 사후분포는

$$사후분포 \propto p(\boldsymbol{Y}|\beta,\{r_i\}) \times 사전분포$$

이므로, 사전분포만 정해주면 통계모형의 설계는 완료됩니다.

선형예측식의 절편 $\beta$는 양수·음수를 모두 취할 수 있는 실수이고, 「일정 범위에 있어야만 한다」라는 사전분포의 제약도 없습니다. 따라서 여기서는 제9장의 베이즈화 GLM의 예제에서와 같이 $\beta$의 사전분포로서 무정보사전분포를 지정하겠습니다. 이것은 평균 0, 표준편차 100의 매우 납작한 정규분포(그림 9.2 참조),

$$p(\beta) = \frac{1}{\sqrt{2\pi 100^2}}\exp\!\left(-\frac{\beta^2}{2\times 100^2}\right)$$

입니다.

개체차 모수 $r_i$의 사전분포는 어떻게 정하면 좋을까요? 제7장에서는 개체마다 다른 모수 $r_i$는 모두 평균 0, 표준편차 $s$인 정규분포에 따른다고 가정했었습니다. 일단 여기서도 동일한 방법으로 $r_i$의 사전분포를

$$p(r_i|s) = \frac{1}{\sqrt{2\pi s^2}}\exp\!\left(-\frac{r_i^2}{2s^2}\right)$$

이라고 해봅시다.6 여기서 표준편차 $s$는 개체차를 나타내는 100개의 $r_i$가 어느 정도 흩어져 있는지를 나타내는 모수입니다.

마지막으로 남은 문제는 개체차의 표준편차 $s$라는 모수를 어떻게 처리할지입니다. 제7장의 예제에서는 최우추정에 의해서 하나의 값으로 $\hat{s}$을 추정했었습니다. 반면 베이즈 통계모형의 접근 방식은 (확률변수) $s$의 사후분포를 추정하는 것입니다.

사후분포를 추정하기 위해서는 사전분포를 지정해야만 합니다. 지금 조사된 식물 집단에서 개체차 $\{r_i\}$의 오차 $s$가 양의 값을 취한다는 조건만 만족한다면, 어떤 것이든 상관없으므로 사전분포 $p(s)$를 무정보 사전분포로 지정해도 무리가 없을 겁니다. 여기서는,

$$p(s) = (0\text{부터 }10^4\text{구간의 균일분포})$$

로 설정해 보겠습니다.7 이것은 $0 < s < 10^4$의 실수 구간안의 모든 값의 출현할 확률이 동일하다는 것을 표현하는 확률분포입니다.

이와 같이 개체차 $r_i$의 사전분포 $p(r_i|s)$가 그 형태를 결정하는 $s$라는 미지의 모수에 의존하고, 더욱이 이 $s$에도 사전분포 $p(s)$가 설정되어 있는 경우, **이 책 안에서 이** $p(r_i|s)$**를 계층사전분포라고 부르겠습니다.**8 「계층」이란 사전분포의 모수에 추가로 사전분포가 설정되어 있는 것을 의미합니다. 또, 사전분포 $p(r_i|s)$의 모수 $s$를 **초모수**(hyper parameter), 사전분포의 사전분포인 $p(s)$를 **초사전분포**(hyper prior)라고

---

6 여기서 $r_i$의 확률분포가 정규분포라고 정당화할 이유는 없습니다. 이 점에 대해서는 제7장도 참조해 주세요.

7 여기서 $p(s)$를 연속균일분포로 설정한 이유에 대해서는, 베이즈 관련 문헌을 읽어 주세요.

8 「일층」의 사전분포 $p(r_i|s)$뿐만 아니라, 「이층」의 $p(s)$도 포함한, 즉 $p(r_i|s)p(s)$를 계층사전분포라고 부르기도 합니다.

부르는 경우도 있습니다. 계층베이즈모형이란 이와 같이 계층사전분포를 사용하는 베이즈 통계모형을 말합니다.

## 10.3 계층베이즈모형의 추정·예측

제7장의 GLMM의 추정에서는 데이터에 근거하여 $\beta$와 $s$의 최우추정치(점추정치)를 찾아냈습니다. 그렇지만 베이즈 모형에서 「추정하고 싶은 모수」는 모두 사전분포와 데이터에 근거하여 사후분포로 추정됩니다. 즉, 이 예제의 계층베이즈모형의 사후분포는

$$p(\beta, s, \{r_i\}|Y) \propto p(Y|\beta, \{r_i\})p(\beta)p(s)\prod_i p(r_i|s)$$

로 쓸 수 있습니다.

계층사전분포와 초모수가 추정에 미치는 영향 등에 대해서는 10.4절 이하에서 설명하기로 하고, 여기서는 일단 계층베이즈모형과 관측 데이터를 이용하여 사후분포를 추정하는 절차와 결과를 살펴보겠습니다.

### 10.3.1 계층베이즈모형의 MCMC 샘플링

제9장과 같은 방식으로 WinBUGS를 사용해 사후분포 $p(\beta, s, \{r_i\}|Y)$로부터 MCMC 샘플링을 합시다. 예제의 모형을 BUGS 코드로 쓰면 다음과 같습니다(그림 10.2도 참조).

```
model
{
  for (i in 1:N) {
```

```
    Y[i] ~ dbin(q[i], 8)    # 이항분포
    logit(q[i]) <- beta + r[i]    # 생존 확률
  }
  beta ~ dnorm(0, 1.0E-4)    # 무정보사전분포
  for (i in 1:N) {
    r[i] ~ dnorm(0, tau)    # 계층사전분포
  }
  tau <- 1 / (s * s)    # tau는 분산의 역수
  s ~ dunif(0, 1.0E+4)    # 무정보사전분포
}
```

이 BUGS 코드와 계층베이즈모형을 대응시켜 설명하겠습니다.[9] 우선 N 개체분의 관측데이터와 관련이 있는 부분을 봅시다.

```
for (i in 1:N) {
    Y[i] ~ dbin(q[i], 8)    # 이항분포
    logit(q[i]) <- beta + r[i]    # 생존 확률
}
```

관측된 생존수 Y[i]는 생존 확률 q[i]로 사이즈 8인 이항분포(dbin ( q[i], 8 ) )를 따릅니다. 종자의 생존 확률 q[i]는 선형예측식 beta+r[i]와 로짓 링크함수 logit(q[i])로 연결됩니다.

각 모수의 사전분포는 다음과 같이 지정되어 있습니다.

```
beta ~ dnorm(0, 1.0E-4)    # 무정보사전분포
for (i in 1:N) {
    r[i] ~ dnorm(0, tau)    # 계층사전분포
}
tau <- 1 / (s * s)    # tau는 분산의 역수
s ~ dunif(0, 1.0E+4)    # 무정보사전분포
```

---

9  BUGS 코드를 읽는 방법에 대해서는 제9장의 9.4.1항도 참조해 주세요.

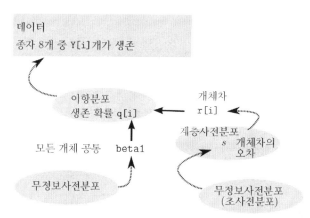

그림 10.2 　종자 생존수의 계층베이즈모형의 개요.

절편 beta의 사전분포는 평균 0, 표준편차 $10^2$인 정규분포, 개체차 r[i]의 계층사전분포는 평균 0, 표준편차 s인 정규분포, 이 계층사전분포의 표준편차 s의 사전분포는 $0 < s < 10^4$인 균일분포로 지정되어 있습니다.

## 10.3.2 계층베이즈모형의 사후분포 추정과 예측

제9장과 같은 방식으로 R과 WinBUGS를 사용해 모수의 사후분포로부터 MCMC 샘플링을 하겠습니다. 얻어진 MCMC 샘플링의 결과를 사용해[10] 각 모수의 (주변)사후분포를 그림 10.3에 나타냈습니다.

---

10 추정에 필요한 파일과 결과가 저장된 bugs 오브젝트 등은 웹사이트로에서 다운로드할 수 있습니다.

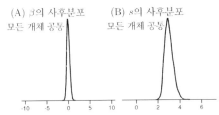

그림 10.3　MCMC 샘플링에 의해 추정된 사후분포. 모두 R의 density( ) 함수를 사용해서 근사적인 확률밀도를 도시. (A) 절편 $\beta$와 (B) 개체차의 오차 $s$는 모든 개체에 공통되는 모수. 개체차 $r_i$의 사후분포의 예를 (C)–(E)에 나타내고 있다. 여기서는 개체차 $r_i$의 예로서 $\{r_1, r_2, r_3\}$을 나타내고 있다. 이들 사후분포와 함께 표시한 회색 확률밀도함수는 $s$의 값이 사후분포의 중간값(median)에서의 사전분포 $p(r_i|s)$.

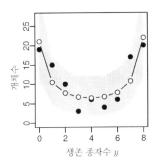

그림 10.4　생존 종자수 $y$의 예측 분포 $p(y|\beta, s)$와 관측 데이터(검은점). $\beta$와 $s$의 MCMC 샘플링을 사용하여 각 $y$에 해당되는 중간값(흰점)와 95% 구간(회색 영역)을 예측했다.

다음으로 추정된 사후분포를 조합하여, 생존 종자수마다 개체수의 분포를 예측해봅시다. 여기서는 그림 10.4에 나타나 있는 생존 종자

수 $y$개의 확률분포 $p(y|\cdots)$의 계산 방법만을 설명하겠습니다.[11]

생존 종자수 $y$의 확률분포는 이항분포 $p(y|\beta,r)$와 정규분포 $p(r|s)$의 무한혼합분포이고, 다음과 같은 식으로 표현합니다.[12]

$$p(y|\beta,s) = \int_{-\infty}^{\infty} p(y|\beta,r)p(r|s)dr$$

여기서 $r$에 대해서 적분한다는 것은 사후분포 $p(r|s)$를 따르는 식물을 무한개 조사해서, 그 평균을 계산한다 ─ 라는 의미라고 생각할 수 있습니다.

생존 종자수 $y$의 확률분포를 결정하는 모수 $\beta$와 $s$는 어떤 값을 주면 좋을까요? 여러 가지 방법을 생각할 수 있지만, 예를 들어 그림 10.4에서는 $\{\beta,s\}$의 쌍으로 모든 MCMC 샘플링마다 $p(y|\beta,r)$를 평가하고, 각 $y$에 해당하는 2.5%, 50%, 97.5%의 분위수점을 나타냈습니다.[13]

## 10.4 베이즈 모형에서 사용하는 여러 사전분포

베이즈 통계모형이 설계에서 중요한 것은 사전분포의 선택입니다. 베이즈 통계모형에서 자주 사용되는 세 종류의 사전분포를 그림 10.5에 나타냈습니다. 이 장의 예제인 개체차의 모수 $r_i$의 사전분포로서 이 세

---

11　그림 10.4에서는 $p(y|\cdots)$에 표본 개체수 100을 곱한 값을 나타내고 있습니다. 작도를 위한 R코드는 웹사이트를 참조해 주세요.

12　제7장의 그림 7.8에 나타나 있는 「분포를 혼합한다」라는 사고방식입니다. 또, 이 적분은 R 등을 사용해 수치적분을 할 수밖에 없습니다.

13　제7장의 그림 7.10에서는 $\beta$와 $s$의 최우추정치를 사용해 생존 종자수 $y$를 예측하고 있습니다.

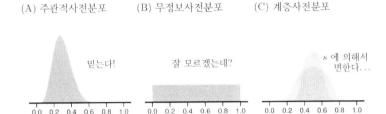

(A) 주관적사전분포       (B) 무정보사전분포        (C) 계층사전분포

믿는다!             잘 모르겠는데?              $s$에 의해서
변한다...

그림 10.5   베이즈 통계모형에서 자주 사용되는 세 종류의 사전분포의 예. 대부분의 베이
즈 통계모형에서는, 하나의 모형 안에 두 종류 이상의 사전분포를 혼용하여
사용한다. (A) 주관적사전분포 (B) 무정보사전분포 (C) 계층사전분포.

종류를 각각 지정하면 통계모형은 어떻게 될까 생각해 봅시다.

그림 10.5(A)의 **주관적인 사전분포**(subjective prior)를 개체차 $r_i$의
사전분포로 사용하면, 데이터 분석자가 「모수 $r_i$의 분포는 이렇게 되어
있다고 믿는다」라고 생각하고 있는 것이 됩니다.[14]

이 책은 「베이즈 통계모델링은 주관성을 중요시 한다」라는 사고
방식을 취하고 있지 않기 때문에, 이와 같은 주관적인 사전분포는 사
용하지 않겠습니다. 바로 언급하겠지만 무정보사전분포와 계층사전분
포를 사용하면 다양한 베이즈 통계모형을 기술할 수 있기 때문에 굳이
주관적인 사전분포를 써야 하는 경우는 그리 많지 않습니다.[15]

그러면 다음으로 $r_i$의 사전분포로 **무정보사전분포**(non − informative

---

14   또는, 다른 데이터세트 · 다른 통계모델링으로 얻어진 「$r_i$의 분포」를 사전분포로서
　　사용하는 경우도 있습니다. 저는 이것 역시 주관적 사전분포의 일종이라고 생각하
　　고 있습니다.

15   주관적 사전분포를 사용해야만 하는 경우도 있습니다. 예를 들어, 어떤 연속치의 관
　　측값 $x$에 측정시의 오측정(측정 오차)의 크기입니다. 이와 같은 측정 오차를 데이
　　터에 근거하여 추정하기 위해서는, 같은 대상으로부터 여러 번 관측을 하지 않으면
　　안 되지만, 그렇지 못한 사례가 적지 않습니다. 그 경우 「이 측정 방법에 의한 측정
　　오차는 이 정도겠지」라고 결정하거나, 또는 측정기기의 과거 데이터에 근거하여 측
　　정의 오차를 나타내는 확률분포를 설정하는 경우가 있습니다.

표 10.1　통계모형 모수의 사전분포

| 모수의 종류 | 설명하는 범위 | 모수의 개수 | 사전분포 |
|---|---|---|---|
| 전체에 공통되는 평균·오차 | 대역적 | 소수 | 무정보사전분포 |
| 개체·집단마다의 흩어짐 | 국소적 | 다수 | 계층사전분포 |

prior ; 그림 10.5(B))를 지정했다고 합시다. 이와 같은 모델링에서는 100 개의 $r_i$ 각각을 자유롭게 결정하기 때문에 통계모형으로서 바람직하지는 않습니다. 왜냐하면, 이것은 「1번째의 개체는 이렇게 되어 있고, 2번째는 이렇게—」 등으로 「데이터를 있는 그대로 읽어들임」과 같은 것16이므로 통계모형이라고 할 수 없습니다.

이 장의 예제의 통계모형에서는, 개체차 $r_i$의 사전분포 $p(r_i \,|s)$를 계층사전분포로 설정하고(그림 10.5(C)), $p(r_i \,|s)$를 평균 0 표준편차 $s$의 정규분포라고 했습니다. 그리고 이 $s$의 사전분포 $p(s)$를 무정보사전분포라고 설정했으므로, 계층은 이 이상은 깊지 않습니다. 통계모형을 이와 같이 설계해 두면 다른 모수와 함께 $s$의 사후분포도 데이터에 잘 적합되도록 추정됩니다.

모수의 사전분포로서 무정보사전분포·계층사전분포 중 어느 쪽을 선택하면 좋을까요? 그 선택은 모수가 전체 데이터 중 어느 범위를 설명하고 있는가에 의존한다고 생각하면 될 것 같습니다(표 10.1). 현실적인 통계모형은 두 종류의 모수가 포함되어 있습니다 — 데이터 전체를 대역적(global)으로 설명하는 소수의 모수와, 각 관찰치에 국한하여 일부만을 설명하는 국소적(local)인 다수의 모수입니다.

이 장의 예제로 말하면 절편 $\beta$는 이 하나로 전체 데이터를 설명

---

16　제4장의 4.2절에 등장한 완전모형(full model) 그 자체입니다.

하고 있는 대역적인 모수이므로, 무정보사전분포로 추정합니다. 반면에 100개나 되는 개체차 $\{r_i\}$는

- ▶ 각 개체의 $r_i$는 하나의 개체에 영향을 주는 모수이므로, 전체 데이터로 봤을 때는 지극히 일부를 설명하고 있을 뿐
- ▶ 모든 개체 $\{r_i\}$는 「서로 닮은(일정 범위에 분포하는)」 모수의 집합이라고 생각된다.

라는 성질을 가지는 국소적인 모수이므로, 각 $r_i$의 개체마다 무정보사전분포를 지정하기보다는, $\{r_i\}$ 전체의 오차를 변화시킬 수 있는 계층사전분포를 지정합니다.[17]

계층베이즈모형은 다수의 국소적인 모수를 묶어서 취급하기 위하여 계층사전분포을 설정하고, 이 계층사전분포가 소수의 대역적 모수에 지배되도록 합니다. 현대 통계모델링에서는 경우에 따라서 데이터보다 많은 수의 국소적인 모수를 사용하기도 합니다. 그와 같은 모형에서도 계층베이즈모형은 다수의 국소적 모수를 계층사전분포로 「구속」해 자유로운 적합을 제약하고, 모든 국소적인 모수의 사후분포를 추정할 수 있도록 합니다.

---

17  이와 같은 모수의 구분을 일반화선형혼합모형(GLMM)에서 생각하면 어떻게 대응되는 것일까? 고정효과(fixed effects)와 개체차의 오차 $s$는 대역적인 모수, 랜덤효과(random effects)는 국소적인 모수에 해당합니다.

# 10.5 개체차+장소차의 계층베이즈모형

마지막으로 개체차뿐만 아니라 장소차도 포함하는 계층베이즈모형에 대해서 간단하게 설명하겠습니다.

그림 10.6에 나타난 것처럼 가상 식물을 사용한 실험 데이터를 조사하려고 합니다. 알고 싶은 내용은 (비료)처리를 했을 때 종자수 $y_i$의 변화입니다.

이 실험에서는 10개의 화분(pot)($j \in \{A, B, C, \cdots, J\}$)이 준비되어 있고, 각 화분당 10개체의 식물을 길렀다고 합시다.[18] 개체 번호 $i$는 $\{1, 2, \cdots, 100\}$으로 표시하고, 화분 A에는 $\{1, 2, \cdots, 10\}$, 화분 B에는 $\{11, 12, \cdots, 20\}$과 같은 식으로 번호가 부여되었습니다. 이와 같이 첨자를 표기하면 개체 번호 $i$에 화분 $j$도 같이 결정되므로, 첨자 $y_{ij}$와 같이 쓰지 않고 $y_i$로 쓰겠습니다.

처리와 화분의 관계는, 화분 $j \in \{A, B, C, D, E\}$는 무처리(제3장에서

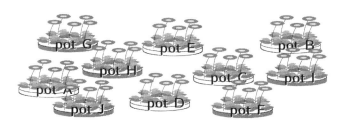

그림 10.6  개체차와 장소차(화분의 차이)의 영향을 동시에 고려해야 하는 예제. 화분(pot)이 10개, $\{A, \cdots, E\}$(흰색)은 비료 무처리이고 $\{F, \cdots, J\}$(회색)은 비료를 주는 (비료)처리를 했다. 각 화분에는 10개체의 가상 식물을 심었고(화분마다에 5개체만을 도시), 종자수 $\{y_i\}$가 데이터로서 얻어졌다.

---

18  그림 10.6에서는 5개체만 나타내고 있습니다.

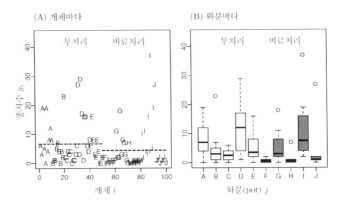

그림 10.7  관측된 종자수 $\{y_i\}$. (A) 개체마다 표시, $i \in \{1,2,\cdots,50\}$은 무처리, 나머지는
비료처리를 한 개체, $\{A,\cdots,J\}$는 그 개체의 화분(그림 10.6), 수평 점선은 각
처리에서 $\{y_i\}$의 표본평균. (B) (A)의 데이터를 화분마다 상자그림으로 도시.

설명한 더미변수를 사용해 쓰면 $f_i = 0$), 그리고 화분 $j \in \{F,G,H,I,J\}$는 비
료처리($f_i = 1$)를 했습니다(그림 10.6, 그림 10.7).

　　관측된 개체마다 종자수 $y_i$와 처리에 따른 평균을 그림 10.7(A)에
나타냈습니다. 예를 들어, 무처리 개체 $i \in \{1,2,\cdots,50\}$(화분 $\{A,\cdots,E\}$)의 평
균은 8 정도로, $y_i$가 포아송분포를 따른다면 표본표준편차는 $\sqrt{8} = 2.38$
정도로 예상됩니다. 그러나 그림을 보면 이보다 더 큰 것이 확실하므
로 과분산이 발생한 것을 알 수 있습니다.

　　다음으로 그림 10.7(B)를 보면 과분산의 원인은 개체차뿐 아니고
화분차에도 있을 것 같다는 사실을 알 수 있습니다.[19] 예를 들어 화분
$\{C,F,H,J\}$의 개체는 모두 비료처리에 관계없이 적은 수의 종자수가 관
찰되었습니다. 지금의 데이터만으로는 이와 같은 화분차가 왜 생겼는
지에 대한 이유는 알 수 없습니다. 어쩌면, 화분이 배치된 장소의 환경

---

19   개체차와 화분차의 구별에 대해서는 제7장의 7.5절도 참조해 주세요.

과 생육 기간 동안에 발생한 무언가의 원인에 좌우되어 이와 같은 차이가 생겼을 지도 모르겠습니다.[20]

이와 같은 데이터 구조는 개체도 화분도 모두 반복이 아닌 의사반복에 해당하므로,[21] 개체차와 화분차를 동시에 다루는 통계모형을 작성해야만 합니다.[22] 이것은 GLMM화 한 포아송회귀로도 다룰 수 있는 문제이므로, 지금까지 해왔던 방식과 같이 $i$의 종자수 $y_i$의 오차를 평균 $\lambda_i$인 포아송분포

$$p(y_i|\lambda_i) = \frac{\lambda_i^{y_i}\exp(-\lambda_i)}{y_i!}$$

으로 표현하겠습니다. 선형예측식과 로그링크함수를 사용해 평균 종자수 $\lambda_i$는

$$\log\lambda_i = \beta_1 + \beta_2 f_i + r_i + r_{j(i)}$$

로 하겠습니다. 이 선형예측식의 구성 요소는 각각 절편 $\beta_1$, 비료처리 유무를 나타내는 인자형 설명변수 $f_i$의 계수 $\beta_2$, 개체 $i$의 효과 $r_i$, 화분 $j$의 효과 $r_{j(i)}$입니다. 이 $r_{j(i)}$는 개체 $i$가 속해 있는 화분 $j$의 효과를 나타내고 있다고 생각해 주세요. 개체차를 나타내는 $r_i$는 100개, 화

---

20 그림 10.7에 나타난 화분차는 극단적인 예로서, 실험 설계가 제대로 되지 않아서 생긴 것으로 생각할 수도 있지만, 화분을 숲속 등에 배치하는 야외 실험에서는 이 정도의 블록차가 생겨도 크게 이상한 일도 아닙니다.

21 반복·의사반복에 대해서는 제7장의 7.5절도 참고.

22 이와 같이, 화분차가 존재하고 그 안에서 다시 개체차가 있다고 간주할 수 있는 구조를 「계층」이라고 생각하는 사람도 있지만, 이것은 오히려 내포되어 있는(nested) 구조라고 하는 것이 더 적절할 것입니다.

분의 차인 $r_{j(i)}$는 10개가 있고, 각각의 오차를 $s$와 $s_p$라고 합시다.

이들 모수의 사전분포는

▶ 대역적인 평균 모수 $\beta_1$과 $\beta_2$는 무정보사전분포, 평균 0을 갖는 엄청나게 납작한 정규분포[23](그림 9.2)

▶ 대역적인 흐트러짐 모수 $s$와 $s_p$는 무정보사전분포, 0부터 $10^4$의 범위를 취하는 균일분포

▶ 국소적 모수인 $r_i$와 $r_{j(i)}$는 계층사전분포, 평균 0 표준편차는 각각 $s$와 $s_p$(그림 10.5(C))

로 지정합시다.

이 다음은 WinBUGS 등을 사용해 사후분포를 추정할 수 있습니다.[24] 이 통계모형의 BUGS 코드는 다음과 같습니다(그림 10.8).

```
model
{
  for (i in 1:N.sample) {
    Y[i] ~ dpois(lambda[i])
    log(lambda[i]) <- beta1 + beta2 * F[i] + r[i] + rp[Pot[i]]
  }
  beta1 ~ dnorm(0, 1.0E-4)
  beta2 ~ dnorm(0, 1.0E-4)
  for (i in 1:N.sample) {
    r[i] ~ dnorm(0, tau[1])
  }
  for (j in 1:N.pot) {
```

---

23 이 예제에서는 비료처리 유·무의 2수준이므로, $\beta_2$를 무정보사전분포로 했습니다. 수준수가 더 많은 경우는 계층적인 사전분포를 설정해야만 할지도 모르겠습니다. 애초에 이와 같이 다수준 효과를 추정하지 않으면 안 되도록 설계한 실험 설계에 문제가 있을지도 모르겠군요.

24 이 예제의 베이즈 추정에 필요한 파일 등은 웹사이트를 참조해 주세요.

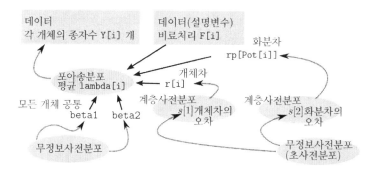

그림 10.8  개체차 + 화분차의 계층베이즈모형의 개요

```
      rp[j] ~ dnorm(0, tau[2])
   }
   for (k in 1:N.tau) {
     tau[k] <- 1.0 / (s[k] * s[k])
     s[k] ~ dunif(0, 1.0E+4)
   } # s[1], s[2]은 각각 개체차 화분차의 오차
}
```

개체차＋장소차의 계층베이즈모형에서 개체마다 평균 $\lambda_i$를 정의할 때, BUGS 코드 작성방식에 다소 요령이 필요합니다.

```
for (i in 1:N.sample) {
   Y[i] ~ dpois(lambda[i])
   log(lambda[i]) <- beta1 + beta2 * F[i] + r[i] + rp[Pot[i]]
}
```

이 부분에서 먼저 비료처리의 유·무를 나타내는 인자형 설명변수를 F[i]로 썼습니다. 인자형 설명변수에 대해서는 이미 설명하였듯이 R과는 달리 BUGS 언어에서는 인자형 변수를 그대로 사용할 수 없기 때문에, 3.6절에 설명한 더미변수 형태로 변환해야만 합니다. 지금 경우는 무처리 개체에는 데이터 F[i]를 0, 비료처리 개체에는 1로 지정하도록 R코드를 작성합니다.

또 하나 주의 사항은 화분차의 표현입니다. 이것은 rp[Pot[i]]로 표현되어 있습니다. 화분의 이름 $\{A, B, \cdots, J\}$를 정수 $\{1, 2, \cdots, 10\}$으로 고친 것을 j라고 하면, rp[j] 가 화분의 효과 $r_{j(i)}$가 됩니다. 개체 i가 속한 화분의 번호를 나타내는 Pot[i] 는, i가 5이면 1, i가 33이면 4가 되는 데이터입니다. 이것도 R 안에서 Pot의 값을 지정해 두고 WinBUGS에 넘깁니다.[25]

이와 같이 해서 사후분포를 추정해보면, 예를 들어 $\beta_2$의 (주변)사후분포의 95% 구간은 −2.47부터 0.70 정도가 되어, 비료처리는 아무런 효과도 없다는 것을 알 수 있습니다. 이 가상 데이터는 비료의 효과를 0으로 설정해서 생성했으므로 올바르게 추정되었습니다.

그렇지만, 통계모델링을 이와 같이 신경 써서 공들여 하지 않으면 있을 리가 없는 「처리의 효과」가 「추정」되어 버립니다. 예를 들어 개체차·화분차를 무시한 GLM, 개체만을 넣은 GLMM으로 추정해보면, 두 모형 모두 「비료 처리에 의해 평균 종자수가 줄어든다」라는 결과가 AIC가 가장 좋은 모형으로 (잘못) 선택되어 버립니다.


## 10.6 이 장의 정리

이 장에서는 이 책의 목표(그림 1.2)라고도 할 수 있는 계층베이즈 모형이 등장했습니다. 이 모형은 설명 변수와 반응 변수의 인과 관계를 밝히는 「회귀」를 목적으로 하는 통계모형으로서는, 「요즘 데이터 분석이라면 적어도 이 정도까지는 고려하자」라는 기준이 될 만한 사고

---

25 출력 결과 등에 대해서는 웹사이트를 참조해 주세요.

방식이라고 말할 수 있습니다.

- ▶ GLMM을 베이즈 모형화하면 계층베이즈모형이 된다.26(10.2 GLMM 의 계층베이즈 모형화)
- ▶ 계층베이즈모형은 사전분포의 확률분포에 포함된 모수에도 사전분 포가 지정되어있는 통계모형이다(10.3 계층베이즈모형의 추정·예측).
- ▶ 무정보사전분포와 계층사전분포를 사용하면 베이즈 통계모형에서 주관적인 사전분포를 제거할 수 있다(10.4 베이즈 모형에서 사용하는 여러 사전분포).
- ▶ 개체차＋장소차 등의 복잡한 구조를 가지는 데이터의 통계모델링은 계층베이즈모형과 MCMC 샘플링에 의한 모수 추정의 방법으로 대 처하는 것이 좋다(10.5 개체차＋장소차의 계층베이즈모형).

　이 책에서 설명하고 있는 전체 내용에 모두 해당되는 말이지만, 통계모형과 추정 방법의 구분에 주의하기 바랍니다. 이 장에 등장한 통계모형은 GLMM의 베이즈판인 계층베이즈모형입니다. 한편 추정 방 법은 MCMC 샘플링입니다. MCMC는 모형의 이름이 아닙니다.

　복수의 랜덤효과가 포함되어 있는 통계모형의 모수 추정에는 MCMC를 응용하지 않으면 힘들어집니다. 외부의 MCMC 샘플링 소프 트웨어에 의존하지 않고 R만으로 GLMM의 모수를 MCMC 샘플링으로 추정할 수 있는 **MCMCglmm** package 등도 있습니다. 단, 이것을 사용 할 때도 8~10장에서 설명한 내용 정도는 이해해 둘 필요가 있습니다.

---

26　이 장은 GLMM을 베이즈 모형화한 것을 계층베이즈모형이라고 설명하고 있지만, 계층베이즈모형이 모두 GLMM의 베이즈판이라는 의미는 아닙니다. 계층베이즈모 형이란 계층적인 사전분포가 사용되고 있는 베이즈 모형 전체를 가리킵니다. 베이 즈판 GLMM은 그 일부입니다.

# 제 11 장

# 공간구조가 있는 계층베이즈모형

전체적으로는 불규칙하게 흩어져 있지만, 「근방」에서는 닮아 있는 상황을 공간상관이 있는 장소차라고 합니다. 이와 같은 장소차를 포함하는 경우에 적절한 사전분포를 이용해서 계층베이즈모형을 만들어 봅시다.

마지막 장에서는 계층베이즈모형의 응용 예로서 공간구조가 있는 베이즈 통계모형을 소개합니다. 지금까지의 장에서는 사실상 「공간구조」는 없는 것·생각하지 않아도 좋은 것 — 으로 간주하고 통계모형을 만들어 왔습니다. 예를 들어 제10장의 마지막에 사용한 예제에서는 원인불명의 장소차(화분차)를 넣은 통계모형을 만들긴 했지만, 이 통계모형에서 암묵적으로 가정하고 있는 내용은 10개의 장소차가 각각 **독립적으로 결정된다**라는 가정이었습니다. 가상의 데이터이기 때문에 이 처럼 단순화해도 큰 문제는 없습니다.

그러나 실제 상황에서는 「데이터가 얻어진 장소의 공간배치의 영향」을 무시할 수 없는 경우도 있습니다. 예를 들어, 위의 실험에서와 같이 10개의 화분을 준비하는 것이 아니고, 일정 면적의 넓은 경작지를 10개의 「구획」으로 분할하여, 각 「구획」에 10개체씩 식물을 심어 동일한 형태의 데이터가 얻어졌다고 합시다. 이때 「구획」들이 서로 인접하여 일렬로 배치되어 있는 상태라면 어떨까요? 인접하는 두 개의 「구획」의 환경은 서로 비슷하기 때문에 장소차가 독립적이라고 하기는 어렵습니다.

이 장에서는 이와 같이 「근처에서는 닮아 있을지도 모른다」 등의 우려가 있는 상황에 대처하기 위해서 장소차의 **공간구조**(spatial correlation)[1]도 고려하는 통계모델링에 대해서 설명하겠습니다. 공간상관은 거리의 원근에 의존하여 두 장소 간의 「유사성」이 약해지거나 강해지는 경향을 말합니다. 예를 들어 「어떤 장소의 관측치가 가까운 장소의 관측치와는 비슷하다. 그러나 멀리 떨어진 장소의 관측치와는 비슷하지 않다」라는 경향이 있다면, 이것은 다른 지점에서의 얻어진 관

---

1  공간자기상관(spatial autocorrelation)이라고 부르기도 합니다. 이 책에서는 「공간상관」으로 기술하겠습니다.

측치들끼리는 독립이 아니고 양의 공간구조가 존재할 가능성이 있다는 것을 시사합니다.

## 11.1 예제: 일차원 공간상의 개체수 분포

「전체가 균질하지 않다」 그리고 동시에 「그러나 가까운 장소의 관측치는 서로 닮아 있다 ─ 서로 독립이 아니다」라는 효과를 통계모형으로서 표현하는 방법을 생각하기 위해서 그림 11.1과 같은 가상 데이터를 사용하겠습니다. 이 관측 데이터는 어딘가의 초원 또는 삼림에서 어떤 생물의 개체수를 기록한 것으로 생각해 주세요. 단, 대상 생물의 수를 카운트하기 위한 50개의 조사 구획은 하나의 직선 위에 등간격으로 배치되도록 설정했다고 합시다.

현실적으로 야외 조사 데이터의 공간구조는 2차원·3차원인 경우가 많습니다. 그러나, 여기서는 공간통계모델링을 알기 쉽게 설명하기 위해서 1차원의 공간구조 데이터를 다루겠습니다.[2]

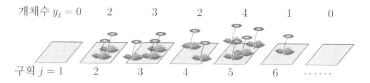

그림 11.1   일차원 공간구조 조사 구획의 예. 어떤 조사 라인에 50개의 조사 구획 ($j \in \{1, 2, \cdots, 50\}$)이 있고, 각 구획에서 가상 식물의 개체수 $y_j$를 카운트했다.

---

2 이 장에서 설명하는 기본적인 사고방식을 확장하면, 이차원 이상의 공간구조의 데이터도 같은 방식으로 통계모형화할 수 있습니다.

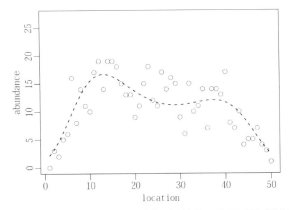

**그림 11.2**   일차원 공간상의 가상 예제 데이터. 가로축은 조사 구획의 위치($j$), 세로축은 관측된 개체수($y_j$). 점선은 이 데이터를 포아송난수로 생성시킬 때 사용한 장소에 따라 변화하는 평균. 이와 같이 위치에 따라서 변화하는 평균을 가지는 포아송분포에서 $y_j$가 생성되었기 때문에 가까이 있는 $y_j$끼리는 「닮아」 있다(공간상관이 있다).

조사 구획 번호 $j$는 그림 11.1에 나타난 것처럼, 「왼쪽」부터 $1, 2, \cdots, 50$입니다. 조사 구획 $j$에서 관측된 개체수 $y_j$를 그림 11.2에 나타냈습니다. 이 가상 데이터 $\{y_j\}$는 장소 $j$마다 다른 평균을 따르는 포아송난수로서 발생시킨 것이고, 그 평균이 그림 11.2의 점선 곡선입니다. 이것을 **국소밀도**로 부르기로 합시다. 국소밀도는 무언가의 원인으로 인해 완만하게 변화하고 있으므로, 가까이 있는 $y_j$끼리는 닮아 있습니다 — 즉, 공간상관이 발생하고 있습니다.

이 국소밀도를 인간이 직접 관측할 수는 없습니다. 그러나, 개체수의 관측치 $y_j$를 그림 11.2와 같이 도시해 보면, 「왠지 이 생물의 국소밀도가 장소마다 다른 것 같은데?」 「국소밀도가 완만하게 변화하고 있는 것 같아」라는 것은 감을 잡을 수 있습니다.[3]

---

3  관측치의 공간상관의 정도를 조사하는 방법은 여러 가지 있습니다. 참고문헌을 참

## 11.2 계층베이즈모형에 공간구조를 추가

　이 장의 예제의 목적은 관측 데이터 $\{y_j\}$에 근거하여 위치에 따라 변화하는 국소밀도를 반영할 수 있도록 통계모형을 작성하는 것입니다. 그러므로 가장 먼저 각 조사 구획에서 관측된 개체수를 어떤 확률분포로 표현할 수 있는지 생각해야 합니다.

　우선 첫 작업으로 그림 11.2에 나타나 있는 개체수 $y_j$가 구획에 관계없이 공통된 평균 $\lambda$의 포아송분포를 따른다고 합시다.

$$p(y_j|\lambda) = \frac{\lambda^{y_j}\exp(-\lambda)}{y_j!}$$

이와 같이 가정하에서는 평균 $\lambda$는 표본평균 10.9로 추정됩니다.[4] 분산은 평균과 동일한 10.9 정도로 기대됩니다. 하지만 $y_i$의 표본분산은 27.4로 예상되는 표본평균보다 약 3배 가까이 큰 값입니다. 이 사실로부터 이 데이터는 과분산이라는 것을 알 수 있으며, 단순한 포아송분포로는 통계모형화할 수 없을 것 같습니다. 더욱이 그림 11.2를 보면 개체수 $y_j$는 위치에 따라서 변화하고 있으므로, 「모든 $j$에 있어서 $\lambda$는 동일하다」라는 가정 역시 성립하기 힘들어 보입니다.

　그림 11.2와 같은 관측 데이터를 잘 표현하기 위해서는, 통계모형 안에 어떻게 해서든지 장소차를 포함시켜 통계모델링을 해야 합니다. 이를 위해서 모든 구획에서 평균 $\lambda$라는 가정 대신 각 구획 $j$마다 서로 다른 $\lambda_j$를 취한다고 가정합시다. 그렇지만 $\{y_1, y_2, \cdots, y_{50}\}$이라는 50

---

조해 주세요.

4　이 예제 데이터를 다운로드하여 R로 직접 계산해 보기 바랍니다.

개의 데이터 패턴을 설명하기 위해서 모든 조사 구획에 50개의 모수를 부여하여 $\{\lambda_1, \lambda_2, \cdots, \lambda_{50}\}$을 최우추정하는 것은 단순히 「데이터를 있는 그대로 읽어 들이는 것」과 마찬가지입니다. 그래서 전체에 공통되는 대역적인 밀도와 국소적인 차이를 동시에 포함시키기 위해서, 평균 개체수 $\lambda_j$를 선형예측식과 로그링크함수를 사용해 다음과 같이 나타내 보겠습니다.[5]

$$\log \lambda_j = \beta + r_j$$

이 선형예측식은 절편 $\beta$와 장소차 $r_j$로 구성되어 있습니다. 절편 $\beta$는 대역적인 모수로서 장소에 관계없이 데이터 전반에 영향을 주는 모수입니다. 이에 반해 장소차 $r_j$는 국소적인 모수로서 구획 $j$의 데이터만을 설명하는 모수입니다.

제10장에서 언급한 베이즈 통계모형의 설계 방침을 바탕으로 $\beta$같은 대역적 모수의 사전분포는 무정보사전분포로, $r_j$의 사전분포는 계층사전분포로 지정하겠습니다.

## 11.2.1 공간구조가 없는 계층사전분포

그러면 장소차 $r_j$의 사전분포를 구체적으로 어떻게 설정하면 되는 것일까? 예를 들어 제10장에서 사용했던 것과 동일한 계층사전분포,

$$p(r_j | s) = \frac{1}{\sqrt{2\pi s^2}} \exp\left(-\frac{r_j^2}{2s^2}\right)$$

---

5  집요하게 반복해서 주지하지만 이것은 $j$에 있어서 평균 개체수가 $\lambda_j = \exp($선형예측식$)$이 되도록 설정한 모형입니다. 절대 반응 변수 $y_j$를 변수 변환하고 있는 것이 아니라는 것에 주의하기 바랍니다.

로 지정한다면, 장소차 $r_j$는 상호 독립인 사전분포 ― 평균 0, 표준편차 $s$인 정규분포를 가정하는 셈이 됩니다. 그러나 이 예제와 같이 장소차 $r_j$가 「인접한 이웃과 닮아 있을지도 모르는」(공간상관이 있을 것 같은) 상황에서는, 「각 $r_j$가 상호 독립」이라는 가정은 하지 않는 것이 좋을 것입니다.

### 11.2.2 공간구조가 있는 계층사전분포

장소차 $r_j$가 위치에 따라서 천천히 변화하는 양상을 잘 표현하기 위해서는, 사전분포 설정에 약간의 요령이 필요합니다. 우선, 다음과 같이 가정을 마련하여 문제를 단순화 해봅시다.[6]

▸ 구획의 장소차는 「근방」 구획의 장소차에만 영향을 받는다.

▸ 구획 $j$근방의 개수 $n_j$는 유한개이고, 어느 구획을 근방으로 정할지는 모형 설계자가 지정한다.

▸ 어떤 근방이라도 직접 영향은 $1/n_j$로 동일하다.

더욱 단순화 해봅시다. 이 1차원 공간의 통계모형에서 임의의 구획은 그것과 접해있는 구획과만 상호작용한다고 가정합시다. 즉 바로 옆의 구획만이 근방입니다. 이로서 근방수 $n_j$는 2로 줄어들게 됩니다. 단, 좌우 양끝 $j \in \{1, 50\}$에서는 인접 구획이 하나 밖에 없으므로 $n_1$과 $n_{50}$은 1입니다.

이와 같이 상호작용의 범위를 한정하고, $r_j$의 근방 $r_{j-1}$과 $r_{j+1}$의 값이 주어졌을 때 $r_j$의 조건부 사전분포를 다음과 같은 정규분포라고 설정해 봅시다.

---

6  좀 더 복잡한 공간구조모형도 만들 수도 있지만 이 책에서는 다루지 않습니다.

$$p(r_j|\mu_j, s) = \sqrt{\frac{n_j}{2\pi s^2}} \exp\left\{-\frac{(r_i - \mu_j)^2}{2s^2/n_j}\right\}$$

이 정규분포의 평균 $\mu_j$는 근방 $r_{j-1}$과 $r_{j+1}$의 평균과 같다고 합시다.

$$\mu_j = \frac{r_{j-1} + r_{j+1}}{2}$$

단, 좌우 끝 $j=1$과 $j=50$은 근방 구획이 하나이므로, 각각 $\mu_1 = r_2$, $\mu_{50} = r_{49}$로 하겠습니다. 그리고 표준편차는 $s/\sqrt{n_j}$라고 지정하겠습니다. 확률분포 $p(r_j|\mu_j, s)$의 모수 $s$는 모든 장소에서도 동일하다고 가정하겠습니다.

　이와 같은 사전분포를 조건부 **자기회귀**(conditional auto regressive, CAR) 모형이라고 부릅니다. CAR 모형에는 여러 가지가 있지만, 이 예제의 $\{r_j\}$의 사전분포와 같이 여러 제약을 부여하여 간단하게 만든 것은 intrinsic Gaussian CAR 모형으로 분류됩니다. 이 장소차 $\{r_j\} = \{r_1, r_2, \cdots, r_{50}\}$ 전체의 사전분포인 동시분포 $p(\{r_j\}|s)$는 다음과 같이 쓸 수 있습니다.[7]

$$p(\{r_j\}|s) \propto \exp\left\{-\frac{1}{2s^2}\sum_{j \sim j'}(r_j - r_{j'})^2\right\}$$

여기서 $j \sim j'$은 어떤 구획 $j$와는 다른 구획 $j'$이 근방이 되는 모든

---

7　이것은 improper prior이고, $p(\{r_j\}|s)$는 확률도 확률분포도 아님에도 불구하고 $p(\cdots)$라고 표기하는 것은 이상하지 않은가 — 라는 지적은 사실 올바른 지적입니다. 그렇다고 해도 베이즈통계학의 책에서는 improper prior에 대해서도 $p(\cdots) \propto \cdots$ 등으로 표기하는 경우도 있으므로, 이 책에서는 그것에 따라서 표기하는 것으로 하겠습니다.

$\{j, j'\}$의 조합을 의미합니다. 이 동시분포에 대해서 $r_j$를 제외한 나머지 $\{r_*\}$를 상수로 간주하면, 조금 전 등장한 조건부사전분포 $p(r_j|\mu_j, s)$가 얻어집니다.[8] 어쨌든 이 조건부사전분포만 알고 있으면, 이 예제의 통계모형의 거동은 이해할 수 있을 것 같습니다.

예제 데이터를 이와 같은 공간모형으로 적합하면, 공간상관이 있는 장소차 $\{r_j\}$의 사후분포는 어떻게 될까에 대해서는 이 뒤의 11.3절과 11.4절에서 설명합니다. 11.3절에서는 먼저 WinBUGS를 사용해 이 공간베이즈통계모형의 추정 결과를 구하는 절차를 설명하고, 그 다음 11.4절에서는 국소적인 모수의 집합인 $\{r_j\}$와 대역적인 모수 $s$의 관계를 설명합니다.

## 11.3 공간통계모형을 데이터에 적합하다

이 장의 예제를 해결하기 위해서 공간구조를 고려한 계층베이즈모형 각 부분의 설계는 완료했습니다. 사후분포는 다음과 같이 됩니다.

$$p(\beta, s, \{r_j\}|Y) \propto p(\{r_j\}|s)p(s)p(\beta)\prod_j p(y_j|\lambda_j)$$

데이터 $y_j$가 얻어질 확률 $p(y_j|\lambda_j)$는 평균 $\lambda_j = \exp(\beta + r_j)$인 포아송분포로 했습니다. 절편 $\beta$는 대역적 모수이므로 사전분포를 무정보사전분포 $p(\beta)$로 지정하겠습니다. 국소적 모수인 장소차 $r_j$의 사전분포는 공간

---

8 이 통계모형과 같이, 각 개체의 $r_j$의 조건부확률이 모순 없이 지정되어 있고, 또 동시분포가 존재하는 것은 그렇게 자명하지는 않습니다. 장말에 있는 마코프장에 대해서 설명하고 있는 공간통계학의 교과서를 참조하기 바랍니다.

상관을 고려한 계층사전분포로서, 위의 식에서는 동시분포 $p(\{r_j\}|s)$를 사용하고 있습니다. MCMC 샘플링에서는 각 $r_j$의 조건부사전분포 $p(r_j|\mu_j, s)$를 사용하고, 이는 평균 $\mu_j$, 표준편차 $s/\sqrt{n_j}$인 정규분포입니다. 이 $s$의 사전분포 $p(s)$는 무정보사전분포로 지정하겠습니다.

이 모형을 BUGS코드로 기술해 봅시다(그림 11.3을[9] 참조해 주세요).

```
model
{
  for (j in 1:N.site) {
    Y[j] ~ dpois(mean[j])        # 포아송분포
    log(mean[j]) <- beta + r[j] # (절편)+(장소차)
  }
  # 장소차 r[j]를 CAR model로 생성
  r[1:N.site] ~ car.normal(Adj[], Weights[], Num[], tau)
  beta ~ dnorm(0, 1.0E-4)
  tau <- 1 / (s * s) # tau는 분산의 역수
  s ~ dunif(0, 1.0E+4)
}
```

이 BUGS 코드에서 주의를 당부하고 싶은 내용은 장소차 $r_j$의 사전분포의 지정이

```
    r[1:N.site] ~ car.normal(Adj[], Weights[], Num[], tau)
```

로 되어 있는 점입니다. car.norml( )은 intrinsic Gaussian CAR 모형으로부터 $\{r_j\}$의 MCMC 샘플링을 발생시키는 함수입니다.[10]

이 car.normal( )의 인수 개요만을 설명하겠습니다. Adj[]는 인접한

---

9  이 그래프는 「화살표 루프」가 포함되어 있어서 유향비순환 그래프(directed acyclic graph, DAG)라고는 말할 수 없습니다 ― 이 루프가 「자기회귀」입니다. 관련 문헌을 참조해 주세요.

10  상세한 내용은 관련 문헌을 참조해 주세요.

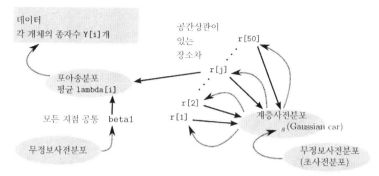

그림 11.3   공간상관이 있는 장소차의 계층베이즈모형 개요.

장소의 번호 $j$, Weight[]는 Adj[]에 대응하는 중요도,[11] Num[]은 각의 구획에 인접한 장소의 수 $n_j$입니다. 이들 인수를 변경하면 이 예제와 같은 1차원 공간뿐만 아니라 이차원 또는 그 이상의 고차원의 공간구조도 지정할 수 있습니다. 마지막으로 인수 tau는 분산의 역수 즉, $1/s^2$을 지정합니다.

그러면 R과 WinBUGS를 사용해 사후분포 $p(\beta, s, \{r_j\}|Y)$를 추정할 수 있는 MCMC 샘플링을 얻었다고 합시다. R을 사용해 이를 조사해 봅시다.[12] 그림 11.2의 관측 데이터의 산점도에 장소에 따라 변하는 평균 개체수 $\lambda_j = \exp(\beta + r_j)$의 예측을 겹쳐서 그림 11.4에 나타내고 있습니다. 대역적 모수의 사후분포의 $\{2.5\%, 50\%, 97.5\%\}$ 분위수는 각각 $\beta$가 $\{2.167, 2.270, 2.364\}$, $s$가 $\{0.144, 0.229, 0.353\}$으로 계산되었습니다.

---

11   실은 모든 장소에 동일하게 1이라는 가중치밖에 지정할 수 없습니다.

12   그래프 작성법에 대해서는 웹사이트를 참조해 주세요.

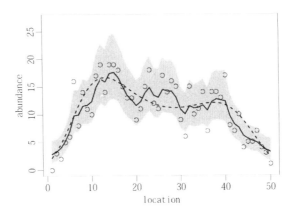

그림 11.4 그림 11.2에 모형에 의한 예측을 추가했다. 절편 $\beta$와 장소차 $r_j$의 사후분포로부터 예측된 장소마다 평균 $\lambda_j$분포의 중간값(검은선)과 80% 구간(회색 영역).

## 11.4 공간통계모형이 만들어 내는 확률장

이 장의 통계모형으로부터 사후분포를 추정했으므로, 이제 그 결과를 이용해 통계모형의 거동을 이해해 봅시다.

이 통계모형에서는 이웃끼리 상호작용하는 $r_j$를 1차원으로 나열하고 $\{r_1, r_2, \cdots, r_{50}\}$의 관계를 결정하기 위해서 intrinsic Gaussian Car 모형을 사용하였습니다. 일반적으로 상호작용하는 확률변수들로 채워져 있는 공간을 **확률장**(random field)이라고 부르고, 여기서 등장한 $\{r_j\}$도 확률장입니다.[13]

---

13 CAR 모형과 확률장은 일차원 공간에 한정되는 것은 아니고, 이차원 또는 그 이상의 고차원 공간도 다룰 수 있습니다. 또, 유한한 근방에서의 영향으로 결정되는 확률장을 일반적으로 마코프확률장(Markov random field)이라고 부릅니다. 예제의 경우는 $\{r_j\}$가 정규분포를 따르고 있기 때문에 가우스확률장(Gaussian random field)이라고도 불립니다.

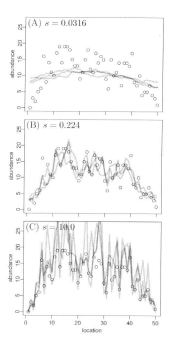

그림 11.5　장소차 $\{r_j\}$의 사후분포로부터의 샘플 예. 그림 11.2의 데이터에 대해서 절편 $\beta = 2.27$로 고정한 상태에서, 장소차 모수 $\{r_1, r_2, \cdots, r_{50}\}$의 사후분포로부터 3 세트의 MCMC 샘플을 얻었다(회색 꺾은선은 $\lambda_j = \exp(\beta + r_j)$). $s$가 작으면 전체의 오차도 작아진다.

　여기서는 모수 $s$의 크기가 확률장 $\{r_j\}$에 주는 영향을 도시해 봅시다. 그림 11.5에서는 예제 데이터와 통계모형에서 정의된 $\{r_j\}$의 사후분포로부터의 샘플링 예를 나타내고 있습니다. 단, 국소적인 모수 $\{r_j\}$의 거동만을 살펴보려고 했기 때문에, 대역적인 모수 $\beta$와 $s$는 적당히 상수로 고정하였습니다. 그림 11.5 모두 $\beta = 2.27$로 두고, $s$는 (A)―(C) 각각 0.0316, 0.224, 10.0으로 했습니다.14

---

14　$s^2 \in \{0.001, 0.05, 100\}$이 됩니다.

그림 안의 $\lambda_j = \exp(\beta + r_j)$를 보고 알 수 있는 사실은, (A)와 같이 $s$가 작으면 「양쪽 이웃 평균과 닮아 있는」 경향이 강하고 $r_j$ 전체 흐트러짐은 작아지는 경향입니다. 그에 반해 (C)와 같이 $s$가 클 때는 $r_j$는 이웃과는 관계없이 값을 택하게 되어, 각 $j$마다 데이터를 적합하려다 보니 전체적으로 들쭉날쭉해져 흐트러짐이 커지는 확률장이 됩니다. 이것은 데이터 $\{y_j\}$의 전체 흐트러짐이 크기 때문입니다.

위와 같이 이 확률장은 소수의 대역적 모수 — 이 예제의 경우는 $s$밖에 없음 — 에 컨트롤되고, 이것이 국소적인 모수 $r_j$의 계층적 사전분포가 됩니다. 각 $r_j$는 독립적인 확률변수가 아니고, 인접해 있는 $\{r_{j\pm1}\}$과 $s$로 결정되고 있습니다. 이와 같은 확률장을 포함하는 통계모형을 사용하면, 모수의 추정이 보다 정확하게 될 뿐만 아니라 다음 절에 서술하듯이 예측에 있어서도 이점이 있습니다.

## 11.5 공간통계모형과 결측이 있는 관측 데이터

공간상관을 포함하는 계층베이즈모형의 강점 중 하나는 「결측이 있는 데이터」에 있어서 보다 좋은 예측을 얻어 낼 수 있다는 것입니다. 이 예시를 위해서 그림 11.2의 가상 데이터에서 몇 개의 데이터를 제거한 데이터 세트(그림 11.6)를 만들겠습니다. 즉, 조사 구획은 일직선상에 나열되어 있지만 그 중에 몇 구획에서 결측 데이터(missing data)가 생겼다, 즉 무언가의 이유로 개체수 데이터을 얻지 못했다고 합시다.[15]

---

15  조사 구획이 동일한 간격으로 줄지어 있지 않고, 조사 구획간의 거리가 제각각인 경우도 여기서 설명하는 것과 같이 결측 데이터를 사용한 통계모델링이 가능합니다.

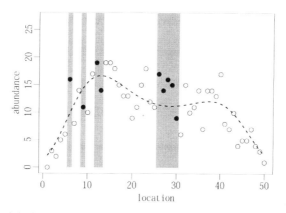

그림 11.6   예제 가상 데이터(일부 결측). 그림 11.2에 나타낸 데이터 중에서 일부가 결측
된 경우. 회색 띠가 「관측할 수 없었던」 장소이고, 검은점이 관측되지 않은 개
체수.

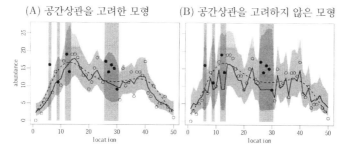

그림 11.7   공간통계모형에 의한 결측 데이터의 예측. 도시되어 있는 내용에 대해서는 그
림 11.4와 11.6을 참조. (A) 공간상관을 고려하여 추정된 통계모형의 예측. (B)
조사 구획 상호 독립적인(즉, 공간상관을 무시한) 장소차를 가정하여 추정한
통계모형의 예측.

일부 결측이 발생한 관측 데이터에 대해서 먼저 11.2절의 공간통
계모형과 공간상관을 무시하는 계층베이즈모형을 적합해보고 이 둘의
결과를 비교해 봅시다.

WinBUGS에는 결측 데이터를 잘 다룰 수 있는 메커니즘이 포함되

어 있기 때문에, 앞 절에서 설명한 모형을 그대로 두고 데이터만 바꾸어[16] 모형 추정 계산에 사용할 수 있습니다. 추정 결과를 그림 11.7(A)에 나타냈습니다. 결과는 결측 데이터가 없을 때의 결과(그림 11.4)와 크게 다르지 않았습니다. 이것은 공간상관을 넣은 계층사전분포에는 인접한 $r_j$의 상호작용이 있으므로, 「근처의 정보」를 잘 이용했기 때문입니다.

그러면, 이번에는 공간상관을 고려하지 않은 모형에 의한 추정도 시험해 봅시다. 이것은 구획 $j$마다 장소차 $r_j$를 독립으로 가정하는 것으로 모든 $r_j$에 공통인 사전분포

$$p(r_j|s) = \frac{1}{\sqrt{2\pi s^2}} \exp\left(-\frac{r_j^2}{2s^2}\right)$$

을 설정하는 것이 됩니다. 전 장에서 다룬 계층베이즈모형과 동일합니다.

이 모형을 적합하여 얻어진 예측을 그림 11.7(B)에 나타냈습니다. 공간상관을 고려하지 않은 모형으로 예측된 국소밀도는 각 구획의 데이터 $y_j$에 맞추려고 들쭉날쭉하고 있고, 결측된 조사 구획(회색)에서는 평균 $\lambda_j$의 80% 구간이 크게 퍼져 있습니다. 공간상관이 있는 모형과는 달리 이 모형에서는 각각의 $r_j$를 독립으로 가정하고 있기 때문에, 결과적으로 데이터가 결측된 구획에서는 $r_j$에 대한 정보가 부족하여 예측 구간의 폭이 넓어지게 됩니다.

현실의 데이터 분석에서는 「이웃」과 어느 정도 닮아있는지는 공간의 크기 등에도 의존합니다. 그러나 데이터를 보고 있는 것만으로는

---

16  반응 변수 Y[i]로 넘겨준 데이터 중에서, 해당되는 부분을 NA로 바꾼 것뿐입니다.
R에서 NA는 결측값을 나타내는 논리정수입니다.

공간상관을 읽어낼 수는 없습니다. 하나의 방법으로서, 공간구조가 있
는 베이즈 통계모형을 적합해보고, 그 중 「이웃의 유사」를 나타내는
모수(이 예제의 경우 $s$)를 추정해볼 것을 추천합니다.

# 11.6 이 장의 정리

　이 장에서는 계층베이즈모형의 응용 예로서 공간구조가 있는 데
이터의 모델링을 다루었습니다.

▶ 공간구조가 있는 데이터를 통계모형화 할 경우, 근처에서는 닮았지
　만 멀리 떨어진 곳과는 닮아있지 않다는 것을 나타내는 공간상관을
　고려하지 않으면 안 된다(11.2 계층베이즈모형에 공간구조를 추가).

▶ 공간상관이 있는 장소차를 생성하는 intrinsic Gaussian CAR 모형은
　WinBUGS로 간단하게 다룰 수 있다(11.3 공간통계모형을 데이터에
　적합하다).

▶ 공간상관이 있는 장소차는 확률장을 사용해 표현할 수 있다(11.4 공
　간통계모형이 만들어 내는 확률장).

▶ 공간상관을 고려한 계층베이즈모형은 관측 데이터의 결측 부분을
　예측하고자 하는 용도로도 사용할 수 있다(11.5 공간통계모형과 결측
　이 있는 관측 데이터).

　계층베이즈모형은 유연한 표현력을 가지고 있기 때문에, 현실의
관측 데이터, 특히 야외 조사 데이터에서 빈번히 접하게 되는 공간상
관의 모델링을 가능케 하는 잠재력이 있습니다. 이 장에서 소개한 예
제와 그 해결 과정은 지극히 단순한 것이지만, 보다 복잡한 상황에도
응용할 수 있습니다.

# 찾아보기

## ㄱ

## ㄴ

## ㄷ

## ㄹ

## ㅁ

# 추천 참고문헌

## 범주형 자료분석

Alan Agresti(2012). Categorical Data Analysis(3rd edition). Wiley.

## SAS 활용 통계 (입문)

권혁제(2016). 데이터 분석과 해석: SAS 통계학. 박영사, 서울.
강현철·한상태(2009). 예제로 배우는 SAS 데이터 분석 입문 개정판. 자유아카데, 서울.

## STATA 활용 통계 (입문)

정성호(2016). STATA 친해지기. 박영사, 서울.

## SPSS 활용 통계 (입문)

김준우(2015). 즐거운 SPSS. 풀리는 통계학 (개정3판). 박영사, 서울.
최종후·전새봄(2013). 설문조사 처음에서 끝까지(제3판). 자유아카데, 서울.

## R프로그래밍 (입문)

허명회(2017). R 프로그래밍. 자유아카데미, 서울.
허명회(2017). R 입문 및 기초 프로그래밍. 자유아카데미, 서울.
권혁제(2016). 데이터 분석과 해석: R 통계학. 박영사, 서울.

## 시계열 자료분석

박유성·김기환(2000). 시계열자료분석. 자유아카데미, 서울.
박유성, 김기환(2016). 계량경제 금융자료 분석. 자유아카데, 서울.

## 기초통계

김기영·박유성(2002). 통계적 탐구. 교우사, 서울.

김동욱(2015). 통계학원론. 박영사, 서울.

김성주(2016). 통계학탐구. 박영사, 서울.

이명호·안상형·구지현(2015). 통계학으로의 여행. 박영사, 서울.

김기중(2014). 가설검증을 위한 통계의 기초개념. 박영스토리, 서울.

이원우(2014). (개정판)알기쉽게 풀어쓴 통계학. 박영사, 서울.

## 방법론

허명회(2014). R응용데이터분석(Applied Data Analysis Using R). 자유아카
데미, 서울.

허명회(2010). 사회과학을 위한 다변량 자료분석. 자유아카데미, 서울.

허명회(1993). 비교연구를 위한 통계적 방법론. 자유아카데미, 서울.

허명회(1999). 다변량수량화, 자유아카데미. 서울.

허명회(1998). 수량화방법 I II III IV. 자유아카데미, 서울.

## R을 이용한 최신 통계기법

박현수(2016). R을 사용한 사회과학 통계분석. 박영사, 서울.

허명회(2010). R을 활용한 행렬의 이해와 계산. 자유아카데미, 서울.

허명회(2010). R을 활용한 사회네트워크분석 입문. 자유아카데미, 서울.

허명회(2011). R을 활용한 탐색적 자료분석 개정판. 자유아카데미, 서울.

허명회(2011). R을 활용한 통계적 개념, 방법, 응용. 자유아카데미, 서울.

허명회(2012). R을 활용한 사회네트워크분석 입문 개정판. 자유아카데미,
서울.

허명회(2014). 데이터 시각화. 자유아카데미, 서울.

M. J. Crawley(2005). Statistics: an introduction using R. Wiley.

P. Murrell(2011). R graphics(2nd edition). CRC Press.

P. Spector(2008). Data manipulation with R. Springer.

## 통계계산

허명회(2013). 통계계산. 자유아카데미, 서울.

허문열 외(2005). R과 통계계산. 박영사, 서울.

Derek A. Roff(2006). Introduction to Computer—Intensive Methods of Data Analysis in Biology(1st edition). Cambridge University Press.

D. Sarker(2009). Lattice—multivariate data visualization with R. Springer.

## 수리통계

송성주·전명식(2015). 수리통계학 제4판. 자유아카데미, 서울.

Paul G. Hoel(1971). Introduction to Mathematical Statistics(4th edition). Wiley.

R. V. Hogg & A. T. Craig(1995). Introduction to mathematical statistics(5th edition). New Jersey: Prentice Hall.

## 회귀분석

김기영·강현철·전명식·이성건(2015). 예제를 통한 회귀분석(제5판). 자유아카데미, 서울.

## 붓스트랩

전명식·정형철·진서훈(1997). 붓스트랩방법의 이해. 자유아카데미, 서울.

## 실험계획법

이우선, 정형철, 박만식(2016). 최신 실험설계와 분석(개정판). 민영사, 서울.

## 선형모형 및 일반선형모형

J. F. Faraway(2006). Extending the linear model with R. CRC Press.

A. J. Dobson and A. G. Barnett(2008). An introduction to generalized linear models. CRC Press.

Paul G. Hoel, Sidney C Port, and Charles J. Stone(1971). Introduction to Statistical Theory. Houghton Mifflin Company, 1 edition.

## 베이지안 통계학 관련

D. Spigelhalter(1996). BUGS Manual Version 6. MRC Biostatistics Unit, Cambridge, UK.

A. Gelman(2014). Bayesian data analysis (Vol. 2). Boca Raton, FL: CRC press.

W. R. Gilks(1995). Markov chain Monte Carlo in practice. CRC press.

S. Sturtz(2005). R2WinBUGS: a package for running WinBUGS from R. Journal of Statistical software, 12(3), 1−16.

P. M. Lee(2012). Bayesian statistics: an introduction. John Wiley & Sons.

J. Albert(2009). Bayesian computation with R. Springer Science &Business Media.

이종찬

**현재** (일본) 시가대학교(国立法人滋賀大学) 조교수

(일본) 오사카대학교 강사. Categorical Data Analysis(영강) 담당
(일본) 도시샤대학교 강사. データサイエンス(일강) 담당
(일본) 도시샤대학교 객원연구원
고려대학교 의학통계학교실 연구교수
고려대학교 통계연구소 연구교수
고려대학교 의과대학 연구교수
고려대학교 통계학과 박사(통계학박사)
고려대학교 통계학과 석사(이학석사)
고려대학교 통계학과 학사(경제학사)

DATA KAISEKI NO TAME NO TOKEI MODELING NYUMON
by Takuya Kubo
Copyright © 2012 by Takuya Kubo
First published 2012 by Iwanami Shoten, Publishers, Tokyo.
This Korean edition published 2017
by Pakyoung Publishing Company, Seoul
by arrangement with the proprietor c/o Iwanami Shoten, Publishers, Tokyo
through EYA(Eric Yang Agency).

R활용
## 통계모델링입문

| | |
|---|---|
| 초판발행 | 2017년 9월 15일 |
| 중판발행 | 2022년 4월 20일 |
| 지은이 | 쿠보 타쿠야 |
| 옮긴이 | 이종찬 |
| 펴낸이 | 안종만·안상준 |
| 편 집 | 전채린 |
| 기획/마케팅 | 이영조 |
| 표지디자인 | 조아라 |
| 제 작 | 고철민·조영환 |
| 펴낸곳 | (주) **박영사** |
| | 서울특별시 금천구 가산디지털2로 53, 210호(가산동, 한라시그마밸리) |
| | 등록 1959. 3. 11. 제300-1959-1호(倫) |
| 전 화 | 02)733-6771 |
| f a x | 02)736-4818 |
| e-mail | pys@pybook.co.kr |
| homepage | www.pybook.co.kr |
| ISBN | 979-11-303-0256-0 93320 |

copyright©이종찬, 2017, Printed in Korea

* 파본은 구입하신 곳에서 교환해 드립니다. 본서의 무단복제행위를 금합니다.
* 역자와 협의하여 인지첩부를 생략합니다.

| | |
|---|---|
| 정 가 | 19,000원 |